神術霊妙秘伝書

柄澤照覚

大教正　柄澤照覺先生著

實驗調法 神術靈妙祕藏書

東京　神誠館藏版

天地設位聖
人成能人謀

鬼謀百姓與能

春象

大人者與天地
合其德與日月
合其明與四時

合其序與鬼神
合其吉凶

陰陽大學士柄澤先生　粲正

明治丙午新年　香山女史山本坦子書

實驗調法 神術靈妙秘藏書 乾

目錄

實驗調法神術靈妙秘藏書　乾目錄終

實驗調法 神術靈妙秘藏書 坤

目録

實驗調法神術靈妙秘藏書　坤目錄終

實驗訓法 神術靈妙秘藏書

柄澤照覺

日本神代之卷

○第一代　國常立尊《クニトコタチノミコト》

古昔《ムカシ》天地《アメツチ》未《イマダ》レ剖《ワカレズ》陰陽《インヤウ》不《ワカレザル》レ分時《トキ》渾沌《マルカレタルコト》如《ゴトシク》二鷄子《トリノコノ》一溟涬《クヾモリテ》而含《キザシヲフクメリ》レ芽及《オヨンデ》二其清陽者《ソノスミアキラカナルモノハ》薄靡《タナビキ》而爲《テアメトナル》レ天重濁《ヲモクニゴル》者《モノハ》淹滯《シツミコホリテ》而爲《ツチトナル》レ地精妙《クハシクタヘナル》之合《ノアヒアフグ》摶易《ハヤスク》重濁《ヲモクニゴリ》之凝塊《コリカタマリハ》難《カタン》故《カルガユヘニ》天《アメ》先成《マヅナリテ》而地《チノ》後定《チニサダマル》然後《シカフシテノチ》天地《アメノチ》分《ワカル》

昔天地《ムカシテンチ》開闢《カイビヤク》之初《ノハジメ》洲壤《クニノチノ》浮漂《ウカレタヾヨヘルヿ》譬《タトヘバ》猶《ナホ》《コトシ》二游魚《アソブウヲ》之浮《ノウケルガ》二水上《ミヅノウヘニ》一也于時《トキニ》天地中《アメノチナカニ》生《ウマル》二一物《イチブノ》一如《ゴトシ》二狀《カタチ》葦芽《アシカヤノ》一便《スナハチ》化爲《クワシテ》レ神《カミトナル》號《ガウス》二國常立尊《クニトコタチノミコト》一

次《ツギニ》國狹槌尊《クニサツチノミコト》次《ツギニ》豐斟渟尊《トヨクムヌノミコト》凡《スベテ》三神《ミハシラノカミ》乾道《アメノミチ》獨化《ヒトリナル》所以《コノユヘニ》成《ナセリ》二此純男《コノチトコノカギリテ》一此國常立尊高天原《タカマガハラニ》所生《ウマレマス》神ノ御名ハ天御中主尊《アメノミナカヌシノミコト》次《ノギニ》高皇產靈尊《タカミムスビノミコト》次《ソギニ》神皇產靈尊《カンムスビノミコト》・申皇產靈《マウスムスビ》此《コヽニ》云《》二美武須毗《ミムスビト》一以上皆國常立尊也

國常立尊生《ウミ》二天鏡尊《アメノカヾミノミコト》一天鏡尊生三天萬尊二天萬尊生《ウミ》二沫蕩尊《アハサキノミコト》一生《ウム》二伊弉諾尊《イザナギノミコト》一

○第二代　國狹槌尊《クニサノチノミコト》　陽神

此神《コノカミ》ハ水徳《スヰトク》ヲ以テ王《ワウ》タリ百位萬歳　近江國日吉八王子社ノ御神也

○第三代　豐斟渟尊《トヨクムヌノミコト》　陽神

此神ハ火徳《クワトク》ヲ以テ王タリ百位萬歳　近江國日吉三《ミ》宮《ミヤ》ノ御神也

○第四代　埿土煑尊《ウイノチニノミコト》　陽神

此神ハ木徳《モクトク》ヲ以テ王タリ二百位萬歳　伊勢國月讀社ノ御神也

沙土煑尊《サヒソチニノミコト》　陰神

此神ハ木徳ヲ以テ王タリ二百位萬歳　播摩國井澤ノ御神也

一書曰以上之二神耦生《タグヒナル》之神ト申奉也

○第五代　大戸道尊《オホトジノミコト》　陽神

大戸邊尊《オホトベノミコト》　陰神

此神ハ金徳《キントク》ヲ以テ王タリ二百位萬歳　越前國羽太野社ノ御神也

此神ハ金徳ヲ以テ王タリ二百位萬歳　伊豆國阿野社ノ御神也

○第六代　面足尊《テモタリノミコト》　陽神

此神ハ土《ト》徳《トク》ヲ以テ王タリ二百位萬歳　伊勢國田戸ノ御神也

惶《カシ》根尊《ネノミコト》　陰神

此神ハ土徳ヲ以テ王タリ二百位萬歳　越後國中原ノ御神也

以上三代既に男女の分ちありと雖も未た交接の道なし

○第七代

伊《イ》弉《ザ》諾尊《ナギノミコト》　陽神　近江國大上多賀村ノ御神也

伊《イ》弉《ザ》冊尊《ナミノミコト》　陰神　加賀國白山比咩社ノ御神也

此二神遘《かう》合《がふ》の始也

此二柱の神天《あま》の浮《うき》橋《はし》に立ち天瓊矛《あまのぬほこ》を以て青《あを》海《うな》原《ばら》を探《さぐ》り給ひしかば其矛《ほこ》の滴瀝凝《したゝりこ》り固《かた》まりて一の島《しま》となれり名けて磤馭盧島《をのころじま》と云ふ今の淡路《あはぢ》の國是れなり夫れより二尊此島に天降《あまくだ》り給ひ國の中柱《なかはしら》となし左右に廻りて天地の儀を定め始めて遘《かう》合《がふ》して國土を生みまし次に五行を生みまし又一女三男を生み給ふ日《ひ》の神《かみ》月《つき》の神《かみ》

蛭《ひろ》兒《こ》素《そ》盞嗚《さのを》尊《のみこと》是れなり

日ノ神　大日靈貴《おほひるめむち》尊《のみこと》と號《かう》す

此御子光華明彩《ひかりうるはしく》六合《くに》を照し給ふ故に親神喜びて曰はく吾《われ》息《こ》多くありと雖も未だ此の如き靈異《くしくあやしき》の兒あらず宜しく此國に久しく留むべからず速《すみや》かに天に送りて授《さづ》くるに天上の事を以てすべしと給《のたま》ふ是時天地相去《あひさ》ること未だ遠からさりしを以て天の柱《はしら》を以て天上に送り奉《たてまつ》り給ふとなり

月ノ神　月讀《つきよみ》之《の》尊《みこと》と號す

此神其光彩《ひかりうるはしき》日の神に亞《つ》ぐ故に以て日と配《なら》びて天上の事を治《しろ》しめすとなし亦此の神を天に送り奉《まつ》ると曰ふ

蛭《ひる》兒尊《このみこと》歳《とし》三歳に及ふと雖も脚《あし》猶《なほ》立《た》たず故に之れを天《あま》の盤《いは》櫲樟《くす》船《ふね》に載《の》せて風のまに〱放《はな》ち給ひしと曰ふ

以下神代の記事あるも天神七代に關することのみに止めて茲に之を略す

地神五代之巻

○第壹代　天照太神《あまてらすおほみかみ》大日靈貴尊《おほひるめむちのみこと》　伊勢國五十鈴川上に鎮座内宮正殿なり

此神は伊弉諾尊《いざなぎのみこと》の御子なり容貌《ようぼう》光華《ひかり》明彩《うるはしく》にましまして天上の事を治《しろ》しめす此太《おほ》神《かみ》の御代《みよ》二十五萬歳と云へり

○第二代　天忍穗耳尊《あまのおしほみゝのみこと》

此神は天照皇太神の御子《みこ》正哉《まさや》吾勝《あかつ》勝速日《かつはやひ》天忍穗耳尊と申す御代を治しめす事三十萬歳高皇産靈尊《たかみむすびのみこと》の女《むすめ》栲幡千々《たくはてちゝ》姫《ひめ》を娶《めと》りて天津彦火瓊々杵尊《あまつひこはのにゝぎのみこと》を生み給ひき

此神は豊前國田川郡英彦山に鎭座す國幣社にして英彦神社と申奉るなり

○第三代　天津彦火瓊々杵尊《あまつひこはのにゝぎのみこと》

此神は天照大神の皇詔《みことのり》によりて蘆原《あしはら》の中國《なかつくに》を治《しろ》しめさんが爲めに三種の神寶《かんだから》を持《もたら》し諸の神等を從へて天磐座《あまのいはくら》より日向國高千穗《たかちほ》の峰《みね》に天降り給ひ大山祇《おほやまづみ》の女木《むすめこの》花開耶姫《はなさくやひめ》を娶りて彦火々出見尊《ひこほゝでみのみこと》を生み給ふ

此神は大隅國囎唹郡韓國山の麓田口村に鎭座す國幣社にして霧島神社と申奉るなり

○第四代　彦《ひこ》火《ほ》々《ほ》出《で》見尊《みのみこと》

彦《ひこ》火《ほ》々《ゝ》出《で》見尊《みのみこと》は御母は木花《このはな》開耶《さくや》姫《ひめ》なり父尊《ちゝのみこと》開耶《さくや》姫《ひめ》を幸《め》して只一夜《や》に姙娠《はらみ》玉ふが故に深く疑《うたが》ひて我子にはあらじと宣《のたまひ》しを姫恨みて無戸室《うつむろ》に入りて誓《ちかひ》て曰く妾が娠《はら》める所若し尊の胤《たね》にあらずば焦《や》け滅《ほろ》びん眞に天孫《てんそん》の胤《たね》ならば火も害《そこな》ふこと能《あた》はずとて即ち火を放ち室《むろ》を燒《や》き給ふ其炎《ほのほ》の中にて生れ給ふが故に御名を彦《ひこ》火《ほ》々《ゝ》出《で》見《み》と號《がう》し奉るなり。龍神《わたのかみ》の女《むすめ》豐《とよ》玉《たま》姫《ひめ》を娶《めと》りて皇子を生み給ふ

此神は大隅國桑原郡新川の西宮内村に鎭座す官幣社にして鹿兒島神社と申奉るなり

○第五代　彦《ひこ》波瀲《なみさたけ》鸕《う》草《がや》葺《ふき》不合《あひず》尊《のみこと》

彦火々出見の御子御母は豐《とよ》玉《たま》姫《ひめ》未だ産屋《うぶや》の屋根《やね》を葺合《ふきあは》せざるとき生《うま》れ給ふによりて御名を彦《ひこ》波瀲《なみさたけ》鸕《う》草《がや》葺《ふき》不合《あひず》と稱《しよう》し奉る玉《たま》依《より》姫《ひめ》を妃《きさき》として四柱《よはしら》の男子を生み給

ふ

此神は日向國那賀郡飫肥の吹毛井村に鎮座す官幣社にして鵜戸神社と申奉るなり

以上を神道《しんたう》家《か》にて天神七代地神五代と稱し奉るなり偖《さ》て此尊の御治世《ぢせい》八十三萬五千六百七十六年は漢土《かんど》周昭王《しうせうわう》廿六年甲寅に當り今年釋尊《しやくそん》出生あり同尊の八十三万五千七百五十八年は周穆王《しうのぼくわう》五十三年壬申に當りて釋尊入滅あり歳七十九歳

寶永三年迄三千六百六拾五年を經《よ》ると云ふ

○人皇祖　神武天皇

御母は玉依姫《たまよりひめ》なり八十三萬五千九百九十二年庚午の歳正月朔日《ついたち》に生れ玉ふ御諱《おんいみな》は神日本磐余彦尊《かんやまといはれひこのみこと》と號す十五歳にて太子《たいし》に立ち四十五歳の時日向國より皇軍《みいくさ》を起《おこ》し王化《わうくわ》に歸《き》せざる逆徒《あたもの》を討ち平げ大和國畝傍《うねび》山の地を開《ひら》きて內裏を造營《ざうえい》し萬

世の洪基《もと》を創《はじ》め給ふ之を橿原宮《かしはらのみや》と號し五十二歳にして御位に即《つ》き玉ふ天種子命《あまのくさねのみこと》天富命《あまのとみのみこと》の兩人に國政を執《と》り行《おこな》はしむ今の攝政《せつせい》なり天奇日方命《あまのくしひかたのみこと》宇摩志摩治命《うましまちのみこと》兩人政事《まつりごと》を申す大夫《たいふ》とす今の大臣是れなり又宇摩志摩治命と道臣命《みちのおみのみこと》の兩人を物部《もののべ》と號して軍兵を司《つかさど》らしむ今の武士にして今に至るまで武士を「ものゝふ」と云《いふ》とは之より始まれりと云ふ時に漢土《かんど》周《しう》の惠王《けいわう》十七年に當《あた》ると云ふ又天皇の辛未十一年は釋尊入滅より三百年に當《あた》る又辛卯三十一年此の國の形ち蜻蛉《せいれい》に似たりとて名を秋津洲《あきつしま》と號す在位七十六年にして丙子三月廿一日崩御《ほうぎよ》せられたり御壽《とし》一百二十七歳

天照皇太神天降りましして神武天皇降誕《かうたん》迄一百七十九萬二千四百七十四年に成ると云へり

以下御歴代は之を略す

○伊勢大神宮

○伊勢大神内宮の事

○大神宮正殿天照皇大神一座

相殿

東　手《タ》力《ヂカラ》雄《ヲノ》命《ミコト》　此神は天の岩戸を開き玉へし強力の御神なり

西　萬幡豐秋津姫命《ヨロノハタトヨアキノヒメノミコト》　天照皇大神の御子天忍穗耳尊の御妻にて高皇産靈尊の御女なり

抑も御《ご》鎭《ちん》座《ざ》の御事は日本記に云ふ日《ひ》の神《かみ》天岩戸を開《ひら》きて出《い》でます時鏡《かゞみ》を以て岩《いは》窟《や》に投《なげ》入《いれ》しかば戸に觸《ふ》れて小《こ》瑕《きず》付きたりとあり此御鏡は即ち伊勢の崇《すう》秘《ひ》の大《おほ》神《かみ》なり此御鏡は神武天皇以來代《よ》ゝ此鏡を御《ご》所《しよ》に祀《まつ》らせ給ひけるが人皇十代崇神天皇の御《ぎよ》宇《う》に神《しん》威《ゐ》を恐《おそ》れみ玉ひて天《あま》の香《かぐ》山《やま》の荒《あら》金《がね》を以て鏡及劒を改《あらた》め鑄《い》らしめ溫《おん》明《めい》殿《でん》に崇《あが》め内《ない》侍《し》所《どころ》寶《ほう》劒《けん》と號《なづ》けて内《ない》裏《り》に止め給ひ神代よりの鏡と劒は六年巳丑秋九月に御女《をんむすめ》豐《とよ》鍬《すき》入《いり》姫《ひめ》を附け奉り大和《やまとの》國《くに》笠《かさ》縫《ぬひ》の邑《さと》に磯《し》城《き》の神《ひも》籬《ろぎ》を立て齋《いつ》き奉《まつ》り給

ひしが其後大神の教によりて豊鋤入姫《とよすきいりのひめ》の命《みこと》大神を戴《いたゞ》き奉り國々に善《よ》き宮所《みやどころ》を求《もと》め玉ふに年老《としお》ひ玉へしによりて人皇十一代垂仁《すゐにん》天皇の女大倭姫命《むすめやまとひめのみこと》之れに代《か》はりて美和御廬《みはみむろ》の宮より諸國を順《め》ぐりて終に同天皇の御宇二十六年丁巳十月甲子宇治郷五十鈴川邊《いすゞかはべ》に移し奉り相殿には天兒屋根命《あまのこやねのみこと》太玉命《ふとたまのみこと》座在《まし〳〵》ける其後外宮《げくう》御鎭座の時此二神を外宮西相殿に定《さだ》め給ひしと云ふ

遷移の沿革

人皇十代崇神天神七年庚寅の年神威を恐《おそ》れみ玉《たま》ひて神地神戸を祭《まつ》り神鏡《みかゞみ》神劒《つるぎ》を別殿《べつでん》に遷座《せんざ》し玉ふ是れ遷移の始めにして皇女豊鋤入姫を祭《まつ》りに随《したが》はせ玉ふ後ち同卅九年壬戌の年豊鋤入姫大神を丹波ノ吉佐《よさ》ノ宮《みや》に移し奉《まつ》る此年豊受大神も此所に始めて天降《あまくだ》り玉ふ同四十三年丙寅の年丹波の吉佐眞名井原《よさまなゐはら》に移らせ玉ふ之より又大和國伊豆の賀志本《かしもと》の宮に移し同五十一年甲戌の年大神宮を紀伊國名久佐濱《なくさはま》に移し祝《いは》ひ奉り玉ふ同五十四年丁丑年吉備國名方《きびのくになかた》

之《り》濱《はま》に移し玉ふ同五十八年辛巳の年大和國三輪《みわの》山《やま》品《しな》上《うへ》に移し玉ふ是迄豐鋤入姫齋《いつ》き奉《まつ》り玉ひしが我日足《た》ぬらと詔《のたま》ひて御妹《おんいもと》大和《やまと》姫命《ひめのみこと》に讓《ゆづ》り玉ふ遷座六《む》度《たび》なり同六十年癸未の年大和國宇《う》多《た》秋《あき》之《の》宮《みや》に移し奉る○人皇十一代垂仁天皇八年己亥年に大神宮を近江國坂田《さかた》宮《みや》に移し玉ふ同九年庚子の年に美濃國伊《い》久《く》良《ら》何《か》之《の》宮《み》に移し同二十六年丁巳の年天逆鉾《あまのさかほこ》の靈現《れいげん》により伊勢國渡會郡《わたらへごほり》宇《う》治《ぢ》里《のさと》五十鈴《いすゞ》川上《かはかみ》に鎭《しづ》め奉り大和姫命をして齋事を司《つかさど》らしめ玉ふ伊勢祭宮《さいぐう》の始なり明治《めいぢ》此年より明治卅九年まで千九百九十二年に成る

○伊勢大神外宮の事

○豐受大神宮正殿豐受大神一座

相　殿

東　天津《アマノ》彦《ヒコ》火々《ホヽ》瓊々《ニヽ》杵尊《ギノミコト》

西　天《アマ》津《ツ》兒《コ》屋《ヤ》根《チノ》命《ミコト》

抑も御鎮座の御事は人皇廿一代雄略《ゆうりやく》天皇《てんわう》の廿二年九月十五日なり天照皇大神を五十鈴の川上に鎮《しづ》め奉《まつ》りし後ち四百八十二年御詫宣《たくせん》により雄畧天皇大若子命《おほわかこのみこと》を遣《つかは》し丹波吉佐の眞名井ヶ原に座す止由居大神《とよけおほかみ》を山田ヶ原に迎《むか》へ奉りて之を外宮と崇《あが》め奉つる明治卅九年に至るまで千五百十年を經《へ》るなり

○三社詫宣の事

八幡大菩薩

天照皇大神宮

春日大明神

謀計

正直

雖《イヘドモ》レ食《シヨクスト》ニ鐵丸《テツグワンヲ》一不レ受《ウケス》ニ心穢《シンクフイ》之《ノ》人物《ヒトノモノヲ》一

雖モレ座《ザシト》ニ銅焔《ドウエンニ》一不レ到《イタラズ》ニ心濁《シンドク》之《ノ》人處《ヒトノトコロニ》一

雖モレ爲《タルト》ニ眼前《ガンゼンノ》利潤《リジユン》一必《カナラズ》當《アタル》ニ神明《シンメイノ》罰《バツニ》一

雖モレ非《アラスト》ニ一旦《イツタンノ》依怙《イコニ》一終《ツヒニ》蒙《カウムル》ニ日月《ジツゲツノ》憐《アハレミヲ》一

雖モレ曳《ヒクトモ》ニ千日《センニチノ》注連《シメ》一不レ到《イタラズ》ニ邪見《ジヤケンノ》家《イヘニ》一

雖モレ爲《タルト》ニ重服《ヂウフク》深厚《ジンコウ》一可レ赴《オモムクベシ》ニ慈悲《ジヒノ》室《イヘニ》一

右三社詫宣《たくせん》の起《おこり》は昔《むかし》古正應年間の頃大和國奈良《なら》の都《みやこ》の時此都の東大寺《とうだいじ》の東南院

聖彌《せつみ》親王《しんわう》の御時庭園《ていえん》の池水に以上の文字明《あきら》かに現はれたるに始まると云ふ又一說《せつ》に吉田の神主に憑り御詫宣ありしに由るとあるも池水《ちすゐ》に文字《もんじ》の浮《うか》びたる說尤《せつもつと》も然《しか》るべし

此三社詫宣の題號《だいがう》に就《つ》き演《の》ぶれは三とは天地人の三才《さんさい》なり三とは諸神を總《す》べたるの義なり此の故《ゆゑ》に此御詫宣はあらゆる神の詫宣と心得べし

又王の字は三の字に中點《ちうてん》をうつなり是れ天下に王《わう》たるの君は天地人三才の德を倶備《ぐび》し天下を治《おさ》め玉ふの心なり即ち神德《しんとく》を受繼《うけつ》ぎ玉ふ會意《くわいい》とす

又社《しや》とは土地《とち》の司《つかさ》と云ふ義なり萬物は地上に生じ人を養《やしな》ひ育《そだ》つ其恩廣大《くわうだい》なり祭事をなすにも先づ地を祭るとて中央及び四方の土を取りて崇《あが》め奉《まつ》る而して中央の土は黃《き》なる紙《かみ》束は青《あを》南は赤《あか》西は白《しろ》北は黑《くろ》き紙に包《つゝ》みて壇《だん》を築《きづ》きて祭事す但土は各方とも一寸立方《りつはう》を取りて社壇《しやだん》に封《ふう》するなり此の故に示に从《なら》ふに土を以てして社と訓《よ》むなり詫《たく》とはヨルと讀《よ》む神は形を顯《あら》はさずして人に憑り物に附きて言《こと》葉を寄《よ》せ給ふの意なり又宣《せん》は信《しん》なり天皇の命令《めいれい》之を宣旨《せんし》と云ひ宣命《せんめい》と云ふも皆

な神の曰《のたま》ふ義に取るなり

○天照皇太神は地神第一の神《みこと》にして宗廟《そうびやう》の御神なり

天照《あまてらす》とは日の神《かみ》にして天下を照し玉ふの義なり白虎通《びやつこつう》曰く天とは身なり天は萬物の總身《そうしん》にして萬物は天の支節《しせつ》也照《てらす》とはアキラカナリと訓《くん》す和訓《わくん》にはテラスと讀《よ》む皇とはスベラギと讀む萬事を總《す》ふるの義なり又皇の字は白に从《なら》ひ王《わう》に从ふ白《はく》は明《めい》なり即ち明王《めうわう》と云ふ意《い》なりと大はオホシと讀む日の神《かみ》の國土《こくど》を照《てら》し玉ふ事廣大なるの意なり神とはカミともタマシヒとも讀む陽氣の精《せい》を神と云ひ陰氣《いんき》の精を靈《れい》と云ふ又神の字は示に从ふに申を以てす神に祈《いの》るは申の義にして利生《りせう》を與《あた》へ玉《たま》ふは示《しめ》すの義なり

○春日大明神は社稷之《しやしよくの》神《かみ》にして皇孫臣下《しんか》の神なり

春日大明神は天兒屋根命《あまのこやねのみこと》なり太中臣氏《おほなかとみし》の祖神《そしん》なり春日とは春夏秋冬四季《しき》の中《なか》に春の日は萬物こと〳〵く生育《せいいく》するの時にして國家萬黎共に其廣大の徳を承《う》くるの意なり此の故に此の二字を御名《ぎよめい》に奉《たてまつ》りて其神徳を崇《あが》め奉るなり

○八幡大菩薩《ぼさつ》は人皇十五代應神天皇《おうじんてんわう》の御事なり天照皇大神宮の御分身《ごぶんしん》にして瀬《せ》織津姫《おりつひめ》の御再誕《ごさいたん》なりと云ふ筑前國三笠野郡宇佐野宇里佐村に御誕生《ごたんじやう》あらせられしと云ふ御母は神后皇后に在《まし》ますなり
八幡《はちまん》とは皇子誕生の御時四天王八つの幡《はた》を捧《さゝ》げて降臨《こうりん》ありしより八幡と名け奉りたるなり又菩薩とは梵語《ぼんご》の畧《りやく》なりアマネクスクフと讀《よ》む即ち菩提薩《ぼだいさつ》埵《た》の義なりと云ふ矣

○神拜之次第

此は大拔大成に依りて掲載す

最初　沓揖《クノシユウ》

正笏乍立《シヤクテタヾンタチナカラ》一揖而脱沓《クノチヌノ》無笏者用扇《ンヤクナキモノハアフキチモチフ》

次　着座《チヤクザ》

次　座揖《サシユウ》

次　拍手《ハクシユ》　二度

次　再拝《サイハイ》

正レ笏立《タチテ》再《サイ》拝《ハイ》女者《ヲンナヘ》座《イナガラ》再拝《サイハイス》

次　秡

中《ナカ》臣《トミノ》秡《ハラヒ》三《ミ》種《クサノ》秡《ハラヒ》大《オホ》秡《ハラヒ》等《トウ》攝掌《セツシヨウ》唱レ之《コレヲトナフ》

次　祈念《キネン》

次　拍手　二度

次　再拝

正レ笏立《タツテ》再拝女者《ヲンナハ》座《イナガラ》而再《サイ》拝《ハイ》

次　座揖《ザノシエウ》

正レ笏座《イナガラ》一揖

次　起座《キザ》

次　沓揖《クノノシユウ》

着沓《クノヲノケ》正笏立《タチテ》一揖《イツシユウス》

次　退出《タイシユノ》

○奉幣之正式

最初　着座

次　従者《ジユウシヤ》執幣《ヘイヲトリテ》進《スヽム》祭主《サイシユニ》

次　祭主執幣　右手《イウシユニ》執之《コレヲトリ》幣《ヘイ》之《ノ》首《カシラヲ》向左方《サハウニムク》

次　再拜

立振幣《タチテヘイヲフル》左《ヒダリ》右《ミギ》左《ヒダリ》　一拜

又　立振幣左右左　一拜

次　小揖

持幣《ヘイヲモチ》乍居《ヰナガラ》一揖《イノシユウス》

次　再拜　　立振レ幣左右左　一拜

又　　　　　立振レ幣左右左　一拜

次　幣使《ヘイシ》進《スヽミテ》受レ幣《ヘイヲウケ》獻二神殿一《ンノテンニメテマノル》

次　幣使《ヘイシ》向二祭主一《サインユニムカノテ》小揖申二返祝一《カヘシノリトヲマウス》拍手祭主應レ之《コレニオウジテ》拍手《ハクシユ》

次　起座《キサ》　如レ例

○祈禱之式と勸請之法

神佛の冥護《めいご》によりて己《おの》れの希望《きばう》目的《もくてき》を滿足《まんぞく》せしめんとして立願求救《りつぐわんきうきう》するを祈禱《きたう》と曰《い》ふ其希望《そのきばう》は万人万種にして一様《いちやう》ならずと雖も凡《すべ》て普通《ふつう》の人力《じんりよく》を以ては到底《とうてい》其の目的を達《たつ》し能《あた》はざる至難《しなん》の事柄《ことがら》多《おほ》きに居《を》る之を要《えう》するに神佛《しんぶつ》は宇宙間《うちうかん》の大《だい》主宰者《しゆさいしや》大能力者《だいのうりよくしや》にして此《こ》の大主宰者大能力者は如何《いか》なる難事《なんじ》をも成就《じやうじゆ》し得《う》るものにして能《よ》く吾人の請願《せいぐわん》を感受《かんじゆ》して其目的《そのもくてき》を成就せしめ得《う》るものなるを以て之

れを行《おこな》ふに外《ほか》ならず而して其是を行ふに自《おのづか》ら通式《つうしき》あるものなり今左に其順序《そのじゆんじよ》を示《しめ》すべし

最初　祈禱《きたつ》の祭壇《さいだん》を設《もう》く

　　但壇《だん》を南面《なんめん》に設《もう》く可し

次　祭壇《さいだん》に向ひ敬拝《けいはい》す

次　着座《ちやくざ》　座揖《ざのしゆう》

次　稽首再拝《けいしゆさいはい》拍手祓詞《はらひのじ》を宣《のよ》る

次　焼香《しやうかう》

次　招神詞《せうじんし》を奏上《そうじやう》す

次　献供《けんく》

　　一拍而供進《いつはくしてきようしんす》

次　祝詞《のりと》

　　音容端正而中音奏上《おんようたんせいにしてちうおんにてそうじやうす》

次　行事《ぎやうじ》

願所之《ねがふところの》呪法《じゆはふ》を行《おこなふ》也

次　手當胸《てをむねにあて》瞑目《めいもく》祈念《きねん》

次　稽首《けいしゆ》再拜《さいはい》　拍手《はくしゆ》二度

次　撤供《きようをてつす》

之れは時宜《じぎ》によりて其儘《そのまゝ》供置《そなへお》くも妨《さまたげ》なし

次　送神詞《そうしんし》を奏上《そうじやう》

次　起座《きざ》　座揖《ざのしゆう》

次　退場《たいじやう》

此時《このとき》三足《みあし》後退而《すさりて》一拜去《いつぱいしてさる》

又勸請之《くわんしやうの》法《はふ》に橘式《たちばなしき》多々良式《たゝらしき》其他種々の式ありて一樣《いちやう》ならず故に茲《こゝに》其《その》勸請《くわんしやう》の名目《めいもく》を記《き》するに止《とゞ》む

極秘《ごくひ》勸請《くわんしやう》　玉勸請《たまくわんじやう》　笏勸請《しやくくわんじやう》

御柱《みはしら》勧請《くわんじやう》　鏡《かゞみ》勧請《くわんじやう》　榊《さかき》勧請《くわんじやう》
神籬《ひもろぎ》勧請《くわんじやう》　札《ふだ》勧請《くわんじやう》

右の數種《すうしゆ》とす

○神集神勅降臨之要文

附 送神之要文

人《ひと》若《もし》祈禱《きたう》せんと欲《ほつ》する時は前章《ぜんしやう》述《の》べたる祈禱《きたう》の通式《つうしき》に従て招神之詞《せうしんののりと》を奏上するを要《えう》す今左に其詞文《そののりと》を掲《かゝ》ぐるを以て之《これ》に依りて奏上《そうじやう》す可《べ》し

文曰

謹而奉勧請《つゝしんでくわんしやうしたてまつる》御社《みやしろ》奈《な》岐《き》此所爾《このところに》降臨《こうりん》鎮座《ちんざ》仕《し》給而《たまひて》神祇《しんぎ》之《の》秡《はらひ》可《か》壽々々《ず〳〵》平《たひら》介《け》久《く》安《やす》良《ら》介《け》久《く》聞食弖《きこしめして》願《ねがふ》於《を》所乎《ところを》感應《かんおう》納受《なうじゆ》奈《な》左《さ》志《し》女《め》給幣《たまへ》誠恐誠惶《せいきやうせいくわう》降《こう》烈《れつ》來《らい》座《ざ》敬《けい》白《はく》
大哉賢哉《おほいなるかなけんなるかな》乾《けん》元《げん》亨《かう》利《り》貞《てい》如《によ》律《りつ》令《れい》

又《また》卜筮《ぼくせい》に據《よ》りて吉凶《きつけう》を伺《うかゞ》はんと欲《ほつ》する時《とき》は左の文を唱《とな》ふべし

伏而《ふして》惟《おもんみるに》易者《えきは》民用《みんよう》を前《すゝ》め卦《くわ》神明《しんめい》合《にあふ》顒若《きようじやくとして》有孚《まことあり》感而《かんじて》遂《つひに》通《つうず》謹而《つゝしんで》先天之《せんてんの》肇教《てうきやう》を叩《たゝ》

く願《ねがはくは》後進《こうしんの》迷途《めいとを》開玉《ひらきたまひ》敬《つゝしんで》爐香《ろこう》を燃《たい》て朔聞《さくぶんす》

惟《これ》皇上帝《くわうたるしやうてい》宇宙《うちう》之《の》神聖《しんせい》此《この》聞寶香《はうこうをきいて》願《ねがはくは》降臨《こうりんし》仕玉《たまひ》某年某月某日某國某郡某町村某姓某名其事《そのことを》禱祈《たつきす》

猶豫《ゆうよ》未決《いまだけつせず》所疑《うたがうところ》質神靈《しんれいにたゞす》請《こふ》皇愍《くわうびんを》垂而《たれて》速《すみやかに》吉凶《きつきよう》を示玉《しめしたま》へ

此詞《このりと》を奏上《そうじやう》して揲筮《てつせい》す可《べ》し

招神之詞《せうしんのし》以上《いじやう》の如《ごと》し

是より送納要文《そうなうえうぶん》を示す

○送納之要文

掛巻毛《かけまくも》賢岐《かしこき》天神地祇《てんしんちぎ》爰爾《こゝに》降臨《こうりん》一切乃《いつさいの》諸神等《しよしんたち》元乃《もとの》本宮《はんきう》へ幣送利《おくり》奉留《たてまつる》恐禮奈加良《おそれながら》

承引《うけひき》給《たまへ》幣送納《そうなう》歸宮《きぐう》住社《じうしや》敬白《けいはく》天福《てんふく》皆來《かいらい》地福《ちふく》圓滿《えんまん》神道《しんたう》神力《しんりき》一切《いつさい》諸願《しよぐわん》成就《じやうじゆ》守良世《まもらせ》

給幣止《たまへと》恐美《おそれみ》恐美《く》申須《まうす》

又卜筮之送文

小子《せうし》其事《そのこと》に臨《のぞん》て猶豫《ゆうよ》未決依所疑神靈《しんれい》に質《たゞ》す靈鑑《れいかん》炳然《へいせん》として其《その》卦爻《くわかう》を得《え》せ

しむ小子恭敬《きやうけい》して敢《あへ》て其變《そのへん》に隨《したがつ》て稽首《けいしゆ》して送《おく》り奉《たてまつ》る各上天《おの〳〵しやうてん》に歸玉《かへりたま》ひ重《かさね》て告《こく》愬《さく》あらば願《ねがはく》は降臨《こうりん》を望《のぞ》まん稽首歸依伏《けいしゆきいふし》て惟珍重《おもんみるにちんちやう》

右は送神《そうしん》の要文とす

○兵法九字の大事

南無本尊會界摩利支天《なむほんぞんゑかいまりしてん》

來臨影向其甲守護令給《らいりんゑかうそのかうしゆごしめたまへ》

九字《くじ》のきり方左《かたさ》の通《とほ》り

金剛合掌《こんがうかつしやう》

臨兵闘者皆陳裂在前《りんぴやうとうしやかいぢんれつざいせん》と切《き》るべし

獨沽の印　大金剛輪の印　外獅子印

内獅子印　外縛の印　内縛の印

智劵の印　日輪の印　寶瓶の印

右《みぎ》は皆左《みなさ》に圖解《づかい》を以《もつ》て記《しる》しあれば此圖面《このづめん》の通《とほ》り行《おこな》ふ時《とき》は自《みづか》ら覺《おぼ》ゆるなり記臆《きおく》す

る以上《いじやう》は野山《のやま》戰地《せんち》又《また》は夜中《やちう》旅行《りよかう》總《すべ》て一代《だい》身《み》に重大《ぢうだい》なる災害《さいがい》あらんとする時に之《これ》を行《おこな》ふべし何事《なにごと》も避《さ》くる事《こと》神傳妙術《しんでんめうじゆつ》なり

臨《りん》

普賢三昧耶《ふけんさんまいや》

天照皇太神宮《てんせうくわうたいじんぐう》

毘沙門天《びしやもんてん》

兵《へう》

大金剛輪《だいこんがうりん》

正八幡大神《しやうはちまんだいじん》

十一面觀世音《じふいちめんくわんせおん》

闘《とう》

外《げ》獅《じ》子《し》

春《かす》日《が》大《だい》明《みやう》神《じん》

如《によ》意《い》輪《りん》観《くわん》世《ぜ》音《おん》

者《しや》

内《ない》獅《じ》子《し》

加《か》茂《も》大《だい》明《みやう》神《じん》

不《ふ》動《どう》明《みやう》王《わう》

皆《かい》

外《げ》縛《ばく》

稲《いな》荷《り》大《だい》明《みやう》神《じん》

愛《あい》染《そめ》明《みやう》王《わう》

陳《ちん》

内《ない》縛《ばく》

住《すみ》吉《よし》大《だい》明《みやう》神《じん》

正《しやう》観《くわん》世《ぜ》音《おん》

裂《れつ》

智《ち》券《けん》

丹《に》生《ふ》大《だい》明《みやう》神《じん》

阿《あ》彌《み》陀《だ》如《によ》來《らい》

在《ざい》

日《にち》輪《りん》

日《につ》天《てん》子《し》

彌《み》勒《ろく》菩《ぼ》薩《さつ》

前《ぜん》

隠《おん》形《ぎやう》

摩《ま》利《り》支《し》天《てん》

文《もん》珠《じゆ》菩《ぼ》薩《さつ》

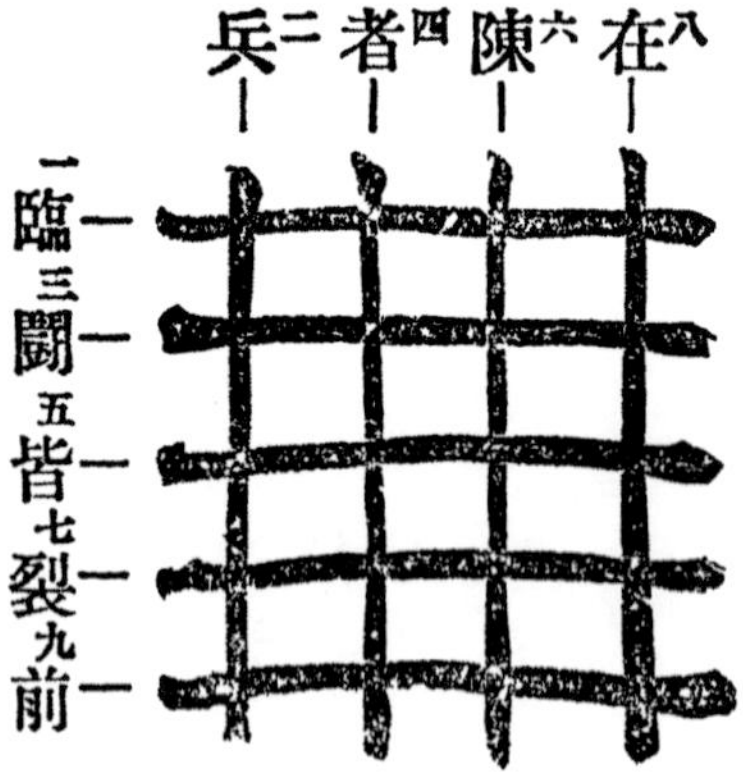

降臨の時神向讀歌

○千早《ちはや》降爰《ふるこゝ》も高天原《たかまのはら》なり集《あつま》り給《たま》へ四方《よも》の神々《かみ〲》

○幣立此處《へいたてこゝ》も高天原《たかまのはら》なれば集《あつま》り給《たま》へ四方《よも》の神々《かみ〲》

○明《あけ》て見《み》よ神《かみ》の寶藏《はうざう》に何《なに》もなし祈《いの》りし所《ところ》神風《かみかせ》ぞふく

○神垣《かみがき》や居垣《ゐがき》にばかりすがたにて無《な》きこそ神《かみ》の姿《すがた》なりけり

○心《こゝろ》だに誠《まこと》の道《みち》に叶《かな》ひなば祈《いの》らずとても神《かみ》やまもらん

南無《なむ》九万《まん》八千神來臨守護喼急如律令《せんしんらいりんしゆごきうきうにょりつれい》

合掌《がつしやう》　天之御柱《あまのみはしら》　地之御柱《ちのみはしら》

次《つぎ》に彈指《たんじ》

但《たゞ》し右《みぎ》の五種《しゆ》の歌《うた》三遍唱《べんとな》ふべし

後《のち》に三種《しゆ》の秡《はら》ひを再度讀《さいどよ》む可し

九字を戻す法

なんきりきやら。はらはら。ふたらん。ばそつ。そわか

右《みぎ》を三遍唱《さんべんとな》ふべし

○方除星祭り靈符の製法

星祭りの式

先　祭壇《さいだん》を設《もう》け榊《さかき》の葉《は》を備《そな》ふ

次　神拝　拍手　如常《つねのごとし》

次　安座《あんざ》

次　榊《さかき》の葉《は》を以《もつ》て左《さ》の如《ごと》く唱《とな》ふ

鎭宅靈符尊生《ちんたくれいふそんせい》　一拜

大陰化生《たいいんくわせい》　水位之精《するゐしせい》　虚危上應《こきじやうおう》　龜蛇合形《きじやかうぎやう》　周行六合《しうこうりくかう》　威接萬靈《いせつばんれい》

無幽不察《ぶゆうふさつ》　無願不成《ぶぐわんふせい》　刼終刼始《かうじうかうし》　剪伐魔精《せんばつませい》　救護群品《きうごぐんひん》　國家咸寧《こくかかんねい》

數終未申《すうしうびしん》　妖氣流行《えうきりうかう》　上帝有勅《じやうていいうちよく》　吾固降靈《ごこかうれい》　戰楊正法《せんようしやうはふ》　蕩邪譬兵《とうじやひへい》

化育黎兆《くわいくれいてう》　協贊中興《きやうさんちうこう》　敢有小鬼《かんいうせうき》　欲來見形《よくらいけんけい》　五日一視《ごじついつし》　五嶽摧傾《ごかくさいけい》

喼急如律令奉導誓願何不成就乎《きうきうによりつれいふたつせいぐわんなんぞじやうじゆせざらんや》　合掌

次　善星皆來《せんせいかいらい》　惡星退散《あくせいたいさん》　百反

次　供物《くもつ》

次　左の文を讀《よ》むべし

文曰

上眞垂祐《しやうしんすゐいう》　某災害不生《それがしさいがいふせう》　福壽增延《ふくじゆぞうえん》　子孫榮顯《しそんえいけん》　田蠶倍盛《でんさんばいせい》

六畜興生《りくちくこうせい》　掃除精怪《そうぢよせいくわい》　蕩滅妖氣《たうめつえうき》　靈符秘妙《れいふひめう》　永鎭門庭《えいちんもんてい》

此符靈驗《しふれいけん》　來歷甚多《らいれきじんた》　述之難盡《じゆつしなんじん》　三反

次　神酒《みき》の口を取《と》り榊《さかき》を以て四方に散《さん》す

次　送神文

次　神拜　拍手　如常《つねのごとし》

退《たい》下《げ》

○方除靈符の書方

表書　臨　兵　前　光

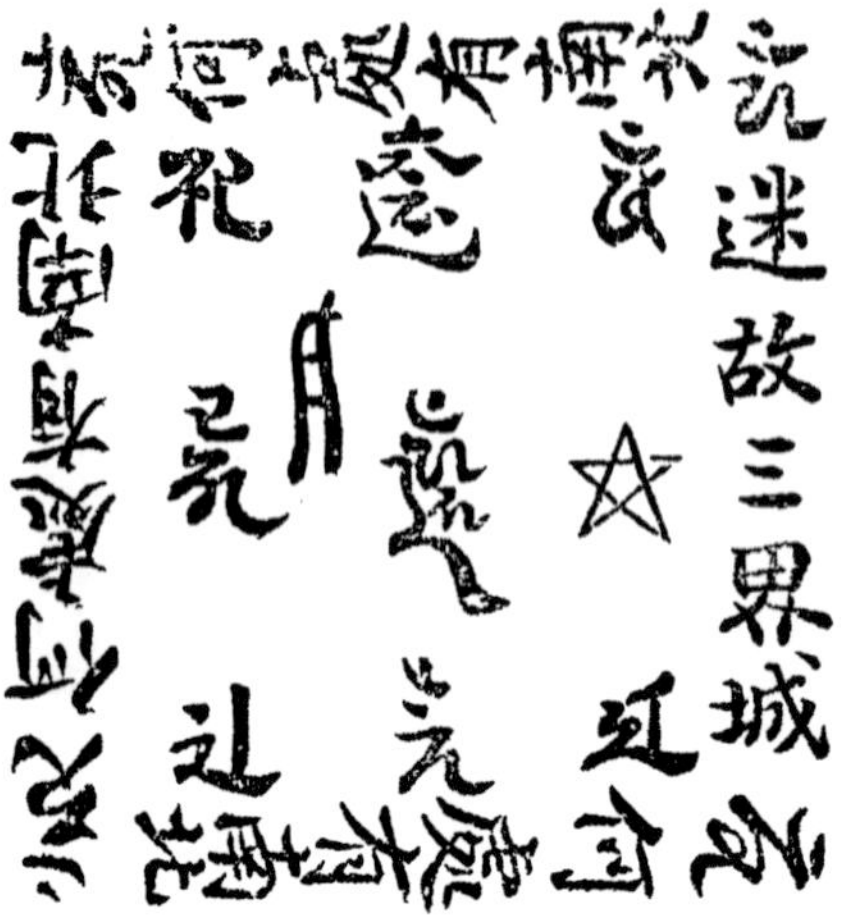

右《みぎ》の如《ごと》く書《しよ》して之を白紙《はくし》に包《つゝ》み上書《うはがき》には南無三寶荒神守護と記し

裏には　八　卌　☆　と記すべし

而して之を犯《をか》したる方位《はうゐ》の柱《はしら》の下《した》に埋《うづ》むべし

○稲荷使白狐勧請之事

附　行事式

順序《じゆんじよ》左の如くす

齋戒《さいかい》三日朝夕《てうせき》行水《ぎやうずゐ》

神前《しんぜん》の装飾《そうしよく》を爲《な》し祭壇《さいだん》の左右に四垂《しで》を付けたる榊《さかき》を立《た》て端出之繩《しめなは》を亘《わた》す

先　神饌《しんせん》を獻《たてまつ》る

神饌品目

御飯《みけ》 洗米を用ゆるも可　御酒《みき》　鮮魚《せんぎよ》　乾魚《かんぎよ》　甘菜《あまな》　辛菜《からな》　奥津藻菜《おきつもな》

邊津藻菜《へなつもな》　菓《くだもの》　作菓《さくくわ》　食鹽《しほ》　清水《しみづ》

次　榊に紙を付たる大玉串《おほたまぐし》を神前に獻《たてまつ》りて拜禮《はいれい》

次　祓《はらひ》

中臣祓　三種祓　大祓

次　稲荷《いなり》之《の》祝詞《のりと》

次　白狐《びやくこ》勧請文《くわんじやうぶん》

次　祈《き》念《ねん》

志《こゝろざ》す所《ところ》の願事《ねがひごと》を微《び》音《おん》にて祈《き》念《ねん》

次　拍手再拝

次　送神呪象《じゆしやう》

次　拍手小大二度宛

次　撤神饌《しんせんをてつす》

時宜《じぎ》に依《より》て其儘《そのまゝ》に置《お》くも可《か》也

次　座揖

次　立揖

次　退座

順序以上の如し

○稲荷祝詞

高天原仁《たかまのはらに》神留座須《かみとゞまります》中爾《なかに》居鳴之神之御前爾《いなりのかみのみまへに》祓申志《はらひまうし》給氐《たまひて》申佐久《まうさく》都爾《みやこに》近而大公之私爾《ちかくしておほやけのわたくしに》仰被仰座爾《あはぎあはがれなすに》御徳《みえき》高志《たかし》殊爾《ことに》所有之《あるところの》思行氐波《おもひおこなひては》神乍共《かみながらも》所聞食氐《きこしめして》皇我朝廷乎《すめわがみかどを》天日月乃動《あまつひつきのうごき》无久《なく》常磐爾《ときわに》堅石爾《かきわに》守幸比《まもりさひはひ》給氐《たまひて》天下平而長雨《あめがしたたいらかにしてながあめ》日照之災疫之患乎《てりのわざはひやみのうれひを》聞事無久《きくことなく》雨風毛時爾《あめかぜもときに》順比《したがひ》五種之穀物豐爾《いつくさのたなつものゆたかに》稔良令《みのらしめ》給幣止《たまへと》恐美惶美申須《おそれみかしこみまうす》

○白狐勸請之經文

掛眞久毛《かけまくも》畏幾《かしこき》大日本《おほやまと》稲荷五社登《いなりごしやと》申奉波《もうしたてまつるは》稲蒼魂命《うかのみたまのみこと》大《おは》巳貴命《あなむちのみこと》太《おは》田命《たのみこと》大《おは》宮姫命《みやひめのみこと》保食《うけもっ》命《のみこと》五柱《いつはしら》乃大《のおは》恩神《をんかみ》奈利《なり》

昔神代《むかしかみよ》乃《の》御時《をんとき》與利《より》安鎮志《あんちんし》國家之《こくかの》鎮守也《ちんじゆなり》偖《さて》又《また》稲荷止《いなりと》號奉留波《なづけたてまつるは》瓊々杵命《に〻ぎのみこと》降臨乃《とうりんの》御《をん》時爾《ときに》日向乃《の》高千穂《たかちほ》櫻觸峯爾《くじふるたけに》稲穂乎《いなはを》奉捧《さゝげたてまつる》雲霧乎《くもきりを》掃比《はらひ》給比志與利《たまひしより》稲荷大明神止《いなりだいめうじんと》號給《なづけたま》布《ふ》夫與利《それより》國々乎《くに〳〵を》奉蒙《かうむりたてまつる》稲荷之《いなりの》靈驗《れいけん》妙德乎《めうとくを》示志《しめし》先《まづ》所謂《いはゆる》王城地爾《わうじやう、ちに》謹請須《きんしやうす》甫佐之《はさの》紫美《しみ》狐《きつね》、華山院《くわざんいん》若狐《わかきつね》、松田邊爾《まつだへんに》神丘之《かみをかの》神子狐《みこきつね》、片岡山爾《かたをかやまに》火燃狐《ひたききつね》、大和國爾葛城山之《かつらぎやまの》源家《げんけ》

坊《ばう》、津國《つのくに》爾《に》幾田《いくた》小屋《こや》成《なる》友乎《ともを》迷須《まよはす》黒狐《くろきつね》、河内國自田《じた》夫《ゆう》、和泉國爾名負《なにしおふ》信田《しのたの》森《もり》之《の》葛葉《くつのは》狐《きつね》、
伊勢國爾千早振《ちはやふる》神路《かみじ》山之《やよの》古狐《ふるきつね》、志摩國鳥羽《とは》浦狐《うらきつね》、伊賀國上野之《うへのの》源太丸《げんたまろ》、尾張國宮之《みやの》
三良《さぶらう》、三河國爾鳳來寺《ほうらいじ》峯之《みねの》藥師之《やくしの》瑠璃狐《るりきつね》、遠江國爾秋葉山之《あきはさんの》粧化坊《しようげばう》、伊豆國爾赤澤《あかさは》
山角力取狐《やますまうとりきつね》、駿河國爾時不知山者《ときしらずやまは》富士之根《ふじのね》太郎丸《たらうまる》、相州爾自由自在爾《じゆうじざいに》飛來《とびきたる》大山寺《おほやまでら》
之通力坊《のつうりきばう》、甲斐國爾御嶽坊《みたけばう》、武藏國爾草爾入利《くさにいり》草與利出氐《くさよりいでて》世界州知之《せかいしちの》我慢坊《がまんばう》、王子之《わうじの》
里之五香丸《さとのごこうまる》、安房國爾洲崎坊《すさきばう》、上總國爾小金原之《こかねがはらの》駒止狐《こまとめきつね》、下總國息栖浦之《いきすうらの》網除狐《あみよけきつね》、常
陸國筑波根之《ちくばねの》峰爾栖志《みねにすみし》木葉隱之《このはかくしの》伏狐《ふしきつね》、奥州爾千家之《ちかの》浦邊之《うらべの》鹽釜坊《しほがまばう》、出羽之國羽黒《はぐろ》
之菊太夫《のきくだいう》、下野國那須原之《なすのはらの》美女狐《びよきつね》、上野國一ノ宮御先坊《みやをさきばう》、信濃國飯綱山《いひつなやま》肥滿坊《ひまんばう》、飛
彈之國犬神狐《いぬかみきつね》、越後國音爾聞《おとにきく》雪爾隱氐《ゆきにかくれて》穴住狐《あなすみきつね》、佐渡國金山丸《かなやままる》、越中國富山丸《とやままる》、越前國
勝山之《かついまの》芝狐《しばきつね》、能登國岩倉之《いはくらの》渡丸《わたりまる》、加賀國白山之《はくさんの》白僧坊《はくそうばう》、美濃國爾谷汲山《たにくみやま》御堂丸《みどうまる》、近江
國石山寺之《いしやまでらの》狐《きつね》、紀伊國三國《さんごく》一之《の》瀧本狐《たきもときつね》、播摩國化粧坊《けしようばう》、丹波國焔魔坊《えんまばう》、丹後但馬二
國爾《こくに》千丈嶽《せんじやうがたけ》鬼神狐《をにがみきつね》、備前備中備後三ケ國爾住渡《すみわたる》儉伽山《よかさゝ》神尺坊《しんしやくばう》、因幡國爾源藏丸《げんぞうまる》、伯耆
國爾大山《おほやま》天狗坊《てんぐばう》、出雲國爾伊達山之《だてやまの》古狐《ふるきつね》、石見國濱田丸《はまだまる》、長門國越濱邊之《こえはまべの》浦狐《うらきつね》、安藝

國爾嚴島《いつくしま》之《の》七浦狐《なゝうらきつね》、周防國德山《とくやま》之《の》水晶丸《すゐしよまる》、美作國爾津山丸《つやままる》、隱岐國知夫《ちぶ》郡《こほり》鈴振狐《すゞふりきつね》、淡路國島津《しまづ》郡《こほり》之《の》五十《いそ》上狐《かみきつね》、四國之地《ち》爾至《にいたりて》氐波《は》伊豫之松山《まつやま》常盤坊《ときはばう》、土佐國吾臺山《こだいさん》之《の》白代《はくしろ》丸《まる》、阿波國爾鳴戸《なると》浦《うら》之《の》浪切狐《なみきりきつね》、讃岐國爾象頭山《そうづさん》之《の》金毘羅坊《こんぴらばう》、筑紫《つくし》九ケ國爾住渡《すみわたる》筑前國妙見山《めうけんざん》北斗狐《ほくときつね》、筑後國高良山《かうらやま》之《の》峯《みね》市坊《いちばう》、豐前國菱形池《ひしかたいけ》之《の》坊《ばう》、豐後國杣《そま》ケ嶽《だけ》之《の》斧狐《をのきつね》、肥前國爾佐賀《さが》之《の》與止姫狐《よとひめきつね》、肥後國安蘇山《あそやま》之《の》赤狐《あかきつね》、日向國檍原《あはきがはら》之《の》神代狐《かみよきつね》、大隅國霧島山《きりしまやま》鉾持狐《はこもちきつね》、薩摩國鹿兒島丸《かごしままる》、壹岐國魚釣山《うはつりやま》竿狐《さほきつね》、對馬國上縣田《かみあかた》之《の》古狐《ふるきつね》

總而《そうじて》日本國中六十餘州《しう》之《の》白狐神《びやくこしん》此處《このところ》爾《に》勸請奉留《くわんじやうしたてまつる》貴《き》社官社《しやくわんしや》愛愍納受《あいみんのうじゆ》令《な》成《され》賜《たま》幣止《へと》恐美恐美《おそれみ〱》申須《まうす》

白狐勸請文終

○祈禱之順次

○外五鎭印

稻荷山《いなりやま》吾玉垣《わがたまがき》乎《を》引志女氐《ひきしめて》
吾思事《わがおもふこと》加奈惠《かなへ》御社《みやしろ》

○内五鎮印

稲荷山《いなりやま》三箇《みつ》之《の》玉《たま》垣《がき》打叩《うちたゝき》

吾《わが》願事《ねぎごと》乎《を》神《かみ》哉《や》答幣牟《こたへん》

○護身神法

身体《みからだを》護《まもる》神《かみ》凝島《をのころしま》

髪膚《のさきけのねを》護《まもる》神《かみ》八尋《やひろ》之《の》殿《とり》

魂魄《そしみたまさきを》護《まもる》神《かみ》日《ひ》之《の》大神《おほかみ》

心上《こゝろのうへ》護《まもる》神《かみ》月《つき》之《の》大神《おほかみ》

行年《ゆくとしを》護《まもる》神《かみ》星《ほし》之《の》大神《おほかみ》

次

拍手　小大

宇《う》氏《て》波《は》鳴《なる》宇《う》多《た》禰《ね》波《は》奈《な》良《ら》怒《ぬ》拍手《かしはで》之《の》

於《を》天《て》之《の》内外《うちと》之《の》神《かみ》波《は》喜喜《きき》麻令《ませ》

○標神呪象

標《さし》神《かみ》之《の》神《かみ》標《さし》仁《に》標《さ》志《し》寄《よる》事《こと》仁《に》

神《かみ》寄《より》仁《に》寄《よ》禮《れ》神《かみ》寄《より》之《の》神《かみ》

當日之支第五位に向つて

左《ひだり》の膝《ひざ》を拍《たゝ》く事《こと》　五度《いつたび》す但左手にて爲《な》す事《こと》

○聞神呪象

聞《きゝ》神《かみ》之《の》神《かみ》聞《きゝ》爾《に》聞《きゝ》且神《かみ》告《つげ》仁《に》

告《つげ》政《たる》仁《に》答《こた》幣《へ》神《かみ》語《かた》利《り》爲《せ》居《よ》

當日之支第三位に向つて

右之手を以て右《みぎ》の膝《ひざ》を拍《たゝ》く事《こと》　三度

○白狐印

佐《さ》牟《ん》氣《け》禮《れ》牟《ん》氣《け》牟《ん》氣《け》牟《ん》氣《け》禮《れ》牟《ん》之《の》劒《けん》丁《てう》丁《〱》止《と》鳴《なる》波《は》與《よ》志《し》野《の》乃《ゝ》華《はな》加《か》良《ら》須《す》

七《しち》難《なん》有《あら》波《は》和《わ》賀《が》身《み》志《し》良《う》世《せ》與《よ》

○外五鎮印　三返唱

稲荷神狐王　百返唱

○内五鎮印　三返唱

又

物之怪《もののけ》於《を》彎氏《ひいて》放須波《はなすは》梓弓《あづさゆみ》

受取利《うけとり》賜倍《たまへ》今日之《けふの》聞神《きゝがみ》

稲荷山《いなりやま》神《かみ》寄來令《よりきませ》手抦由美《たからゆみ》

我神《わがかみ》引爾《ひきに》引我《ひくが》往隨《まに》往ゝ隨

以上の二首を唱《とな》へ心中願事を微音《びおん》に唱《とな》ふ可し

○返神呪象

奉送一心所ゝ請《いつしんにをくりたてまつろしやうすろころ》　上稲荷五社大明神並爾《ならびに》衆祇《もろつこ》白狐神《びやつこしん》本津《もとつ》宮居爾《みやいに》令還給倍《かへらせたまへ》向後《こうご》

奉請波愛憐御心乎垂給比氏《しやつしたてまつればめぐみとおもふこゝろをたれたまひて》願事一一爾《ねがふこといち〳〵に》成就令成給幣止《じやうじゆなさしめたまへと》恐美恐美《をそれみ〳〵み》申須《まうす》

次　再拝

次　座揖《ざのしゆう》

次　立揖《りつのしゆう》

次　退下《たいげ》

此法《このはう》は拙行《せつぎよう》の能《よ》く行《おこな》ひ爲《な》すを能《あた》はざるの法《はう》なれば潔齋修行《けつさいしうげう》して之れを行《おこな》ふを要《えう》するものと知るべし

凡《すべ》て行事《ぎようじ》は事《こと》の大小尊卑《だいせうそんび》に係《かゝは》らず唯《たゞ》齋戒《さいかい》水《する》 行祓《ぎようはらひ》詞《のりと》を怠《おこた》ずして誠心《せいしん》之《これ》を勤《つと》むる時《とき》は靈驗著明《れいけんちよめい》也《なり》

此の故に至誠《しせい》神《かみ》に感通《かんつう》するの境《さかい》に至《いた》りて謹《つゝしん》て可行者《おこなふべきもの》と知《し》る可し、穴賢《あなかしこ》

○神術妙法狐憑の秘法

先　神前に憑人《よりひと》を安座《あんざ》せしむ
　但し御幣《ごへい》を持《も》たすべし

次　左の如く唱ふ

次　謹請《きんしやう》再拝《さいはい》々々《〳〵》爰《こゝ》に稲《い》荷《なり》大《たい》明《めう》神《じん》勧請《くわんしやう》奉《したてまつ》る一々《いち〳〵》上々《しやう〳〵》祓《はら》ひ給《たま》ひ清《きよ》め給《たま》へ

次　尚ほ左の文を誦すべし

淺《あさ》山《やま》羽《は》山《やま》羽《は》黒《ぐろ》の權《ごん》現《げん》御《を》竈《かま》の荒《くわう》神《じん》上《かみ》下《しも》言《い》はずにヲナカも陳《ちん》ずる並《ならび》に豊《とよ》川《かは》稲《い》荷《なり》大明神《だいめやうじん》

次　御《ご》幣《へい》の震《しん》動《どう》するを見《み》て左の如く唱ふ

天《てん》仁《に》止《と》路《ろ》止路《〳〵》地《ち》仁《に》止《と》路《ろ》止路《〳〵》御《を》勇《いさ》美《み》奈《な》佐《さ》禮《れ》

次　問答

次　左の歌を三返誦す

千《ち》早《はや》降《ふる》神《かみ》乃《の》力於《ちからを》以《もち》氏《て》元《もと》乃《の》所《ところ》爾《に》送《そく》利《り》止《と》牟《めん》

次　背《せ》に犬《いぬ》と云ふ字を三つ書《か》いて其《その》背《せ》を打《う》つべし然るときは卒《そつ》倒《たう》して忽《たちま》ち憑《よ》りたる狐《きつね》落《おつ》るなり

前章　稲《い》荷《なり》使《つか》ひ白狐《びやくこ》勧請《くわんじやう》の經《けふ》を參《さん》照《せう》し適《てき》宜《ぎ》に之を讀《よ》み上《あ》ぐべし

○神傳狐狸の憑物を顯はす法

狐狸《こり》の類《るゐ》虚《きよ》に乗《じやう》して犯《をか》すあり今此《いまこれ》を知るの秘事《ひじ》と之を顯《あら》はすの秘法《ひはう》を左に記述《きじゆつ》して何人《なにびと》にても容易《やうい》に之を行《おこな》ふを得《え》せしむ

△狐附を知る秘事

兩《りやう》の股《また》の間《あひだ》に  此の如き梵字《ぼんじ》を一字珠數《じゆず》にて書《か》くなり狐附《きつねつき》なれば非常《ひじやう》に痛《いたみ》を感《かん》ずべし然らざれば更に痛《いた》むことなし故に此法によりて之を知《し》り然る後《のち》に祈禱《きたう》すべし

△脉考の事

大指《おほゆび》の下寸口《したすんこう》の上《うへ》に動脉《どうみやく》あるは狐魅《こみ》なり又脈搏《みやくはく》或は急《きう》に或は緩《くわん》に或は大《だい》或は小《せう》にして脉搏度《みやくはくど》を失《うしな》ひて亂れたるは邪氣《じやき》の祟《たゝり》皮膚《ひふ》の間《あひだ》をくゞる故なり

左右《さいう》の手首《てくび》の本脈《ほんみやく》左右相違《さうい》あるは憑物《つきもの》なり眼《め》と眼と見合《みあは》せば狐附《きつねつき》なれば非常に之を嫌《きら》ふなり

△人相の事

狐附きたる人の相は面色《めんしよく》青黑《あをぐろく》を催《もよほ》し命宮《めいきう》と福德宮《ふくとくきう》の邊に粟粒《あはつぶ》の如くなるものを吹出《ふきいだ》す口の邊の皮《かわ》の底《そこ》に凝《こ》りあるは狐付《きつねつき》なり背骨《せぼね》を推《を》して見《み》るべし嫌《いや》がるものなり

△憑者を顯はすの法は左の如し

附物《つきもの》の形《かたち》を顯《あら》はすことは車前子《しやせんし》の實《み》の二股《ふたまた》になりたるを取り蔭干《かげほし》にして用《もち》ゆるとき油《あぶら》に浸《ひた》し之れに火を燃《とも》し病人發《おこ》りたるとき其座敷《そのざしき》の障子《しやうじ》を立切《たてき》り外《そと》へ出ぬ樣にして外の明《あかり》を消《け》し車前子《しやせんし》の火《ひ》にて見れば何にても附《つ》きたるもの丶形《かたち》見《み》ゆるなり鳥獸《てうじう》或は虫《むし》にても生《い》きたるもの丶顯《あら》はれたるときは之を捕《とら》へ箱《はこ》に入れ川《かは》に流《なが》すべし而して其捕《そのとら》へ難《がた》きは之を外《そと》に追《お》ひやるべし

△狐附を落す咒咀

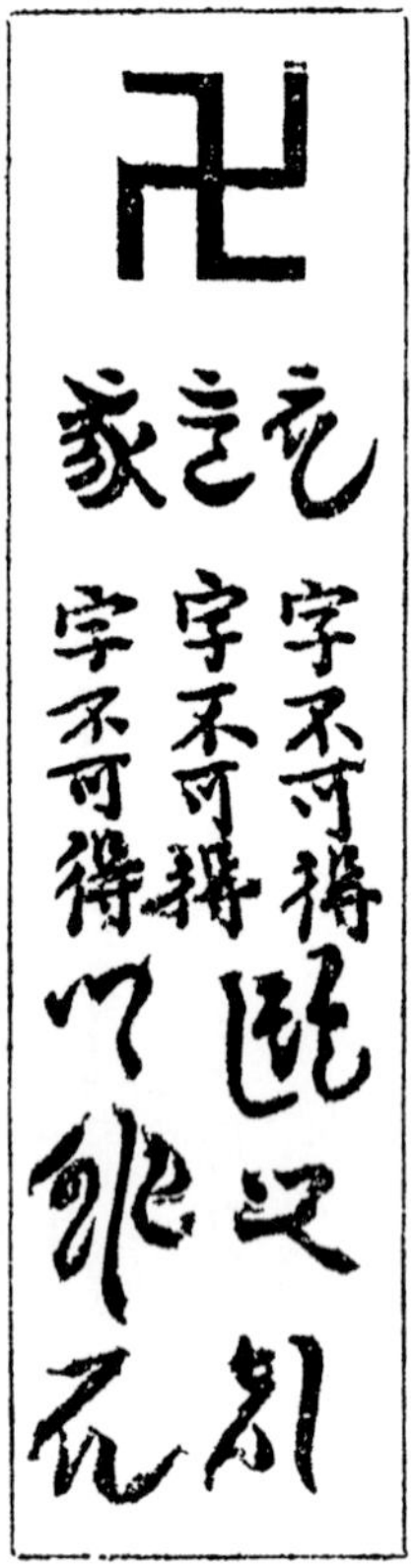

右の符を認め之を病人の首に掛けさすべし若し病人《びやうにん》之れを嫌《きら》はゝ病者の居《ゐ》間《ま》の上に釣《つ》り置《お》くべし落つる事妙なり

△野狐付きたるには左の符を用ゆべし

頭破作亡分
如阿梨樹枝

右の符を書きて慈救咒《しくじゆ》にて加持《かじ》し額《ひたひ》にも此符を書くべし首《くび》に掛けさすことは前の符と同し

△狐災ひをなすときは左の符を用ゆべし

狐狐狐狐
大鬼王喼急如律令

右の符を認《したゝ》め加持には慈救咒大威徳《たいいとく》の咒を唱《とな》へて之を押すべし

○狐付狐退の神灸秘傳

先　神前に向つて一揖

次　修祓《しうはつ》

　　布留部祓《ふるべのはらひ》を唱ふ

次　加持

　　病人に向つて加持す

次　神灸《きう》を行ふ

次　此行ひ方は清《きよ》く削《けづ》りたる平《たい》面《ら》の板に圖《づ》の如く書《しよ》したる上に灸《きう》を据《す》へるなり

板の削りたる物

此の如く三度重書し其上を朱にて丸を書き下の二字を狐付に蹈せ先づ其上の寶の字に灸す次に下の並びたる寶の字にも灸すべし又灸するときは左の文を唱ふべし

文に曰く
附《つ》くもぶしやう附《つ》かるゝもぶしやう一時《いつとき》の夢《ゆめ》ぞかし生八難《しやうはちなん》の池《いけ》水積《みつつも》りて淵《ふち》となる鬼神《きじん》に横道《わうだう》なし人間《にんげん》に疑《うたがひ》なし教化《けうげ》に附《よ》さるに依《より》て時《とき》を切《きり》てすてるなり

△又法

淸《きよ》く削《けづ》りたる板《いた》に左《さ》の符《ふ》を認《したゝ》め灸《きう》するもよし

右符のニニ印の處《ところ》へ灸《きう》するなり

△又一法

板の上に手を擴《ひろ》け置《お》いて男は左女は右の指先《ゆびさき》に祈念《きねん》しつゝ灸《きう》するもよし

天龍虎王命勝

○神傳不思儀十字の秘傳

高貴《かうき》大官《たいくわん》の人の前に出《いづ》る時書之《これをかく》

航海《かうかい》渡船《とせん》の時に之を書《かく》も可《か》也

海河《かいが》又は船橋《ふなばし》を渡《わた》る時《とき》書《しよ》して持《もつ》也《なり》

大風雨《たいふうう》に向《むか》ひて出《い》づる時に書《か》く也

廣野《くわうや》原野《げんや》深山《しんざん》に行《ゆ》かんと欲する時書《か》きて可持《もつべし》

山獵《やまかり》又は賊《ぞく》に逢《あ》ひたる時に書《か》くも可《か》也

對惡人《あくにんにたいす》等《とう》の時之を書して持《もつ》べし

不時《ふじ》に應《おう》する時又裁判《さいばん》の時之を書《か》くも可也

人の家にて怪《あや》しき茶酒《ちやさけ》飲食之《いんしよくの》時《とき》之を書《か》く

敵《てき》に向《むか》ふ時之を書《しよ》して持《も》つも可《か》也

軍陣《ぐんぢん》幷《ならび》に萬勝負《よろづしようぶ》の時《とき》に書く可し

賣買《ばいく》の時に之を書《しよ》すも又可《か》也

⿰口是大水日

疫病《えきびやう》の有《あ》る家《いへ》に行《ゆ》かんとする時《とき》

諸悪人《しよあくにん》の集《あつま》り居所《ゐるところ》に行《ゆか》んとする時

怪《あや》しく思ふ場所《ばしよ》又は淋《さび》しき所《ところ》に行《ゆ》く時

悪病傳染病《あくびやうでんせんびやう》の人を見舞《みま》ふ時に之を書す

案内知《あんないし》らざる家《いへ》に行時《ゆくとき》又酒席《しゆせき》に出《いづ》る時

身構清淨《みかまひしやうじやう》の時《とき》又は水論《するろん》ある時《とき》に之《これ》を可ㇾ書《かくべし》

萬祝言慶喜《よろづしうげんよろこび》之《の》時《とき》

病者《びやうしや》を訪《と》ふ時《とき》

以上の十文字《もじ》を以て世に云ふ十文字の大法《たいはふ》と稱《しよう》す

之を行ふには男《をとこ》は左《ひだり》の手女は右《みぎ》の手にて刀印《たういん》にて空書《くうしよ》すべし又刀印を硯《すゞり》に施《ほどこ》して白紙《はくし》に之を書して懷中《くわいちう》するも可《か》也

刀印 圖解《かい》

○易術死靈生靈顯はす秘傳

☰ 乾《けん》爲《い》天《てん》

此《この》卦《くわ》廣《くわう》大《だい》包《はう》容《よう》の象《しやう》あり故に此《この》卦《くわ》に當《あた》る家は人《じん》家《か》多《おほ》き中《うち》にありて兩《りやう》門《もん》相《あひ》對《たい》するの家とす家《か》内《ない》安《やす》からざるの卦《くわ》なり而して此《この》家《いへ》病《やまひ》の生《しやう》ずるは巽《たつみ》の方《かた》邪《じや》鬼《き》の祟《たゝり》なり病《びやう》症《しやう》は寒《かん》熱《ねつ》頭《づ》痛《つう》の症《しやう》とす小《せう》兒《に》なれば太《たい》白《はく》星《せい》の祟《たゝ》りなるを以《もつ》て星《ほし》祭《まつり》をなして秡《はら》へば吉なり又此《この》外《ほか》祟《たゝり》をなすは婦《ふ》人《じん》の障《さは》り乾《いぬゐ》の方《かた》神《かみ》の祟《たゝ》り晦《みそ》日《か》の死《し》靈《りやう》等《とう》とす而して此《この》卦《くわ》の初《しよ》爻《かう》は神の咎《とがめ》二は女の死《し》靈《りやう》三は女の怨《うら》み四は神の祟《たゝ》り五は南方の生《いき》靈《りやう》又は竈《かまど》の神《かみ》の祟《たゝ》り上《じやう》爻《かう》は死《し》靈《りやう》の祟《たゝり》と知るべし又此卦に遭《あ》ふ家《いへ》は傳《でん》來《らい》の刀《かたな》ありて家に難《なや》みを生《しやう》すること多《おほ》しとす

䷁ 坤《こん》爲《ゐ》地《ち》

此《この》卦《くわ》萬《ばん》物《よつ》生《せい》養《よう》するの象《しやう》あり故に此《この》卦《くわ》に當る家は盛《せい》運《うん》に向《むか》ふの地《ち》勢《せい》にあるか、又《また》は神《じん》社《じや》に近《ちか》き處《ところ》にあり住《じう》居《きよ》すれば安《あん》寧《ねい》なり然るに此家病《やま》ひ發《はつ》するは東南の方《かた》大《たい》樹《じゆ》の下《もと》に縊《ゐつ》死《し》したる人の靈祟《れいたゝり》をなす此の方に吉《きつ》神《じん》を祭《ま》つれば吉なり病症《びやうせう》は寒《かん》熱《ねつ》往《わう》來《らい》し腹《ふく》内《ない》疼《とう》痛《つう》し手足重《おも》きの症《せう》とす又以《い》上《じやう》の外祟《ほかたゝり》をなすは八日十八日の死《し》靈《りやう》又は東方男の生靈《いきりやう》巽《たつみ》の方女怨《をんなのうらみ》か山神《やまのかみ》の祟等《たゝりとう》とす而して此卦の初《しよ》爻《かう》は死《し》靈《りやう》二は水《する》神《じん》の祟《たゝり》三四は四ッ足の祟《たゝ》り五と上爻《じやうかう》は人の怨《うら》みと知《し》るべし

䷂ 水《する》雷《らい》屯《じゆん》

此《この》卦《くわ》萬《ばん》物《もつ》始めて生《せつ》ずるの象《しやう》なり此卦に當《あた》るの家は東北の方《かた》に階《かい》段《だん》あり因《より》て火《くわ》災《さい》及盜《ぬす》人《びと》の難《なん》あり常《つね》に用《よう》心《じん》すべし而《しか》して此家病氣《びやうき》發《はつ》するは丑《うし》寅《とら》の方《かた》神《かみ》の祟《たゝ》りなり病症《びやうせう》は寒《かん》熱《ねつ》往《わう》來《らい》して頭目《あたまめ》昏《く》闇《ら》み飲《のみ》食《くひ》進《すゝ》まざるの症《せう》なり故に鬼《き》門《もん》除《よけ》の法《はふ》を行《おこな》へは癒《い》ゆべし此外此卦《くわ》に付ての祟物《たゝりもの》は六日十九日の佛亦《ほとけ》は女の死《し》靈《りやう》の祟《たゝ》り蛇《へび》を殺《ころ》し

たる障《さは》り等《とう》にして殊《こと》に金神《こんじん》の咎《とが》めあり故に能く之を祓《はら》ふ法《はふ》を修行《しうぎやう》せば可《か》なり

䷃

山《さん》水《すゐ》蒙《もう》

此《この》卦《くわ》は山の霧《きり》の爲めに隱《かく》るゝの象《しやう》あり此卦《くわ》に當《あた》る家は竹林《たけはやし》あるか又《また》前《まへ》に流《なが》れある家にして不時《ふじ》の福《さいはひ》を得《う》るの吉相《きつさう》とす然《しか》るに此家病《やまひ》の發《はつ》するは鬼門《きもん》を穢《けが》したるの祟《たゝ》りにして病症《びやうせう》は咽喉《のど》疼痛《とうつう》し眼目《まなこ》くらく心中《しんちう》欝結《うつけつ》して物思《ものおも》ひをなすの症《せう》なり月輪星《げつりんせい》を祭《まつ》りて吉《きつ》なり此外《このほか》此卦《くわ》に就《つき》ての祟物《たゝりもの》は六日又は十七日の死靈《しりやう》及び山《やまの》神《かみ》の祟り等《とう》とす而して此卦《くわ》の初爻《しよかう》は墓《はか》の祟《たゝ》り二と三と四とは水神《すゐじん》の祟《たゝり》五は産神《うぶすなかみ》の祟《たゝり》上爻《しやうかう》は人の怨《うら》みと知《し》るべし

䷄

水《すゐ》天《てん》需《じゆ》

此《この》卦《くわ》は雲氣《うんき》天《てん》に滿《み》ちて雨降《あめふ》らざるが如《ごと》き象《しやう》なり此卦《くわ》に當《あた》る家《いへ》は福德《ふくとく》薄《うす》くして住《じう》所安《しよやす》からざるの象《しやう》にして災《わざはひ》あり而して又此《またこの》家病《やまひ》の生《せう》ずるは是れ鬼神《きじん》の禍《わざはひ》をなすによるなり病症《びやうせう》は酒毒《しゆどく》か然らざれば癲狂《てんきやう》の症《せう》なり能く神《かみ》を祭《まつ》りて祓《はらひ》をなすべし

而《しか》して此外《はか》此卦《くわ》に付ての崇《たゝ》りは家に名劍《めいけん》あるか又は男《おとこ》の死靈《しりやう》か神社《じんしや》に釘《くぎ》を打《う》ちたる崇等《たゝりとう》とす而して又此卦《くわ》の初爻《しよかう》は氏神《うじがみ》の咎《とがめ》三五は四足の障《さはり》あり上爻《じやうかう》は男の生《いき》靈《りやう》若しくは怨《うらみ》と知《し》るべし

天《てん》水《する》訟《しやう》

此卦《くわ》は陰陽相背《いんやうあひそむ》くの象《しやう》あり此卦《くわ》に當る家は居所安《きよしよやす》からざるの象《しやう》にして家の後《うしろ》に流《ながれ》ありて北向《きたむき》の住居《じうきよ》とす而して此家病發《やまひはつ》するは是れ土公神《とかうじん》の障《さは》りとす病症《べうせう》は熱《ねつ》の差引《さしひき》ありて身體《しんたい》痛《いた》み多し亦眼病等《またがんべうとう》とす竈《かまど》の神《かみ》を祭《まつ》りて吉《きつ》なり此外《はか》の崇《たゝり》は乾《いぬゐ》の方古社《かたふるやしろ》の崇《たゝ》り又は七日十九日の死靈《しりやう》の崇《たゝ》りとす而して又此卦《くわ》の初爻《しよかう》は人《ひと》の怨《うら》み二も同《おな》し三と四は死靈《しりやう》五は水神上爻《するじんじやうかう》は女の生靈《いきりやう》の崇《たゝ》りなり

地《ち》水《する》師《し》

此卦《このくわ》は水地中《みづちちう》にあり即《すなは》ち寡《くわ》を以て衆《しゆう》を伏《ふく》するの象《しやう》あり此卦《くわ》に當《あた》る家は居所《きよしよ》多《おほ》く、水邊《するへん》にありて家族《かぞく》多かるべし而して口舌《くせつ》絶《た》へざる象なり又病《やまひ》の生《せう》ずるは辰巳《たつみ》の方《かた》神祇《かみかみ》の祟《たゝ》りなり病症《べうせう》は心腹痛《しんふくいた》みて熱《ねつ》あり又耳《みゝ》の病《やまひ》とす辰巳《たつみ》の方《かた》に吉神《きつじん》を祭《まつ》りて吉《きつ》なり此卦に就《つき》ての祟《たゝ》りは初爻《しよかう》は東方《ひがしのかた》女の生靈《いきりやう》二は水神《すゐじん》の祟《たゝり》及山神《やまのかみ》の祟《たゝ》りとす三と四とは馬《うま》の靈《れい》の祟《たゝ》り五と上爻《じやうかう》は小兒《せうに》の死靈祟《しりやうたゝり》をなす

䷇ 水《すゐ》地《ち》比《ひ》

此卦《くわ》は水地上《みづちしやう》にありて相親《あひしたし》みて離《はな》れず親和《しんわ》するの象《しやう》なり此卦に當る家は安穏無《あんおんぶ》事《じ》にして巽向《たつみむき》の家にして人の出入《でいり》多く吉《きつ》なり然《しか》るに此家病《やまひ》の發《はつ》するは先祖《せんそ》の靈《れい》禍《わざはひ》をなす病症《べうせう》は胸塞《むねふさが》り水氣《すゐき》の症《せう》なり宜《よろ》しく祖先《そせん》の靈《れい》を祭《まつ》り法事供養《はうじくやう》して吉《きつ》なり

又此卦《くわ》に就《つき》ての祟《たゝり》ものは右の外《ほか》四足《よつあし》の祟《たゝり》八日十四日の死靈等《しりやうとう》にして而して初爻《しよかう》と二爻は古佛《ふるほとけ》の祟水神《たゝりすゐじん》の咎《とがめ》にして三は山神《やまのかみ》の祟《たゝり》四と五とは死靈上爻《しりやうじやうかう》は人の怨《うらみ》か又は歳徳神《としとくじん》の咎《とがめ》と知《し》るべし

䷈ 風《ふう》天《てん》小《せう》畜《ちく》

此卦《くわ》は小を以て大《だい》を止《と》むるの象《しやう》あり此卦《このくわ》に當《あた》る家は四方墻《しはうかき》にて圍《かこ》み外に田あり

て福《ふく》徳《とく》集《あつ》まる象《しやう》あり但《たゞ》し口《く》舌《ぜつ》を防《ふせ》ぐべし而して此家病《やまひ》の發《はつ》するは竈《かまど》の神《かみ》又は九《く》曜《やう》星《せい》の祟《たゝ》りなり病《べう》症《せう》は兩《りやう》便《べん》不《ふ》利《り》婦《ふ》人《じん》は血《ち》の道《みち》等にして四《し》肢《し》痛《いた》みあり故に星《ほし》祭《まつり》をなして吉なり又《また》此《この》外《ほか》の祟《たゝり》は南方女の生《いき》靈《りやう》等とす而《しか》して又此卦《くわ》の初《しよ》爻《かう》は山《やま》神《のかみ》の咎《とがめ》二は金《こん》神《じん》三と四は死《し》靈《りやう》五と上爻は神《かみ》の咎《とがめ》あり

䷉ 天《てん》澤《たく》履《り》

此卦は虎《とら》の尾《を》を履《ふ》むが如き象《しやう》ある卦《くわ》なり此卦に當る家は屋《をく》後《ご》に不《ふ》淨《じやう》物《ぶつ》ありて爲めに一《いつ》家《か》睦《むつま》しからざるの家とす而して此家病《やまひ》あるときは屋《や》敷《しき》内《うち》に佛《ぶつ》具《ぐ》又は死《し》體《たい》の類《るゐ》埋《うも》れ居る障《さは》りなり病《べう》症《せう》は寒《かん》熱《ねつ》往《わう》來《らい》し胸《むね》に動《どう》悸《き》ありて痰《たん》咳《せき》に苦しむ症《せう》なり能《よく》々祓《はらひ》して吉なり此外の祟《たゝり》は廿六日の佛《ほとけ》又は屋《や》敷《しき》内《うち》に塚《つか》などある障《さは》りなり又此卦の初《しよ》爻《かう》は水《すゐ》神《じん》の咎《とがめ》二と三は死《し》靈《りやう》四は邪《じや》鬼《き》の祟《たゝり》五と上《じやう》爻《かう》は御《お》護《まもり》札《ふだ》等《とう》を穢《けが》した咎《とがめ》と知《し》るべし

䷊ 地《ち》天《てん》泰《たい》

此《この》卦《くわ》は小《せう》往《ゆ》き大來《きた》るの象《しやう》あり此卦《くわ》に當《あた》る家は日《ひ》當《あた》りよき處《ところ》にある家なれども女《によ》人《にん》に障《さは》りあり而して此家に病《やまひ》あるときは土《と》神《しん》の崇《たゝ》りなりと知るべし病症《べうせう》は腰痛《こしいた》み心熱《しんねつ》あり食進《しよくすゝ》まざるの症《せう》なり土《と》神《じん》を祭祀《さいし》して癒《い》ゆべし此外の崇《たゝ》りは婦人《ふじん》の怨《うら》み歳徳神《としとくじん》の咎《とが》め等《とう》とす而して又此卦《くわ》の初爻《しよかう》は東方男《おとこ》の生靈《いきりやう》とす五爻《かう》と上爻は神《しん》祇《ぎ》の咎《とがめ》と知《し》るべし又重病《ちゆうべう》なれば其人《ひと》の胞《ゑな》の埋《う》め所惡《あし》き故なれば星祭《ほしまつり》を行《おこな》ふべし

䷋ 天《てん》地《ち》否《ひ》

此卦《くわ》は天地《てんち》交《まじ》はらずして物事《ものごと》通《つう》ぜざるの象《しやう》あり此卦《くわ》に當《あた》る家は門前《もんせん》に竹林《たけばやし》あるか又は小《こ》高《たか》き山ありて日光《につくわう》の光《ひかり》を受《う》くること少なきの家宅《かたく》なり而して病《やまひ》の發するは東南方《はう》の神《かみ》の崇《たゝり》なり病症《べうせう》は婦人《ふじん》は經水《めぐり》の不順《ふじゆん》なり又男子は多く頭痛《づつう》して逆《のぼ》上《せ》狂亂《くるう》の症《せう》とす神《かみ》を祭《まつ》り方災《はうさい》を除《よ》けて吉なり其外崇《たゝ》りは朔日《ついたち》又は十八日の死靈《しりやう》か疵《きず》ある鏡《かゞみ》の崇等《たゝりとう》とす而して此卦《くわ》の初爻と三爻とは神《かみ》の咎《とがめ》にして五は荒神《くわうじん》の崇《たゝり》

なり上爻は南方《なんぱう》神社《じんじや》の咎《とがめ》なり

䷌ 天《てん》火《くわ》同《どう》人《じん》

此《この》卦《くわ》は日《ひ》の天《てん》に麗《つ》くが如く人々相親《あひした》しむの象《しやう》あり此卦に當る家は左右に樹木《じゆもく》あるか又は門前《もんぜん》に道《みち》二筋《すぢ》ありて人の出入《でいり》繁《しげ》く喜《よろこ》びありて吉なり然《しか》るに此家病《やまひ》の發《はつ》するは竈神《かまどのかみ》の祟《たゝり》にして病症《びやうせう》は血氣《けつき》胸《むね》に集《あつま》り四肢《しゝ》重《おも》く食進まずして大小便《だいせうべん》通《つう》ぜざるの症《しやう》なり竈神《かまどのかみ》を祭《まつ》るべし此外祟《たゝり》をなすは南方《なんぱう》窓《まど》を明《あ》けたる障《さは》りか又は北方《ほくはう》神《じん》祇《ぎ》の祟《たゝ》り等《とう》なり而して此卦《くわ》の初爻《しよかう》は艮《うしとら》の方神佛《しんぶつ》の咎《とが》め二三四は死靈《しりやう》五と上爻は荒神《くわうじん》の祟《たゝり》なり

䷍ 火《くわ》天《てん》大《たい》有《いう》

此卦《くわ》は日《ひ》の天上《てんじやう》にありて萬國《ばんこく》を照《てら》すの象《しやう》なり此卦《くわ》に當る家は家運《かうん》盛《さか》んなり而して此家兩門《りやうもん》ありて兩性《りやうせい》同居《どうきよ》の象あり病《やまひ》の發《はつ》するは東南方《とうなんぱう》の山邊《さんぺん》或は橋邊《きやうへん》の神《かみ》の祟《たゝり》なり病症《びやうしやう》は眼自《がんもく》に障《さは》りあるか胸痛《むねいた》むの症《しやう》なり此神《このかみ》を祭《まつ》りて祓《はらひ》をなせば吉《きつ》なり

此外《はか》此卦《くわ》に付ての崇《たゝり》は十五日の佛《ほとけ》又は南方《なんぱう》神社《じんじや》の大木《たいぼく》の崇《たゝり》又は男の生靈《いきりやう》の崇等《たゝりとう》とす

䷎ 地《ち》山《さん》謙《けん》

此卦《このくわ》は地中《ちちう》に山《やま》あるの象《しやう》にして謙遜徳《けんそんとく》をなすの卦《くわ》なり此卦に當る家は必《かなら》ず山麓《さんろく》に近《さか》く道平順《みちへいじゆん》にして利《り》を得《う》るの相《さう》あり然《しか》るに此家病《やまひ》の發《はつ》するは金神《こんじん》の崇《たゝ》りなり腰《こし》及び手足《てあし》の痛《いたみ》等にして見掛《みかけ》より重症《ちうしやう》なり猛《たけ》き神《かみ》を祭つりて秡《はらひ》をなすべし此外《このはか》此卦《くわ》に就ての崇《たゝり》は四日十五日の死靈《しりやう》又は古《ふる》き墓《はか》又は塚等《つかなど》の障《さは》り等《とう》とす又此卦《くわ》の初爻《しよかう》と四は死靈《しりやう》五は水神《するしん》の崇《たゝり》上爻《かう》は屋敷《やしき》に埋《うも》りものありての障《さは》りと知《し》るべし

䷏ 雷《らい》地《ち》豫《よ》

此卦《くわ》は萬物雷《ばんぶつらい》の鼓動《こどう》によりて發育《はついく》するの象《しやう》あり此家大《だい》なる門《もん》ありて地所欠張《ちしよかけはり》あり高名《かうめい》の人を出《いだ》すの相《さう》あり然るに此家病《やまひ》の發《はつ》するは土神《としん》の崇《たゝ》りなり病症《びやうしやう》は咽喉《のど》痛《いた》みて咳嗽《せき》し骨節《はねふし》痛《いた》み外冷《はかひ》へ内熱《うちねつ》するの症《しやう》とす土神《とじん》を祭祀《さいし》せば吉《きつ》なり又此外《はか》卜

五日廿六日の死靈《しりやう》又は荒神《くわうじん》の崇《たゝり》あり而して此卦《くわ》の初爻《しよかう》に當れば金神《こんじん》水神《すゐじん》の崇《たゝり》二と三とは男の生靈《いきりやう》四は辰巳《たつみ》の死靈《しりやう》五は怨《うら》み上爻は鬼門《きもん》の障《さはり》土公神《こうじん》の咎《とが》め等《とう》と知るべし

䷐ 澤《たく》雷《らい》隨《ずゐ》

此卦《くわ》は我《われ》動《うご》き彼悅《かれよろこ》ぶの象《しやう》なり此卦《くわ》に當る家は神社《じんじや》に近き所《ところ》か地《ち》所內《しよない》に古塚《ふるつか》あるべし相《さう》に於《おい》ては宜《よろ》しからざるの家なり而して此家に病《やまひ》の發《はつ》するは水神《すゐしん》の崇《たゝ》りなり病症《びやうしやう》は四肢《しし》重《おも》く咽喉《のど》痛《いた》みて飮食《のみくひ》安《やす》からず嘔吐《おうと》あるの症《しやう》なり水神《すゐしん》を祭《まつ》るべし此《この》外四足《よつあし》の崇《たゝ》り婦人《ふじん》の障《さは》り又は二日十二日の佛《ほとけ》の障《さは》りあり此卦《くわ》の初爻に當れば女の怨《うら》み二三は死靈《しりやう》四五は水神《すゐしん》の咎《とが》め上爻《じやうかう》は神祇《かみ》の障《さはり》と知《し》りて祓《はらひ》をなすべし

䷑ 山《さん》風《ふう》蠱《こ》

此卦《くわ》は蟻《あり》の穴《あな》より堤防《ていばう》破壞《せくわい》するが如きの象《しやう》あり此卦《くわ》に當る家は前方《ぜんぱう》に小屋《せうおく》あり家破《やよ》るゝの相《さう》ありて凶《きよう》なり而してこの家病《やまひ》の發《はつ》するは女の怨魂《えんこん》蛇《へび》となり屋敷中《やしきうち》

にありての障《さは》りなり病症《びやうせう》は風勞《ふうらう》又は瘡《さう》の憂《うれひ》あり辰巳《たつみ》の方《かた》にある庚申《かうしん》に祈《いの》りて之を祓《はら》ふべし此外の祟《たゝり》は五日十二日の死靈《しりやう》出家《しゆつけ》したる人の障《さは》り等《とう》とす而して又此卦《くわ》の初爻に當れば水神《すゐじん》の咎《とがめ》三四は生靈《いきりやう》五は人の怨《うら》み上爻は婦人《ふじん》の死靈《しりやう》と心得《こゝろえ》べし

䷒

地《ち》澤《たく》臨《りん》

此卦《くわ》は衆人《しうじん》望《のぞ》みを屬《ぞく》するの象《しやう》ある卦《くわ》なり此卦《くわ》に當る家は水澤《すゐたく》の鄕《がう》に近《ちか》く家業《かげふ》繁《はん》昌《じやう》するの象《しやう》あり又他姓《たせい》の人と同居《どうきよ》しあるの家なり而して此家に病《やま》ひの發《はつ》するは土《ど》神《しん》の祟《たゝり》及び四足《よつあし》の祟《たゝ》り惡靈《あくりやう》の障《さは》り等《とう》による東方の神《かみ》に祈《いの》れば吉なり病症《びやうしやう》は酒《しゆ》毒中風《どくちうふう》又は下《しも》の病等《やまひとう》とす而して此卦の初爻《しよかう》に當る祟《たゝり》は婦人《ふじん》の怨靈《をんりやう》二は生靈《いきりやう》三四五水神《すゐじん》の咎《とが》め上爻《じやうかう》は四足の祟《たゝ》りと知るべし此等《これら》は皆《みな》東方の神《かみ》に祈禱《きたう》すべし

䷓

風《ふう》地《ち》觀《くわん》

此卦《くわ》は雲晴《くもは》れ地上《ちじやう》風《かぜ》あるの象《しやう》なり此卦《くわ》に當る家は竹林《ちくりん》あるか舊《ふる》き神佛《しんぶつ》を祭《まつ》る

祠《やしろ》あるか又は寺《てら》に近き所《ところ》にあり吉相《きつさう》なり此家病《やまひ》の發《はつ》するは東南方《ひがしみなみのかた》の寺《てら》の邊《ほとり》に當る神《かみ》の祟《たゝ》りなり病症《びやうしやう》は身引《からたひき》つり痛《いた》むか寒熱《かんねつ》往來《わうらい》して頭痛《づつう》あるの症《しやう》なり乾《いぬゐ》の神《かみ》を祈《いの》れば吉《きつ》なり此卦《くわ》此外の祟《たゝ》りは八日十四日の死靈《しりやう》若き女の怨《うら》み等なり而して此卦《くわ》の初交《しよかう》と二三は水神《するしん》の咎《とか》め四五は神《かみ》の咎《とが》め上交は祟《たゝ》りあるも輕《かろ》し

䷔

火《くわ》雷《らい》噬《せい》嗑《がう》

此《この》卦《くわ》は口《こう》中《ちう》物《もの》あるの象《しやう》萬《せん》事《じ》障《さは》りあるの象《しやう》なり此卦《くわ》に當る家は門戸《もんこ》凶にして火災《くわさい》を防《ふせ》ぐべし而して此家病《このいへやま》ひの生《しやう》ずるは血光《けつくわう》の神《かみ》の祟《たゝり》なり病症《びやうしやう》は手足《てあし》の痛《いた》み熱《ねつ》ありて食進《しよくすゝ》まざるの象《しやう》なり西方にある庚申《かうしん》を祈《いの》りて宜《よろ》し此外の祟《たゝり》は廿日廿三日の死靈《しりやう》又は荒神《くわうじん》の祟《たゝ》り等《とう》とす此卦《くわ》の初交《しよかう》に當《あた》れば山《やま》の神《かみ》の祟《たゝ》り二と三は大木《たいぼく》を伐《き》りし祟《たゝ》り四は生靈《いきりやう》五と上交《しやうかう》は南方女《をんな》の怨靈《おんりやう》と知《し》るべし

䷕

山《さん》火《くわ》賁《ひ》

此卦《くわ》は光明通泰《くわうみやうつうたい》の象《しやう》ある卦《くわ》なり此卦に當る家は先祖《せんぞ》相傳《さうでん》の家《か》宅《たく》に非《あら》ず自《みづか》ら成《せい》立《りつ》

したる家にして勢盛《いきはひさか》んなるの家なり末程《すゑほど》吉《きつ》なり然《しか》るに此家に病《やま》ひの發《はつ》するは荒《くわう》神《じん》の祟《たゝ》りにして病症《びやうしやう》は手《て》足力《あしちから》なく飲食滞《いんしよくとゞこほ》りて胸《むね》に痛《いた》みありて服藥効《ふくやくかう》を見ること少し東の方の神佛《しんぶつ》を信《しん》じて吉《きつ》なり此外祟《たゝり》となるは産後《さんご》死したる人の靈《りやう》又は蛇《へび》の祟《たゝ》り等《とう》とす而して初爻《しよかう》と二の變《へん》は荒神《くわうじん》の祟《たゝ》り三四五は人の怨《うら》み上爻は死靈《しりやう》の祟《たゝり》と知るべし

䷖ 山《さん》地《ち》剝《はく》

此卦《くわ》は舊《ふる》きを去《さ》り新《あたら》しきを生《しやう》ずるの象《しやう》なり此卦《くわ》に當る家は寺《てら》か神社《やしろ》に近き所《ところ》にありて人家《じんか》少なき場所《ばしよ》なり鄰家《りんか》あれば吉《きつ》而して此《この》家病《やまひ》あるは西方《せいはう》の木《き》の下《もと》にある神《かみ》の祟《たゝり》とす病症《びやうしやう》は血膿《ちうみ》の災《わざはひ》あり西南の庚申《かうしん》を祀《ま》つれば吉《きつ》なり此《この》外祟《たゝり》となるは七日か二十八日の死靈《しりやう》等とす而して此卦の初爻《しよかう》に當れば水神《すゐじん》の咎《とが》め三四は荒神《くわうじん》の祟《たゝり》五と上爻は山《やま》の神《かみ》の祟《たゝり》と知りて之れによりて祓《はら》ひをなすべし然《しか》るときは吉《きつ》なり

䷗ 地《ち》雷《らい》復《ふく》

此《この》卦《くわ》は一《いち》陽《やう》來《らい》復《ふく》の象《しやう》ある卦なれども此卦《くわ》に當る家は兎《と》角《かく》家《か》内《ない》和《わ》せざるの象《しやう》あり而して又此家に病《やま》ひの發《はつ》するは女《をんな》の死《し》靈《りやう》祟《たゝり》をなすによる病《びやう》症《しやう》は心《しん》中《ちう》煩《はん》悶《もん》して嘔《おう》吐《と》あるべし東方の神《かみ》に祈《き》禱《たう》してよろし又此外《はか》祟《たゝり》をなすは古《ふる》井《ゐ》戸《ど》の障《さは》り及《およ》び六日廿四日の死《し》靈《りやう》等とす而して此卦《くわ》の初爻に當れば死《し》靈《りやう》三は竈《かまど》の神《かみ》の祟《たゝり》五は水《すゐ》神《じん》の咎《とがめ》にして上《じやう》爻《かう》は牛《うし》馬《うま》等の障《さは》りと知《し》るべし

䷘ 天《てん》雷《らい》无《む》妄《ばう》

此《この》卦《くわ》は舊《ふる》きを守《まも》りて常《つね》に安《やす》んずるの象《しやう》あり此卦《くわ》に當る家は家《か》宅《たく》の割《わり》に人《じん》口《こう》多《おほ》きの家なり相《さう》として吉《きつ》なり而して此家に病《やまひ》の發《はつ》するは刄《やいば》にて死《し》したる人の祟《たゝ》りとす病《やまひ》は内《うち》熱《ねつ》し外《はか》冷《ひへ》て氣《き》鬱《うつ》するの症《しやう》なり金《きん》曜《えう》星《せい》を祭《まつ》り祓《はらひ》をなせは吉《きつ》なり此外《はか》の祟《たゝり》は山《やま》の神《かみ》の祟《たゝ》り人《ひと》の恨《うら》み等とす而して此卦の初《しよ》爻《かう》に當れば山の神の祟《たゝ》り四は佛《ほとけ》を穢《けが》したるの障《さは》り上《じやう》爻《かう》は死《し》靈《りやう》の障《さは》りと知るべし

䷙ 山《さん》天《てん》大《たい》畜《ちく》

此《この》卦《くわ》は小《せう》を積《つ》んで大《だい》をなすの象《しやう》あり此卦《くわ》に當る家は田畠《でんはた》に近《ちか》し是れ安居《あんきよ》して吉なるの家《いへ》なり而して此家病《やまひ》の發《はつ》するは土《と》神《しん》の障《さは》りなり病症《びやうしやう》は寒熱往來《かんねつわうらい》し心腹痛《しんふくいた》むの象《しやう》なり子《ね》の方《かた》の神《かみ》を祭《ま》つれば吉《きつ》なり此外祟《たゝり》をなすは四日十三日の死靈《しりやう》四足《よつあし》の障《さは》り等なり而して此外《ほか》の初爻《しよかう》に當れば死靈《しりやう》二三は竈《かまど》の神《かみ》の祟《たゝ》り又は女の怨《うら》み五と上爻は四足《よつあし》の障《さは》りか荒神《くわうじん》の咎《とがめ》なるべし

䷚ 山《さん》雷《らい》頤《い》

此《この》卦《くわ》は善《ぜん》に遷《うつ》り惡《あく》を遠《とほざ》くるの象《しやう》あり此卦《くわ》に當る家は山麓《さんろく》に近《ちか》き所《ところ》にあるか門戸《もんこ》二ヶ所あるべし火災《くわさい》を防《ふせ》ぐべし而して病《やまひ》の發《はつ》するは家に太刀《たち》ありて大刀《たち》に疵《きず》あるの障《さは》りなり病症《びやうしやう》は頭痛《づつう》あり心裡《しんり》に熱結《ねつむす》んで長引《ながひ》くべし土曜星《どえうせい》を祭《まつ》りて吉《きつ》なり此外祟《はかたゝり》となるは水神荒神《するしんくわうしん》の祟《たゝり》等とす而して此卦《くわ》の初爻《しよかう》に當るは死靈《しりやう》二三は人《ひと》の怨《うら》み四と五は荒神《くわうじん》上爻《じやうかう》は水神《するしん》の咎《とがめ》と知《し》るべし

澤《たく》風《ふう》大《たい》過《くわ》

此《この》卦《くわ》は物覆《ものくつが》へるが如《ごと》き象《しやう》あり此卦《くわ》に當《あた》る家は西方《せいはう》に人家《じんか》多《おほ》く東に隣《とな》りなき家にして家相上吉《かさうじやうきつ》ならずして此家に病《やまひ》を發《はつ》するは溪山《たにやま》にある神《かみ》の障《さは》りなり病症《びやうせう》は肝氣高《かんきたか》ぶり手足引《てあしひき》つるの症《せう》なり西方《せいはう》にある金曜星《きんやうせい》に祈《いの》れば吉《きつ》なり此外《このほか》の祟《たゝり》は一日十七日の死靈《しりやう》か家出《いへで》して歸《かへ》らざる人の怨《うらみ》なり又此卦《くわ》の初爻《しよかう》に當れば神《かみ》の咎《とが》め三と四は水神《すゐじん》の咎《とが》め上爻《じやうかう》は死靈《しりやう》又は金神《こんじん》の咎《とが》め又は不動《ふどう》の祟《たゝ》り又は猫《ねこ》の障《さは》りと知《し》りて之れが祓《はらひ》ひをなすべし

坎《かん》爲《ゐ》水《すゐ》

此《この》卦《くわ》は外虚《はかきよ》にして内實《うちじつ》なるの象《しやう》あり此卦《くわ》に當《あた》る家は江河《かうか》の邊《へん》の宅《たく》なり吉《きつ》なるの家《いへ》とす而して病《やまひ》の發《はつ》するは水難《すゐなん》にて死《し》したる人の祟《たゝ》りなり病症《びやうせう》は氣疾《きや》みにて飲《のみ》食進《くひすゝ》まず長引《ながひ》くの象《しやう》なり東南方《とうなんはう》の神《かみ》を祭《まつ》れば申《さる》の日より驗《しるし》あるべし此卦に就《つき》て祟《たゝ》りは初爻《しよかう》は土《と》公神《こうしん》の祟《たゝり》二は女の生靈《いきりやう》三は自害《じがい》したる人の怨《うら》み四は金神《こんじん》の障《さは》

り五と上爻《じやうかう》は婦人《ふじん》の怨恨《うらみ》と知《し》りて祓《はらひ》をなすべし

䷝ 離《り》爲《ゐ》火《くわ》

此卦《このくわ》は飛鳥《ひてう》網《あみ》に罹《かゝ》るの象《しやう》あり此卦《くわ》に當《あた》る家は必《かなら》ず新《あたら》しく普請《ふしん》したるの家にして安寧《あんねい》ならず盜難《たうなん》或は火災《くわさい》を防《ふせ》ぐべし而して此家病《やまひ》の發《はつ》するは家出《いへで》して歸《かへ》らぬ人の障《さは》りか金神《こんじん》の祟《たゝ》りなり病症《びやうせう》は上熱《かみねつ》し下冷《しもひへ》心腹《しんふく》疼痛《とうつう》し大に苦悶《くもん》あるの象《しやう》なり溪《たに》間《ま》にある神《かみ》を祭《まつ》りて吉《きつ》なり此外祟《たゝ》りとなるは廿三日の死靈《しりやう》又は婦人《ふじん》の生靈《いきりやう》等とす而して此卦の初爻《しよかう》に當《あた》るは山《やま》の神《かみ》の祟《たゝ》り二三四五は尊《たつと》き掛物《かけもの》又は經文《きやうもん》の障《さは》り上爻《じやうかう》は人の恨《うら》みと知るべし

䷞ 澤《たく》山《さん》咸《かん》

此卦《このくわ》は山澤《さんたく》の氣《き》相通《あひつう》ずるの象《しやう》なり此卦《このくわ》に當《あた》る家は山《やま》の傍《かたはら》水の邊《へん》にありて家繁昌《はんせう》して人聚《ひとあつま》るの家なり然《しか》るに此家病《やまひ》の發《はつ》するは刃《やいば》にて死《し》したる人《ひと》の靈祟《りやうたゝり》をなすなり病症《びやうせう》は寒《かん》多《おほ》くして熱少《ねつすくな》し頭痛《づつう》して大小便《へん》不《ふ》利《り》の症《せう》なり南方の神《かみ》を祭《まつ》り又は金《こん》

曜星《えうせい》を祭《まつ》りて吉《きつ》なり又此外祟《たゝ》りをなすは六日の女《をんな》の死靈名刀《しりやうめいたう》の祟《たゝ》りと知《し》るべし

而して此卦《くわ》の初爻《しよかう》は竈《かまど》の神《かみ》の咎《とがめ》三は死靈上爻《しりやうじやうかう》は水死《すゐし》したる人の怨恨《うらみ》とす

䷟ 雷《らい》風《ふう》恒《かう》

此《この》卦《くわ》は四時順行《しじじゆんかう》して息《や》まざるの象《しやう》なり此卦に當《あた》る家は水邊《すゐへん》か又は井《ゐど》に近《ちか》き邊なるべし此家病《やまひ》の發《はつ》するは弓箭《ゆみや》にかゝりて死《し》せし人《ひと》の祟《たゝ》りなり病症四肢《びやうせうしし》重《おも》くして嘔吐《おうと》あるの症《せう》なり東南方の庚申《かうしん》を祭つれば吉なり此外祟《たゝ》りとなるは九日廿八日の死靈《しりやう》西の方の神《かみ》の咎《とがめ》とす而して此卦《くわ》は初爻と二三は水神《すゐじん》の咎《とが》め四は女の死靈《しりやう》五は荒神《くわうじん》の咎《とがめ》上爻《かう》は金銀《きんぎん》に付きて人の怨《うら》みを蒙《かふむ》りたる障《さは》りと知るべし

䷠ 天《てん》山《さん》遯《とん》

此《この》卦《くわ》は善《せん》に遷《うつ》り惡《あく》を避《さ》くるの象《しやう》あり此卦に當る家は門路《もんろ》正《たゞ》しからず災《わざはひ》あるべし而して此家病人《びやうにん》絶《た》ゆる事《こと》なし是れ東南の方の神の祟《たゝり》なり病症《びやうせう》は心熱《しんねつ》し腹痛《ふくつう》し口《くち》渇《かつ》するの症《しやう》なり星祭《ほしまつ》りをなし又かまどの神《かみ》を祭つれば吉なり此外の祟《たゝ》りは一日

十六日の死靈《しりやう》南方女の生靈《いきりやう》とす而して此卦の初爻《しよかう》に當れば死靈《しりやう》二は女の生靈《いきりやう》三は產神《うぶすなかみ》の咎《とがめ》四は山《やま》の神の咎《とがめ》五と上爻《じやうかう》は荒神《くわうじん》の咎《とがめ》と知るべし

䷡ 雷《らい》天《てん》大《たい》壯《さう》

此《この》卦《くわ》は勢盛《いきほひさん》なるの卦なり此卦《くわ》に當るの家《いへ》は火災《くわさい》屢々《しば〳〵》至《いた》るの象《しやう》あり宜《よろ》しく祈禱《きたう》して可《か》なり又此家病發《やまひはつ》するは南方に於て一物《いちもつ》を拾《ひろ》ひ取《と》りたるより障《さは》りをなしたるの象なり病症《びやうせう》は足痛《あしいた》みて行動自由《かうだうじゆう》を欠《か》き熱《ねつ》盛んなるの症《せう》なり東の方庚申《かうしん》を祭《まつ》るか星祭《ほしまつ》りをなして吉《きつ》なり此外の祟《たゝ》りは水《みづ》に溺《おぼ》れて死《し》したる人の靈先祖《れいせんぞ》の怨《うら》み等《とう》とす而して此卦は初爻《しよかう》は東方神《とうはうかみ》の咎《とが》め二三四五は刄《やひば》にて死したる人の怨《うら》みなり北斗星《ほくとせい》を祭《まつ》るべし

䷢ 火《くわ》地《ち》晋《しん》

此《この》卦《くわ》は日《ひ》の地上《ちじやう》に進《すゝ》み昇るの象《しやう》なり此卦に當《あた》る家は門破《もんやぶ》れて正《たゞ》しからず之を修《しう》理《り》すれば家繁昌《はんせう》すべし而して此家病《やまひ》の發《はつ》するは東南方水邊《するへん》の神《かみ》の祟《たゝり》なり病症《びやうせう》は

上《かみ》熱《ねつ》し下《しも》冷《ひへ》手《て》足《あし》痛《いた》んで進《しん》退《たい》不《ふ》自《じ》由《ゆう》の症《せう》なり金《きん》曜《やう》星《せい》大《たい》白《はく》星《せい》等の星《ほし》を祭《まつ》りて吉《きつ》此外祟《たゝ》りとなるは三日廿日の死《し》靈《りやう》産《さん》後《ご》に死したる女の死《し》靈《りやう》等なり而して初《しよ》爻《かう》は水《すゐ》神《じん》の咎《とがめ》四は死《し》靈《りやう》五は怨《うら》み上《じやう》爻《かう》は神《かみ》の咎《とがめ》と知《し》るべし

䷣ 地《ち》火《くわ》明《めい》夷《ゐ》

此《この》卦《くわ》は夜《や》陰《いん》暗《あん》黑《こく》の象《しやう》ある卦《くわ》なり此卦《くわ》に當《あた》る家は門《もん》前《せん》に樹《じゆ》木《もく》あり又小《こう》路《ぢ》ありて憂《うれひ》多《おほ》きの家《か》宅《たく》なり此家に病《やまひ》の發《はつ》するは土《と》公《こう》神《じん》の祟《たゝ》りなり病《びやう》症《せう》は眼《まなこ》目くらみ目《め》まひ等あり丑《うし》の方《かた》の神を祭《まつ》り祈《き》禱《たう》して吉《きつ》なり此外《ほか》祟《たゝり》となるは水《すゐ》死《し》せし人の祟《たゝ》り四ッ足《あし》の祟《たゝり》等とす卦《くわ》爻《かう》によれば二は死《し》靈《りやう》五は水《すゐ》神《じん》の祟《たゝ》り上爻は母《はゝ》方《かた》の死《し》靈《りやう》の障《さは》りなり宜《よろ》しく祈《き》禱《たう》して祓《はら》ひをなすべし

䷤ 風《ふう》火《くわ》家《か》人《じん》

此《この》卦《くわ》は花《はな》を開《ひら》き實《み》を結《むす》ぶの象《しやう》ある卦《くわ》なり此卦に當《あた》る家は左《ひだり》に小《せう》屋《をく》あり前《まへ》に水《すゐ》溝《こう》あり或《あるひ》は地《ち》内《ない》に塚《つか》あるか何《いづ》れも相《さう》に於《おい》ては吉《きつ》ならず火《くわ》災《さい》を防《ふせ》ぐべし而して此家

病《やま》ひ發《はつ》するは巽《たつみ》の方《かた》女の怨《うら》みによる病症《びやうせう》は寒熱《かんねつ》往來《わうらい》して勞症《らうせう》の如し西北《せいはく》の方にある庚申《かうしん》及び大白星《たいはくせい》を祭《まつ》りて吉《きつ》なり此外の祟《たゝ》りは初爻《しよかう》に當れば廿一日の死靈《しりやう》二は山《やま》の神《かみ》三四は荒神《くわうじん》五と上爻は水神《すゐこん》の咎《とが》めと知《し》るべし

火《くわ》澤《たく》睽《けい》

此卦《このくわ》は二女《にぢよ》同居《どうきよ》して意見《いけん》相合《あひあ》はざるの象《しやう》なり此卦に當《あた》る家は異姓《いせい》の人と共に居《ゐ》る故に和合《わがう》せず又地震《ぢしん》の障りあり注意《ちうい》すべし病《やまひ》の發《はつ》するは竈《かまど》の神《かみ》の祟《たゝ》りなり病症《びやうせう》は手足《てあし》冷《ひ》へ心腹《しんぷく》疼痛《とうつう》す卯《う》の方《かた》の神《かみ》を祭《まつ》り併《あは》せて竈《かまど》の神《かみ》を祭《まつ》れば吉《きつ》なり此外の祟《たゝり》は此卦の初爻《しよかう》に當れば井戸《ゐど》の癈《すた》れたるものあるの祟《たゝり》二は四足《よつあし》の障《さは》り三は女の怨《うら》みか五日の死靈《しりやう》又は水神《すゐじん》五は佛《ほとけ》を穢《けが》したる祟《たゝ》り上爻《じやうかう》は南方に井戸《ゐど》あるの祟《たゝ》りと知るべし

水《すゐ》山《さん》蹇《けん》

此卦《このくわ》は暗礁《あんせう》に舟《ふね》を乘掛《のりか》け進退《しんたい》自由《じゆう》ならざる如《ごと》き象《しやう》あり此卦に當《あた》る家は屋《をく》の後方《こうはう》

に朱《しゆ》柖《ろ》あるか柘《ざく》榴《ろ》の木ありて陰《いん》に閉《と》ぢらるゝの象《しやう》あり病《やまひ》の發《はつ》するは土《と》神《しん》の祟《たゝ》り病症《びやうせう》は寒熱《かんねつ》往來《わうらい》し身體《からだ》だるく足痛《あしいた》むの象《しやう》なり土《と》神《しん》を祭《ま》つるか南方の神《かみ》に祈禱《きたう》して吉なり此外の祟《たゝり》は初爻《しよかう》に當《あた》れば七日十八日の死靈《しりやう》二と三は土《と》公神《こうしん》の祟《たゝ》り四五は女の生靈《いきりやう》か又は南方《なんはう》水邊《すゐへん》の神の祟《たゝ》り上爻《じやうかう》は古井戸《ふるゐど》の障《さはり》と知りて祓《はらひ》をなすべし

䷧ 雷《らい》水《すい》解《かい》

此《この》卦《くわ》は春風《しゆんふう》凍氷《とうひやう》を融解《ゆうかい》するの象《しやう》あり此卦に當る家は土地《とち》堅《かた》き所にありて地震《ぢしん》の難《なん》あり祈禱《きたう》して難《なん》を免《のが》るべし而して此家病《やまひ》の發《はつ》するは是れ土《と》神《しん》の祟《たゝ》りなり病症《びやうせう》は胸《むね》痛《いた》み咽《の》喉《ど》腫れ痰《たん》咳《せき》に苦《くる》しむの症《せう》なり西方にある佛《ぶつ》神《しん》を祈《いの》れば吉《きつ》なり此外の祟は十日十七日の死靈《しりやう》なり又初爻《しよかう》に當れば女の死靈《しりやう》二と四は山神《やまのかみ》の祟《たゝ》り五は人の怨《うら》み上爻は荒神《くわうじん》の祟《たゝ》りなり又此家井戸《ゐど》に蓋《ふた》をなすべからず

䷨ 山《さん》澤《たく》損《そん》

此《この》卦《くわ》は物《もの》損《そん》減《げん》するの象《しやう》ある卦なり此卦《くわ》に當る家は二《に》方《はう》に出《で》入《いり》口《くち》あり然《しか》らざれば

井戸《ゐど》二つあるべし盗賊《たうぞく》の侵《をか》す事《こと》あり防《ふせ》ぐべし病《やまひ》の發《はつ》するは北斗星《ほくとせい》の崇《たゝ》りなり病症《びやうせう》は四肢《しし》重《おも》く脚手《あして》とも片々《かた〳〵》叶《かな》はざるが如き症《せう》なり東の方神社《じんじや》を信仰《しんかう》し星祭《ほしまつ》りして吉《きつ》なり此外の崇《たゝり》は艮《うしとら》の方(鬼門《きもん》)を穢《けが》したる障《さは》り又は四日の死靈《しりやう》なり而して又初爻《しよかう》に當れば山神《やまのかみ》の咎《とが》め二三四は水神《すゐじん》の崇《たゝ》り五と上爻《じやうかう》は北方男の生靈《いきりやう》にて怨《ゑらみ》を含《ふく》むと知《し》るべし

䷩ 風《ふう》雷《らい》益《えき》

此卦《このくわ》は萬事《ばんじ》增益《ざうえき》するの象《しやう》あり此卦に當る家は近邊《きんぺん》に竹林《ちくりん》あるか若しなければ大なる松《まつ》の木あるべし只火災《くわさい》を防《ふせ》ぐべし吉相《きつさう》なり然るに此家病《やまひ》の發《はつ》するは神佛《しんぶつ》を麁末《そまつ》になしたる崇《たゝり》なり病症《びやうせう》は飲食進《のみくひすゝ》まず血液不順《けつえきふじゆん》毒瘡《どくさう》の症《せう》とす日常《ひごろ》神佛《しんぶつ》を尊《たつと》み供養《くやう》して吉《きつ》なりこの外《ほか》の崇《たゝ》りは初爻《しよかう》に當《あた》れば女の水死《すゐし》したる靈《れい》二は金神《こんじん》五と上爻《じやうかう》は水神《すゐじん》の崇《たゝ》りと知《し》るべし凡《すべ》て金曜星《きんやうせい》を祭《まつ》るべし

䷪ 澤《たく》天《てん》夬《くわい》

此《この》卦《くわ》は初《はじ》め損《そん》ありて後《の》ち益《えき》あるの象《しやう》なり此《この》卦《くわ》に當《あた》る家は人《じん》口《こう》多《おほ》く安《やん》寧《ねい》ならず火《くわ》災《さい》及び震《しん》災《さい》を防《ふせ》ぐべし此家病《やまひ》の生《せう》するは太《たい》白《はく》星《せい》の祟《たゝ》りなり病症《びやうせう》は四《し》肢《し》重《おも》く心《しん》腹《ふく》疼《そう》痛《つう》するの症《せう》なり星祭《ほしまつり》をなして吉《きつ》なり此外《はか》の祟《たゝり》は十六日の死《し》靈《りやう》又は女《おんな》の怨《うら》み等とす又初《しよ》爻《かう》に當《あた》るときは人の怨《うら》み二三は四《よつ》足《あし》の障《さは》り上爻《じやうかう》は神《し》祇《き》の咎《とがめ》か古《ふる》き刀鎗《かたなやり》等の障《さは》りありと知《し》るべし

䷫ 天《てん》風《ふう》姤《こう》

此《この》卦《くわ》は君《くん》臣《しん》相《あひ》遇《あ》ふの象《しやう》ある卦《くわ》なり此卦《くわ》に當《あた》る家《か》宅《たく》は池《いけ》又《また》井《い》戸《と》あるか前《まへ》に大《おほい》なる流《なが》れある象《しやう》なり是れ住《す》む人《ひと》血《ち》を見るの恐《おそ》れあり而して此家病《やまひ》の發《はつ》するは荒《くわう》神《じん》の祟《たゝ》りなり病症《びやうせう》は風《ふう》疾《しつ》等の類《るゐ》なり乾《いぬゐ》の方にある毘《び》沙《しや》門《もん》天《てん》を信《しん》仰《かう》し祈《き》願《ぐわん》して吉《きつ》なり此外の病症《びやうせう》は三日十六日の死《し》靈《りやう》又は山《さん》王《わう》の祟《たゝ》りとす而して初《しよ》爻《かう》は神《かみ》の咎《とが》め二三は女の生《いき》靈《りやう》五は荒《くわう》神《じん》上爻は四つ足《あし》の祟《たゝ》りと知《し》るべし

䷬ 澤《たく》地《ち》萃《する》

此《この》卦《くわ》は物集《ものあつま》り喜《よろこ》ぶの象《しやう》ある卦《くわ》なり此卦に當る家《か》宅《たく》は多《おほ》く人と同《どう》居《きよ》するの象《しやう》ありて口《く》舌《せつ》あるの相《さう》とす而して此《この》家《いへ》病《やまひ》の發《はつ》するは自《みづか》ら縊《くびくゝ》りたる人の祟《たゝり》なり病症《びやうせう》は心《しん》腹《ふく》疼《とう》痛《つう》し寒《かん》熱《ねつ》往《わう》來《らい》あり南《なん》方《はう》の神《じん》社《しや》又は不《ふ》動《どう》に祈《き》願《ぐわん》して祓《はらひ》をなすべし此外の祟《たゝ》りとなるは先《せん》祖《そ》の祟《たゝ》り又は男の死《し》靈《りやう》等なり而して又初《しよ》爻《かう》に當れば東《ひがし》の方《かた》男の生靈《いきりやう》二と三は死《し》靈《りやう》四は水《すゐ》神《じん》の咎《とが》め五は人の怨《うら》み上爻は土《ど》神《しん》の祟《たゝ》りと知《し》りて東の方庚《かう》申《しん》を祭《まつ》りてよろし

䷭ 地《ち》風《ふう》舛《せう》

此《この》卦《くわ》は木實《きのみ》地中《ちちう》にあり寸芽《すんか》を發《はつ》して漸《ぜん》次《じ》生《せい》育《いく》するの象《しやう》ある卦なり此《この》卦《くわ》に當る家は井《ゐ》戸《ど》二つあるか樹《じゆ》木《もく》あるの家なり而して此家に病《やまひ》の發《はつ》するは北《ほく》斗《と》星《せい》の祟《たゝ》りにして病症《びやうせう》は頭《づ》痛《つう》嘔《おう》吐《と》を主とる星《ほし》祭《まつ》りをなして吉《きつ》なり此《この》外《はか》の祟《たゝ》りは八日十二日十九日の死《し》靈《りやう》井《ゐど》の中《なか》に物落《ものお》ち居る故に水《すゐ》神《じん》祟《たゝ》りをなす而して又初爻に當れば西方

女の生靈《いきりやう》二と三は狐《きつね》の祟《たゝり》四は金神《こんじん》五は水死《すゐし》したる人の祟《たゝり》又は水神《すゐじん》の咎《とが》め又は山《やま》の神《かみ》の祟《たゝり》なり

䷮ 澤《たく》水《すい》困《こん》

此卦《このくわ》は澤中《たくちう》水《みづ》なきの象危《しやうき》窮困乏《きうこんぼう》の時《とき》とす此卦《くわ》に當《あた》る家宅は四方《しはう》に垣《かき》及び路《みち》あるべし此宅妻子《さいし》に災《わざはひ》あり而して住所安寧《ぢうしよあんねい》ならず又病《やまひ》の發《はつ》するは道《みち》の神《かみ》の祟《たゝ》りなり

病症《びやうせう》は四肢《しし》骨節《ほねふし》疼痛《とうつう》し歩行《ほかう》困難《こんなん》座臥《ざぐわ》安《やす》からざるの症《せう》とす道祖神《だうそしん》を祭《まつ》りて吉《きつ》なり

此外《このほか》の祟《たゝ》りは四日十八日の死靈《しりやう》女の怨《うら》み寶劍《はうけん》の祟《たゝ》り等なり又初爻《しよかう》に當《あた》れば土公《どこう》神《しん》の祟《たゝり》二は山《やま》の神《かみ》の祟《たゝり》三四は水神《すゐしん》の咎《とがめ》五は死靈《しりやう》上爻は水神《すゐしん》及道《みち》の神《かみ》の咎《とがめ》なり

䷯ 水《すゐ》風《ふう》井《せい》

此卦《このくわ》は靜《せい》を守《まも》り常《つね》に安《やす》んずれば目上《めうへ》の引立《ひきたて》を得るの卦なり此卦に當《あた》る家は屋敷《やしき》内《ない》に高《たか》き所《ところ》ありて山《やま》をなし又左右《さゆう》に小屋《こや》あり前《まへ》に水溝《みぞ》あり此宅《たく》に居《お》りて安《やす》からず驚《おどろ》きを見《み》るの象ありて此家病《やまひ》あるは金曜星《きんやうせい》の祟《たゝ》りなり病症《びやうせう》は胸痞《むねつか》へ口中《こうちう》

痛《いた》み飲食進《いんしよくすゝ》まず外冷《はかひ》ゆるの象《しやう》なり辰巳《たつみ》の方《かた》にある庚申《かうしん》を祭《まつ》りて吉《きつ》なり此外祟《たゝり》をなすは十一日晦日《みそか》の死靈《しりやう》水神《するしん》の祟《たゝり》とす而して又初爻《しよかう》に當《あた》れば金神《こんしん》二三は水神《するしん》五は死靈上爻《しりやうじやうかう》は猫《ねこ》の祟《たゝり》と知《し》るべし

䷰ 澤火革《たくくわかく》

此卦《このくわ》は舊《ふる》きを去《さ》りて新《あたらし》きに就《つ》くの象《しやう》あり此卦に當《あた》る家は屋《いへ》の下《した》に赤《あか》き石有《いしある》べし是れ口舌《くぜつ》を主《つかさ》とる此家病《やまひ》あるは西南方《せいなんはう》の神《かみ》の祟《たゝ》り又は水神《するしん》の祟《たゝ》りなり病症《ひやうせう》は寒《かん》熱《ねつ》の氣急《ききう》に逆《ぎやく》して咽喉《のど》腫痛《はれいた》むの症《せう》なり丑《うし》の方或は未《ひつじ》の方の神《かみ》を祭《まつ》りて吉なり此外の祟《たゝり》は廿三日の死靈《しりやう》又女《をんな》の怨《うら》み等とす又此卦の初爻《しよかう》に當れば女の怨《うら》み三は生《いき》靈《りやう》四は水神《するしん》の祟《たゝ》り五は東方男《をとこ》の死靈《しりやう》上爻は神《かみ》の咎《とがめ》及水神《すゐしん》の祟《たゝり》なりと知《し》るべし

䷱ 火風鼎《くわふうてい》

此卦《このくわ》は和熱《わじゆく》を旨《むね》とするの象《しやう》ある卦なり然《しか》れども此卦《くわ》に當《あた》る家は父祖《ふそ》傳來《でんらい》の家宅《かたく》にあらず門戸《もんこ》正《たゞ》しからずして破相《はさう》なり而して病《やま》ひの發《はつ》するは水亡《すゐばう》の人《ひと》の靈《りやう》又は

水神《すゐしん》の祟《たゝ》りなり病症《びやうせう》は寒熱《かんねつ》あり上盛《かみさか》んにして下《しも》虚《きよ》吐《と》瀉《しや》腹《ふく》痛《つう》あり北方にある女神《めがみ》の社《やしろ》に祈《いの》りて吉《きつ》なり此外の祟《たゝ》りは八日廿五日の死《し》靈《りやう》女の生靈《いきりやう》等とす而して此卦の初爻《しよかう》に當《あた》れば神《かみ》の咎《とが》め二三は水神《すゐじん》四は女《をんな》の死《し》靈《りやう》五は人の怨《うら》み上爻《じやうかう》は方災《はうさい》と知《し》るべし

䷲

震《しん》爲《ゐ》雷《らい》

此卦《このくわ》は聲《こゑ》ありて形《かたち》なきの象《しやう》あり此卦《くわ》に當《あた》る家は東南《とうなん》の方《かた》寺《てら》の邊《へん》にあり古跡《こせき》ありて災《わざはひ》をなす家内《かない》驚《おどろ》きを見《み》るべし又病《やまひ》の發《はつ》するは古墓《ふるはか》又は土神《とじん》の祟《たゝり》なり病症《びやうせう》は熱《ねつ》ありて骨節《ほねふし》痛《いた》み血脈《けつみやく》調《とゝの》はず顚狂《てんきやう》の症《せう》なり庚申《かうしん》に祈《いの》らば癒《い》ゆべし此外《このほか》の祟《たゝ》りは生《せい》死《し》二ッの靈《りやう》北斗《ほくと》星《せい》の咎《とが》め金神《こんじん》の祟《たゝ》りとす初爻《しよかう》に當《あた》れば死《し》靈《りやう》二は生《いき》靈《りやう》三は土《と》公《こう》神《しん》四は北斗《ほくと》星《せい》五と上爻《じやうかう》は金神《こんじん》の祟《たゝり》なり

䷳

艮《こん》爲《ゐ》山《さん》

此卦《このくわ》は山《やま》相《あひ》並《なら》ぶの象《しやう》にして親《した》しみ薄《うす》きの卦《くわ》なり此卦《このくわ》に當《あた》る家は宅《たく》の路《みち》正《たゞ》しから

ず宅主《たくしゆ》に障りあり男女《なんによ》共《とも》愁《うれひ》あり安《やす》からざるの象《しやう》なり此家病《やまひ》あるは屋敷《やしき》に欠込《かけこ》みあり陰鬼《いんき》の祟《たゝ》りをなすによる病症《びやうせう》は頭痛《づつう》及び浮腫《ふしゆ》の症《せう》なり丑寅《うしとら》の方《かた》の神に祈《いの》れば吉《さつ》なり此外《このはか》祟《たゝり》をなすは五日か廿八日の死靈《しりやう》及び北方水神《するしん》の祟《たゝ》りなり而して又初爻《しよかう》に當れば東南男の生靈《いきりやう》二三四は水神《するしん》の咎《とが》め上爻《じやうかう》は方災《はつさい》なり宅相《たくさう》を正《たゞ》すべし

䷴ 風《ふう》山《さ》漸《せん》

此卦《このくわ》は山上《さんやう》に木《き》あるの象《しやう》なり此卦《このくわ》に當る家宅《かたく》は水《みづ》に近《ちか》き所《ところ》か又は山麓《さんろく》の小高《こたか》き所《ところ》にあり家内《かない》日々《ひゞ》人多《ひとおほく》出入《でいり》して繁昌《はんせう》なるべし而して此家病《やまひ》の發《はつ》するは金神《こんじん》の祟《たゝり》なり病症《びやうせう》は四肢《しし》重《おも》く身痛《からだいたみ》て頭重《かしらおも》く心鬱結《こゝろうつけつ》するの症《せう》なり金神《こんじん》を祭《な》つりて癒《い》ゆべし
此外《はか》の祟《たゝり》は八日廿四日の靈稲荷《りやういなり》の祟《たゝ》り等とす而して又初爻《しよかう》に當《あた》れば竈神《かまどがみ》の咎《とが》め二三は死靈《しりやう》四は金神《こんじん》の咎《とがめ》五は男《おとこ》の生靈上爻《いきりやうじやうかう》は水神《するしん》の祟《たゝ》り又は死靈《しりやう》の祟《たゝ》りなり

䷵ 雷《らい》澤《たく》歸《き》妹《まい》

此卦《このくわ》は浮雲日《ふうんひ》を蔽《おほ》ふの象《しやう》ある卦なり此卦《このくわ》に當《あた》る家は屢々《しば〳〵》災《わざはひ》あるべし神《かみ》を祈《いの》れば

災を免《のが》るべし而して又病《やまひ》の發《はつ》するは土神《どしん》の祟《たゝ》りなり病症《ひやうしやう》は寒熱往來《かんねつわうらい》して昏瞭《めまひ》す血液《けつえき》不順《ふじゆん》の象《しやう》あり辰巳《たつみ》の方《かた》の神社《じんじや》に祈《いの》るべし此外《このほか》の祟《たゝり》は廿三日廿八日の死靈《しりやう》又は荒神《くわうじん》の咎《とが》め等とす而して又初爻《しよかう》は水神《すゐじん》の咎《とが》め二は森林《しんりん》の神《かみ》の祟《たゝ》り三は土神《どしん》四は死靈《しりやう》五は女《おんな》の怨《うら》み上爻《じやうかう》は金曜星《きんやうせい》の祟《たゝ》りと知《し》るべし

䷶ 雷火豐《らいくわほう》

此卦《このくわ》は暗《くら》きを去《さ》り明《めい》に就《つ》くの象《しやう》なり此卦に當《あた》る家は山《やま》の近《ちか》き所《ところ》か左右《さゆう》に近く高《たか》き家あるの象《しやう》あり風流人《ふうりうじん》を出《いだ》すの相《さう》なり此《この》家病《やま》ひあるは荒神《くわうじん》の咎《とが》めなり病症《びやうせう》は腰《こし》部痛《いた》みて行歩《かつは》難澁《なんじう》なるべし丑《うし》の方戌《かたいぬ》の方の神《かみ》に祈《いの》れば吉《きつ》なり而して此外《このほか》の祟《たゝ》りは廿一日の死靈《しりやう》又屋敷内《やしきうち》に不淨《ふじやう》を埋《うづ》めたる所《ところ》ある障《さは》りとす而して初爻《しよかう》は死靈《しりやう》二三は神《かみ》の咎《とが》め四五は女《おんな》の怨《うら》み上爻《じやうかう》は荒神《くわうじん》又は四足《よつあし》の祟《たゝ》りなり

䷷ 火山旅《くわさんりよ》

此卦《このくわ》は人《ひと》と親《した》しみ薄《うす》きの象《しやう》ある卦《くわ》にして此卦に當《あた》る家は小屋《こや》あり路曲折《みちきよくせつ》して出《で》

入正《いりたゞ》しからず凶相《きやうさう》なり而して此家病《やまひ》あるは鶏《にはとり》の怪祟《くわいたゝ》りをなすなり病症《びやうせう》は心腹疼《しんふくとう》痛《つう》し下痢《げり》あるの症《せう》なり丑寅《うしとら》の方《かた》にある木佛《きぶつ》に祈禱《きたう》して吉《きつ》なり此外祟《たゝ》りとなるは七日廿四日の死靈《しりやう》又女の怨《うら》み等《とう》なり而して初爻《しよかう》に當《あた》るは荒神《くわうじん》の咎《とが》め三四は死靈《しりやう》五は四足《よつあし》の障《さは》り上爻《じやうかう》は鳥《とり》の巣《す》を破《やぶ》りたる祟《たゝり》なり

䷸ 巽《そん》爲《ゐ》風《ふう》

此卦《このくわ》は風木《かぜき》を靡《なび》かすの象《しやう》ある卦なり此卦《この》に當《あた》る家は寺院《じゐん》に近《ちか》き所《ところ》にあるべし而して此家病《やまひ》の發《はつ》するは是《こ》れ妖怪邪鬼《えうくわいじやき》の祟《たゝり》なり病症《びやうせう》は腹足風疾《はらあしふうしつ》の氣《き》或は蠱血《こけつ》の毒《どく》等《とう》とす道神《だうじん》を祭《まつ》りて吉《きつ》なり而して此外《はか》の祟《たゝり》は産死《さんし》したる女の死靈《しりやう》又蛇《へび》の障《さは》り等とす初爻《しよかう》に當《あた》れば道神《だうじん》の咎《とが》め二は怨《うら》み三は水神《すゐじん》の咎《とが》め四五は死靈《しりやう》上爻は荒神《くわうじん》の咎《とが》めなり又柳《やなぎ》の木《き》の靈祟《れいたゝ》りをなすと知《し》るべし

䷹ 兌《だ》爲《ゐ》澤《たく》

此卦《このくわ》は雨澤地《うたくち》を潤《うる》ふすの象《しやう》あり此卦《この》に當《あた》る家は屋敷内《やしきない》に神《かみ》を祭《まつ》りたるの祟《たゝ》りあ

り人口《じんこう》に障《さは》りあり此家病《やまひ》の發《はつ》するは竈神《かまどのかみ》又は土神《どしん》の祟《たゝ》りなり病症《びやうしやう》は手足《てあし》痛《いた》み骨《はね》節《ふし》疼痛《とうつう》して熱《ねつ》の差引《さしひき》ありて飲食進《いんしよくすゝ》まず南方の神《かみ》に祈《いの》りて吉《きつ》なり此外の祟《たゝり》は三日廿三日の死靈《しりやう》四足の祟《たゝり》等なり又此卦の初爻《しよかう》は東方男の死靈《しりやう》二三は荒神《くわうじん》の咎《とが》め四は女の禍《わざは》ひ五は神《かみ》の祟《たゝり》上爻は三日月の祟《たゝ》りとす星祭《ほしまつ》りして拂《はら》ふべし

䷺ 風《ふう》水《すゐ》渙《くわん》

此卦《このくわ》は船《ふね》水上《するじやう》に浮《うか》ふの象《しやう》あり此卦に當る家は前《まへ》に河《かは》あるか又は溝《みぞ》あり後《うしろ》に山《やま》ありて陰氣《いんき》なる相《さう》なり主人安《しゆじんやす》からず而して此《この》家病《やまひ》の發《はつ》するは女鬼《によき》の祟《たゝり》をなすによる病症《びやうしやう》は心腹痛《しんふくいた》み吐瀉《としや》ありて晝《ひる》は輕《かる》く夜《よる》は重《おも》きの症《しやう》なり金神《こんじん》を祭《まつ》りて吉《きつ》なり此外の祟《たゝり》は五日十八日の死靈《しりやう》産後死《さんごし》したる人の怨靈《おんりやう》等とす而して又初爻《しよかう》は金神《こんじん》の咎《とが》め三は狐狸《こり》の障《さは》り四は怨《うら》み五は死靈《しりやう》上爻は水神《するじん》の祟《たゝ》りなり又井戸《ゐど》の障《さは》りあり清《きよ》むべし

水《すゐ》澤《たく》節《せつ》

此卦《このくわ》は寒暑《かんしよ》節《せつ》ありて違《たが》はざるの卦《くわ》なり此卦に當《あた》る家宅《かたく》は門前《もんぜん》水《みつ》を隔《へだ》つ四隣《しりん》に人家《じんか》あり後《うしろ》の方《かた》小山《こやま》ある所《ところ》とす只《たゞ》盜難《たうなん》を防《ふせ》ぐべし而して此家病《やまひ》の發《はつ》するは西北方の神《かみ》の祟《たゝ》りなり病症《びやうしやう》は寒熱《かんねつ》急《きう》にして腰《こし》痛《いた》み上《かみ》熱《ねつ》して下《しも》冷《ひ》ゆるの症《しやう》なり鬼子母神《きしぼじん》を祭《まつ》るか未申《ひつじさる》の神に祈《いの》りて吉《きつ》なり此外《このはか》の祟《たゝり》は十八日の死靈《しりやう》又は女《をんな》の怨《うら》みとす而して此卦の初爻《しよかう》に當《あた》れば荒神《くわうじん》の祟《たゝり》三は死靈《しりやう》又竈《かまど》の神《かみ》の咎《とがめ》四は水神《すみじん》の祟《たゝり》五と上爻《じやうかう》は死靈《しりやう》の祟《たゝ》りと知《し》るべし

風《ふう》澤《たく》中《ちう》孚《ふ》

此卦《このくわ》は彼我《ひが》意《い》相背《あひそむ》く事《こと》なく相孚《あひまこと》するの卦なり此卦に當《あた》る家は庭《にに》に山水《さんすゐ》あり此家に住《ちう》すれば家久《ひさ》しく保《たも》つ然《しか》し禍《わざはひ》あるべし注意《ちうい》を要《えう》す而して此家病《やまひ》の發《はつ》するは北《ほく》斗星《とせい》の祟《たゝ》りとす病症《びやうしやう》は腹中《ふくちう》膨張《はうちやう》し四肢《しし》痛《いた》みて自由《じゆう》ならず愼《つゝし》むべし東方にある天神《てんじん》或は王公《わうこう》を祭《まつ》りたる神《かみ》に祈《いの》り吉なり又此外の祟《たゝり》は女の怨《うら》み荒神《くわうじん》の祟《たゝ》り等なり

而して此卦の初爻《しよかう》に當《あた》れば七日か十七日の死靈《しりやう》又南方女の靈《りやう》とす二三は東方男の生靈《いきりやう》四五は神《かみ》の咎《とが》め上爻は水死人《すゐしにん》の靈《りやう》又は鴉《からす》を殺《ころ》したる障《さは》りなり

䷽ 雷《らい》山《さん》小《せう》過《くわ》

此卦《このくわ》は飛鳥音《ひてういん》を遺《のこ》すの象人《しやうひと》にありては實力《じつりよく》なきの卦《くわ》なり此卦に當《あた》る家は家主《いへぬし》兩《ふた》人《り》あるか然《しか》らざれば人と同居《どうきよ》するの象《しやう》なり而して此家病《やまひ》あるは艮《うしとら》の方の神《かみ》の祟《たゝ》りなり病症《びやうせう》は胸痛《むねいた》み腹痛《はらいた》んで大小便不利《だいせうべんふり》なる症《せう》なり午《うま》の方の神《かみ》に祈《いの》れば吉《きつ》なり此外祟《たゝ》りをなすは四日廿三日の死靈《しりやう》又は蛇《へび》の障《さは》り九日の佛《ほとけ》の障り等《とう》なり又此卦《くわ》の初爻《しよかう》に當《あた》れば荒神《くわうじん》の咎《とが》め二は水神《すゐじん》三は水死《すゐし》の靈《りやう》四は死靈《しりやう》五は狐上爻《きつねじやうかう》は土公神《どこうしん》の障《さは》りと知《し》るべし

䷾ 水《すゐ》火《くわ》既《き》濟《せい》

此卦《このくわ》は陰陽相比《いんやうあひひ》し萬事調《ばんじとゝの》ひたるの象《しやう》ある卦《くわ》なり此卦《くわ》に當《あた》る家は兩邊《りやうへん》に樹木《じゆもく》あり門前《もんせん》に小屋《こや》あり此宅《このたく》は無氣《むき》にして凶相《きやうさう》とす病《やまひ》の發《はつ》するは西北方の神《かみ》の祟《たゝり》なり病《びやう》

症《せつ》は腰痛《こしいた》み脾《ひ》つかれて血下《ちくだ》るの象《しやう》あり戌《いぬ》の方の神《かみ》に祈《いの》れば申《さる》の日より効顯《こうあら》はるべし此外《このほか》の祟《たゝり》は女《をんな》の死靈《しりやう》九日十二日の死靈《しりやう》とす又初爻《しよかう》に當《あた》れば神佛《しんぶつ》の咎《かゞ》め三と五は死靈上爻《しりやうじやうかう》は男《をとこ》の生靈《いきりやう》と知《し》るべし

火水未濟《くわすゐみせい》

此卦《このくわ》は憂《うれひ》の中《うち》に喜《よろこ》びに向《むか》ふの象《しやう》あり此卦に當《あた》る家宅《かたく》は父祖《ふそ》より傳《つた》はりし宅《たく》ならず前《まへ》に橋《はし》あり後《うしろ》に水溝《みぞ》あるべし部下《めした》居付《ゐつ》かざるの家なり病《やまひ》の發《はつ》するは水神《するじん》の祟《たゝ》りなり病症《びやうせう》は先《さき》に寒《さむ》く後《のち》に熱《ねつ》し吐瀉《としや》して飲食進《いんしよくすゝ》まず上溫下冷《かみあたゝまりしもひへる》の症《せう》なり水神《するじん》を祭《まつ》りて吉《きつ》なり此外《このほか》の祟《たゝ》りは九日廿六日の死靈等《しりやうとう》とす而して此卦《このくわ》の初爻《しよかう》と二とは死《し》靈《りやう》にして三四は人《ひと》の怨《うら》み五と上爻《じやうかう》は土公神《とこうしん》及び四足《よつあし》の障《さは》りなり

○十二種大法之名目

附　守札十三種の効能の事

第一　除《のぞく》疫病《やくびやうを》法《はふ》　第二　長壽《ちやうじゆ》無《む》病《びやう》法　第三　護持國王法

第四　除《のぞく》宿曜《しくやうを》法　第五　除《のぞく》人疫《じんえきを》法　第六　除畜疫《ちくえきを》法

第七　除頭病《とうびやうを》法　第八　除鬼魅《きみを》法　第九　除虎病《こびやうを》法

第十　除嬰魅《えいみを》法　第十一　除刧賊《こうぞくを》法　第十二　除苗稼《べうかを》法

以上十二種之大法は日月星宿《じつげつせいしゆく》天變《てんぺん》家内《かない》之《の》怪異《くわいゐ》水火《すゐくわ》大風《たいふう》盜賊《たうぞく》蜂起《はうき》等七難《なん》之《の》時《とき》

別《わけ》て之《これ》を修《しゆう》す可き者也

新宅移徙《しんたくいし》之《の》時《とき》猶以可修之《なほもつてこれをしゆうすべし》

守札十三種之効能左に

第一　被貴人思徳《きじんにおもはるゝとく》　第二　衆人愛敬徳《しゆうじんあいけうのとく》　第三　壽福増長徳《じゆふくぞうちやうのとく》

第四　怨敵退散徳《おんてきたいさんのとく》　第五　子孫榮顯徳《しそんえいげんのとく》　第六　田蠶倍盛徳《でんさんばいせいのとく》

第七　六畜興生徳《りくちくこうせいのとく》　第八　掃除精怪徳《そうぢよせいくわいのとく》　第九　蕩滅妖氣徳《たうめつえうきのとく》

第十　得物通用徳《とくぶつつうようのとく》　第十一　火災不合徳《くわさいふごうのとく》　第十二　賣買有利徳《ばいばいいうりのとく》

第十三　所望成就徳《しよもうじやうじゆのとく》

右守札十三種の効能とす

○靈符之書方調製之秘傳

靈符《たいふ》を造《つく》り加持《かぢ》するには左《さ》の吉日《きつじつ》に依《よ》るべし

甲子　乙亥　戊寅　壬寅　甲寅　丙午　戊辰　壬午　甲辰

丙辰　壬子　戊午　己巳　戊子　甲戌　戊申　丁酉　庚寅

右の日符《ふ》守《まも》り等造《つく》るに吉也又亥卯酉の日大吉也又符《ふ》守《まもり》を認《したゝ》むる水《みづ》は右の吉日の早朝其の日の元水《はじめのみづ》を取り北辰《ほくしん》に供《きやう》して其日《そのひ》の所用《しよよう》とす可《べ》し

又毎月降臨日《かうりんび》は左の如し

一月七日　二月八日　三月三日　四月四日

五月五日　六月七日　七月七日　八月十五日

九月九日　十月廿一日　十一月七日　十二月廿七日

右の日は別して沐浴《もくよく》齋戒《さいかい》して神前を清《きよ》め慇懃《いんぎん》に勤《つと》むべし

靈符《れいふ》を造る時《とき》の順序《じゆんじよ》

先　至神前《しんぜんにいたり》再拜《さいはい》

靈符七十二神隠急如律令　二遍唱

次　着座《ちやくざ》一揖

硯《けん》筆《ひつ》を取《と》り志所《こゝろざすところ》の符《ふ》を認《したゝ》めて之を壇上《だんじやう》に置《お》く

次　手當胸《てをむねにあて》　勸請《くわんじやう》の文《ぶん》を讀《よ》む

(神集《かみあつめ》神勅降臨《しんちよくこうりん》文《ぶん》を參照《さんしやう》すべし)

次　祈念《きねん》

次　取幣《へいをとる》

笏《しやく》或《あるひ》は扇《あふぎ》にてもよし

心《しん》上《じやう》護《ご》神《しん》三《さん》元《げん》加《か》持《じ》胸《けう》霧《む》自《じ》消《しやう》心《しん》月《げつ》澄《ちやう》明《めい》大《だい》願《ぐわん》成《じやう》就《じゆ》上《じやう》天《てん》妙《めう》果《くわ》　三遍唱

次　送《そう》神《しん》文《もん》

次　拍《はく》手《しゆ》　小大

次　再拝　退出

符守開眼の事

金《こん》剛《ごう》合《がつ》掌《しやう》して左の文《もん》を唱ふべし

天《てん》上《じやう》自《じ》在《ざい》諸《しよ》天《てん》歡《くわん》喜《き》符《ふ》神《しん》咒《じゆ》娑《さ》婆《ば》何《か》太《た》

又加《か》持《じ》の時《どき》の陀《た》羅《ら》尼《に》左に

慈《じ》救《く》呪《じゆ》

曩《なう》莫《まく》三《さん》曼《まん》多《だ》縛《ば》日羅《ら》多《だ》仙《せん》多《だ》摩《ま》訶《か》盧《ろ》舎《しや》多《だ》耶《や》蘇《そ》婆《は》多《た》羅《ら》耶《や》吽《うん》多《た》羅《ら》多《た》唅《かん》滿《まん》

地《ち》藏《ざう》呪《じゆ》

おん　かかか　ひさんまゑい　そわか

藥《やく》師《し》呪《じゆ》

おん　ころ〱せんだろ　まとき　そわか

大《だい》威《い》徳《とく》咒《じゆ》

おん　あく　うん

訶《か》利《り》帝《てい》の眞言《しんごん》

とゞまり　きやてい　そわか

光明《くわうめう》眞言《しんごん》

おん　あぼきや　べいろしやなう　まかぼだら　まに　はんどま

じんばら　はらはりたや　うん

觀音《くわんおん》の眞言

おん　あろきや　そわか

愛《あい》染《せん》の眞言

おん　まからぎや　ばぞろしゆにしや　ばざらさとば　しやくうん

ばんこく

○神德御守の効顯例證

豐《とよ》臣《とみ》系《けい》圖《づ》云《にいはく》秀吉公の先《せん》祖《ぞ》國《くに》吉《よし》生《せう》國《こく》は江《こう》州《しう》淺《あさ》井《ゐ》郡《ごほり》山《さん》門《もん》の住《じゆう》僧《そう》たりしとき昌《しやう》盛《せい》法《ほう》師《し》と號《がう》したり後《のち》に還《げん》俗《ぞく》して尾張國愛《あい》知《ち》郡《ごほり》中村に住居せり而して其の昔《むかし》江州に在りしとき竹《ちく》生《ぶ》島《じま》辨《べん》財《ざい》天《てん》に一千日籠《らう》居《きよ》して祈《いの》る事《こと》あり其後近江國荒神山に登り斷《だん》食《じき》して二七日鎭《ちん》宅《たく》靈《れい》符《ふ》の秘《ひ》法《はう》を修《しゆ》行《げう》す

其《その》願《ぐわん》文《ぶん》に曰《いは》く

衆《しゆう》生《せい》濟《さい》度《ど》の爲《た》め再《ふたゝ》び還《げん》俗《ぞく》して天に祈《いの》る傳《つた》へ曰《い》ふ靈《れい》符《ふ》之《の》秘《ひ》法《はう》は必ず白《びや》衣《くえ》の天《てん》子《し》其《その》宅《たく》中《ちう》に入《い》ると願《ねがは》くは吾《わが》子《し》孫《そん》の中に至《いた》りて必ず將《しやう》軍《ぐん》と爲《な》るべし然らば忽ち衆《しゆう》生《せい》を導《みちび》きて太《たい》平《へい》を施《ほどこ》すべしとなり

祈願せしかば尊《そん》星《せい》感《かん》應《おう》納《なう》受《じゆ》し給《たま》ひて秀吉公を降《くだ》し以て天下を平《へい》定《てい》せしむ而して秀吉公の凡《ぼん》ならざるは世人の認むる所にして其《その》武《ぶ》威《い》海《か》外《ぐわい》に輝《かゞや》き威《い》名《めい》天下に轟《とゞろ》けり是《これ》偏《ひとへ》に祖《そ》先《せん》の願に隨《したが》ふものにして御《お》守《まもり》祈《き》禱《たう》の効《こう》顯《けん》ある確《かく》証《しやう》なりとす

又豐太閤《ほうたいこう》征韓《せいかん》の役《えき》に加藤清正不思議《ふしぎ》の四文字を佩刀《はいたう》に彫付《はりつ》け萬死に一生を得《え》たる話《はな》しあり其後《そののち》何地《いづく》の戰爭《せんそう》なりけん銃丸《じゆうぐわん》兵士の佩刀《はいたう》に命中《めいちう》して鞘破《さややぶ》れしも其身恙《つゝが》なかりければ刀を調《しら》べしに鞘《さや》に其四文字を彫付《はりつ》けありたりとぞ天明二年德川家治《いへはる》の小性新見感之助誤《あやまつ》て田安門外なる牛《うし》ケ淵《ふち》に落ちしも其身無事なりし故に家治仔細《しさい》を尋《たづ》ねければ不思議の四文字を佩《お》ひたる由を答ふ是より先紀州《さききしう》德川光《みつ》貞《さだ》の鷹狩《たかがり》の日《ひ》銃《じゆう》にて雉子《きじ》を射《い》給《たま》ひ命中《めいちう》したるに死《し》せざりければ網《あみ》にて其雉子《そのきじ》を獲《え》て改《あらた》めさせ給ふに風切羽《かぜきりば》に四個の異字《いじ》を書きて結《むす》び付あり試《こゝろみ》に板に寫《うつ》して銃にて射《い》させ玉ふに中《あた》らず更《さら》に之を紙《かみ》に寫《うつ》して近臣《きんしん》に頒《わ》け身《み》の守《まも》りとなさしめ給《たま》ひたりと云《い》ふ又近《またちか》き例は廿七八年の役（日清戰爭）に上州前橋の藩士《はんし》玉尾需氏（齡七十九）深く此四文字の奇瑞《きずい》を信《しん》じ其《その》三男《なん》北澤友彦と云へるが從軍《じうぐん》せるとき手《しゆ》寫《しや》して帽内《ばうない》に貼付《てうふ》し遣《つかは》しけるに七度《なゝたび》戰場《せんじやう》に臨《のぞ》んで微傷《びしやう》だも受けず七里口の戰の如きは敵丸頭上《づじやう》に來りしも彈丸悉《だんぐわんことごと》く背後《はいご》に落《お》ちて身恙《みつゝが》なかりしと又其友多田某三男此字を自寫《じしや》し帽内《ばうない》に貼付《てうふ》し置きしに銃丸《じゆうぐわん》帽を打貫《うちぬ》きたるにも拘《かゝ》はらず頭に

は更に異《ろ》狀《じやう》なかりしと云ふ

以上皆な御守靈《れう》符《ふ》の効《こう》顯《けん》著《ちよ》なるものにして實《じつ》に爭はれざる所の例證《れいしよう》とす各人《かくじん》其《それ》之《これ》を敬《けい》して決《けつ》して妄《もう》談《だん》無《む》稽《けい》の事と看過《かんくわ》すべからず

○神傳軍人砲彈除守の製法

不思議の四文字

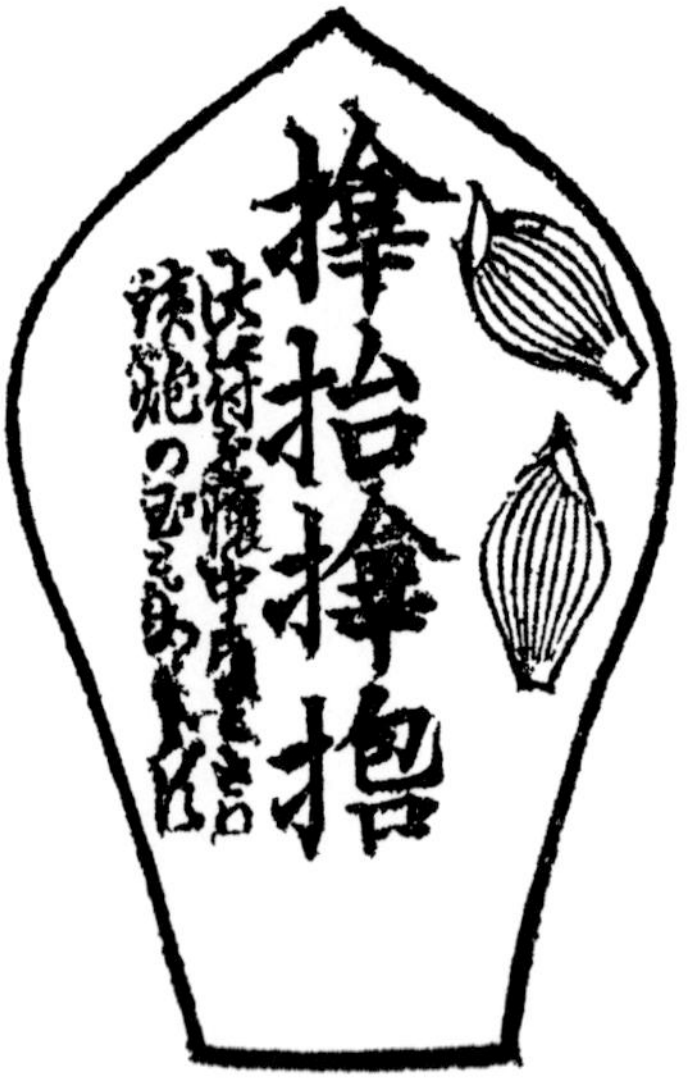

右之靈符《れいふ》は啻に戰場に用ゆるのみならす各人《かくじん》之を携帶《けいたい》するときは不時の災《さい》難《なん》を免《まぬか》る實に神傳《しんでん》の秘法《ひはう》にして不思議《ふしぎ》の妙効《めうかう》ある靈符《れいふ》なり之《これ》を認《したゝ》め調《とゝな》ふるには靈符《れいふ》の書方《かきかた》製法《せいはう》秘傳《ひでん》の部《ぶ》を參照《さんしやう》すべし

又大將軍怪我の守は左の如し

軍人怪我除の守

臨兵闘者皆

天照皇大神宮
毘沙門天王
正八幡大明神
十一面觀世音
春日大明神
如意輪觀世音
加茂大明神
大聖不動明王
稻荷大明神
愛染大明王

陣列在前

住吉大明神
正觀世音
丹生大明神
阿彌陀如來
日天子
彌勒菩薩
摩利支天尊
文珠菩薩

七大神の守

道中安全守神　大山祇之大神
火災除の大神　軻遇究智命
水難除の大神　水速女之神
軍艦を守大神　舟玉之大明神
飲食を守大神　稻蒼魂命
壽福を守大神　太田大明神
病難除の大神　大巳貴命

右の符と不思議《ふしぎ》の四文字と併《あは》せ携帯《けいたい》するときは如何なる危險《きけん》に遭遇《さうぐう》するも一身の安全を保《たも》つことを得べし

調製法は靈符《れいふ》の書方製法秘傳《ひでん》の部を參照《さんしやう》せらるべし

○砲彈除の禮狀例證集

三重縣北牟婁郡赤羽村大字島原

橋倉團次郎

（前略）出征軍人の必用まもり橋倉團次郎いたゞき私悴橋倉伊一郎出征軍奉天の戰ひのとき砲彈あめのごとく悴伊一郎儀は砲彈五發を受け候

一發はあしの甲に中り

一發は銃身にあたり

一發は左の手の下服を打ちぬく

一發は正胸にて服はバラ〳〵とさばけゝれどもけがなし

悴伊一郎身に少しもけがなし

此咄し私より軍人宅へ委細致し候得ば此度は御まもりと護符御手數に候へ共御賴申上候軍人七人分まもり至急御送り願度何卒〳〵至急御送り願度候御禮旁右御依賴申上候（後略）（原文儘）

明治卅八年四月十日

島根縣松江市御手舟場

近江紋之助

謹啓（前畧）

二伸　過る昨年の夏頃御尊舘の御厚情を以て不思議なる二種の御守御送り附被下難有早速出征せる拙息へ送附候處其後大小拾數回の激戰に參加罷在候へ共不思議なる御蔭を受け何一の戰傷も無之殊に此度の奉天大會戰の如きは御承知の通り野戰第五師團第二十一聯隊の如きは大損害を受け候との惡報有之就ては拙

息の様子如何にと大に打案じ居り候處不思議神佛の御蔭にて身に寸毛の戰傷も無之益〻壯健にて只今は奉天附近に滯在罷在候由外事ながら御尊舘各位に宜しく御傳言被下度先は不敢取御禮旁々御一報まで如斯に御座候草々　(原文儘)

明治三十八年四月七日

出征第十一師團衞生隊第一中隊

元木長三郎

(前略)偖て先日は御親切に砲彈除の御守御送與に預り誠に難有奉存候受領後早速帽の天上に縫付け其翌日よりは不肖も一層勇氣が何となく增加致し戰線に出るも恐るゝ事なく充分に其任務を全ふす是皆御貴殿の御かげと推察致居升尚ほ戰況に就て細々申上度事有之候へ共軍規の禁ずる所猥りに認むるを得ざる次第に御座候間惡からず御承諾相成度先は御禮旁〻匆々

此は前記軍人より德島縣三好郡井川村辻町馬場嘉藏氏を介して本舘に寄せ

られたるもの也
卅七年九月六日

茨城縣久慈郡河内村大字西河内下
石川次七郎

過日貴館より本村役場へ軍人護符の廣告御送り相成候處下拙早速御申受悴の處へ相送り候然るに八月二十三日旅順港大戰争にて悴背中左より右へ大砲玉かすりさながら肉へげ大にいたみ同地附近の大王庄假病院へ下り醫官見る處此は骨へさわらず心配なしと申す事の書面實家手元へ來り下拙が思ふ處何にしても大砲の事故一寸二寸或は一尺隔てゝも命危き場合を貴館様の御護符御利正にて助り難有奉恐慶候其後悴我國廣島病院へ來り次に東京澁谷豫備病院にて治療全治致し去る三十日相州足柄下郡吉濱湯河原入湯に送られたり右御禮旁書面にて御通知申上候

尚ほ悴義第一師團步兵第二聯隊第十二中隊上等兵石川幡三と申候

三十七年十二月三日

附言　右《みぎ》禮狀《れいじやう》は何《いづ》れも原文《げんぶん》の儘《まゝ》にて修正《しうせい》を加《くは》へず尚ほ砲彈除靈顯《れいけん》に就て禮狀《れいじやう》山の如きも皆《み》な其無難《そのぶなん》を通報《つうほう》したるものにて其《そ》の文意《ぶんい》大同小異なるを以て餘《よ》は之れを畧す

○神傳訴訟の時に必勝法

智恵神

一人可明合魄守

思兼大明神

一日日日日尸田愚白心急如律令

此符は家内安置《かないあんち》の神棚《かみだな》に納《おさ》む

○試験に優等を得るの必勝法

此符は懐中《くわいちう》に掛《か》く可し

第一

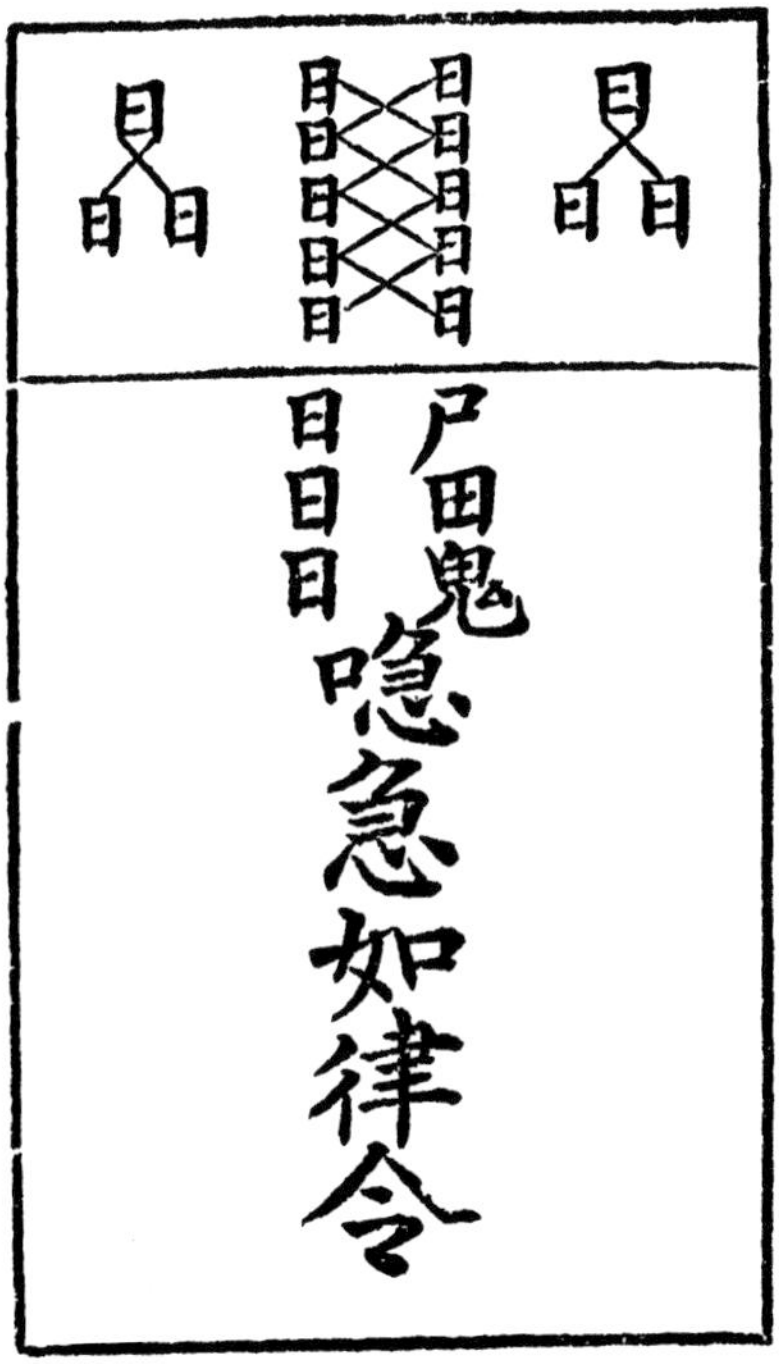

第二

智惠神

思兼大明神守

右二枚を認《したゝ》め同封すべし而して封したる表裏《ひやうり》は左の如く書し常に之を懷中《くわいちう》すべし必ず優等《ゆうとう》を得《う》べし夢疑《ゆめうたが》ふべからず

表

護符

裏

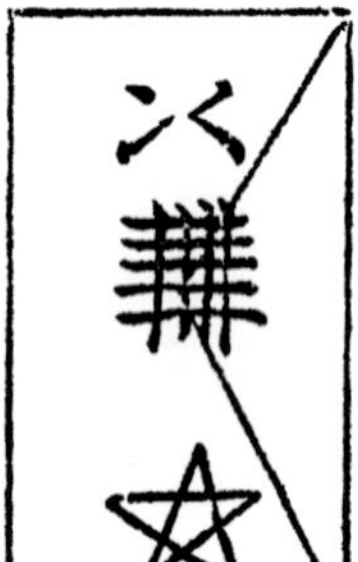

○無盡諸勝負事の必勝法

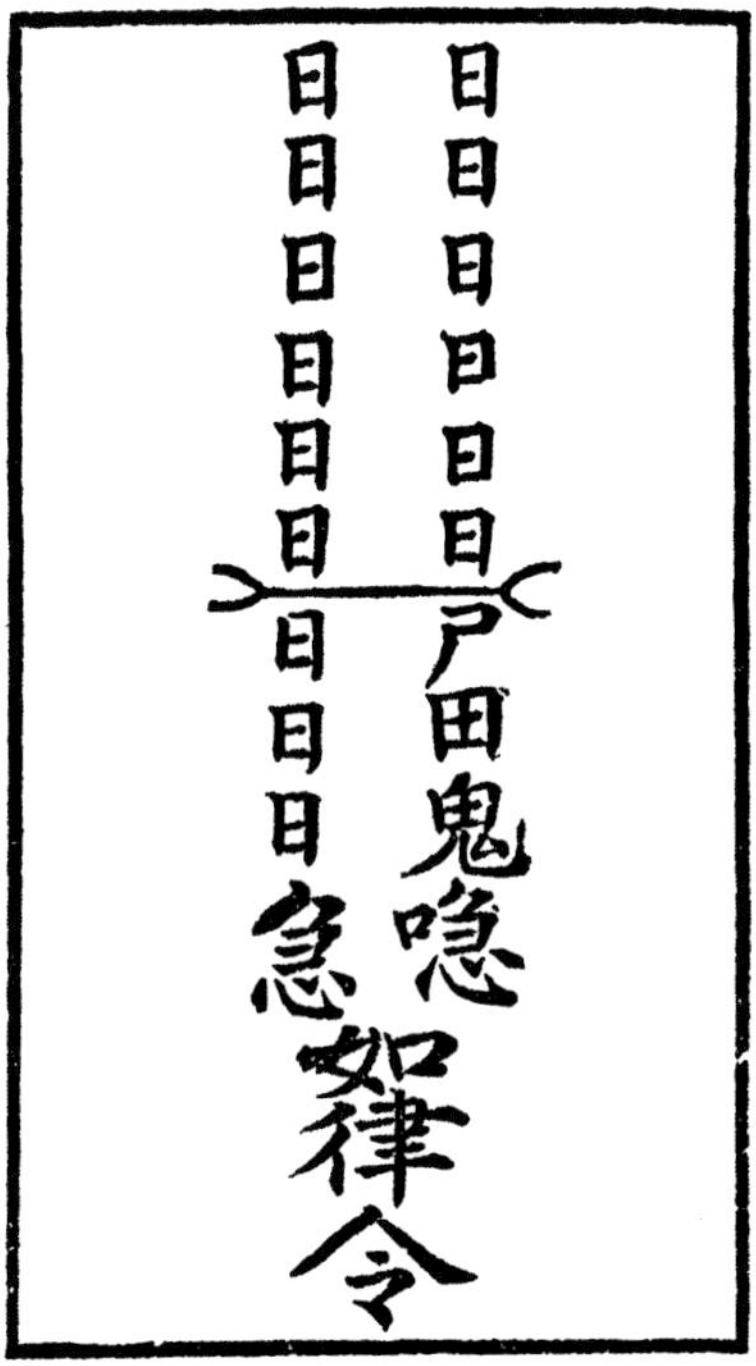
日日日日日日尸田鬼隐
日日日日日日日日日
急如律令

壽福神

太田大神守

右の符を各二枚認《したゝ》め之を同封《どうふう》すること二包《ふたつゝみ》にすべし而して一は神棚《かみだな》一は懐中に入れ置くべし表裏の書方は試驗必勝法の護符《ごふ》と同し

但し諸勝負事の場《ば》に臨《のぞ》むときに人に知《し》られざる樣に秘《ひ》し持行《もちゆ》くべし疑心《ぎしん》あるべからず

開運立身の守製法

此守は神勅の靈符故大切に守るべし

右を封《ふう》じたる表裏《ひやうり》の書方《かきかた》

表

壽福神
太田大神守

裏

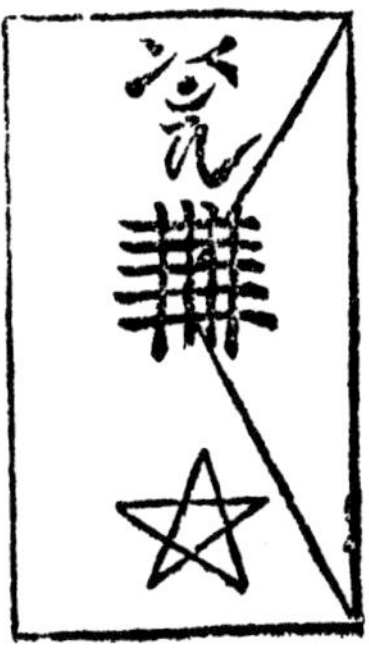

右護符を二個認《したゝ》め調《とゝの》へ一つは神棚に納め毎日祈念《きねん》すべし又一つは門戸出入口《もんこでいりぐち》の上に人知《ひとし》れず之を押《お》し置くべし三ヶ月中には必ず開運《かいうん》の顯《しるし》ある事《こと》妙《めう》なり夢《ゆめ》々疑《うたが》ひあるべからず

又　法

不《ふ》幸打續《こううちつゞ》きて開運《かいうん》せざる人は必ず鬼門《きもん》の方へ移轉《いてん》すべし鬼門丑寅の方は生門《せいもん》にして萬物生《ばんぶつせう》ずる所《ところ》なり殊《こと》に太陽光《ひかり》を東天に輝《かゞやか》し朝日《あさひ》爽《さはや》かに吹き渡《わた》るの位置《ゐち》なるを以て此方《このはう》に移轉《いてん》するときは必ず開運《かいうん》すべし然れども此方に永《なが》く住居《じゆうきよ》するは凶を招《まね》く必ず三年を出《い》でずして更《さら》に大吉方を撰《えら》み吉月吉日吉時に移轉《いてん》すべし

又　法

此符を常に首に掛くべし
富貴になる也

但し此の符を粗末《そまつ》にすべからず若し粗末《そまつ》になすときは却て貧困《ひんこん》に陥《おちい》るなり注意《ちうい》々々

○諸愛敬商買繁昌の法

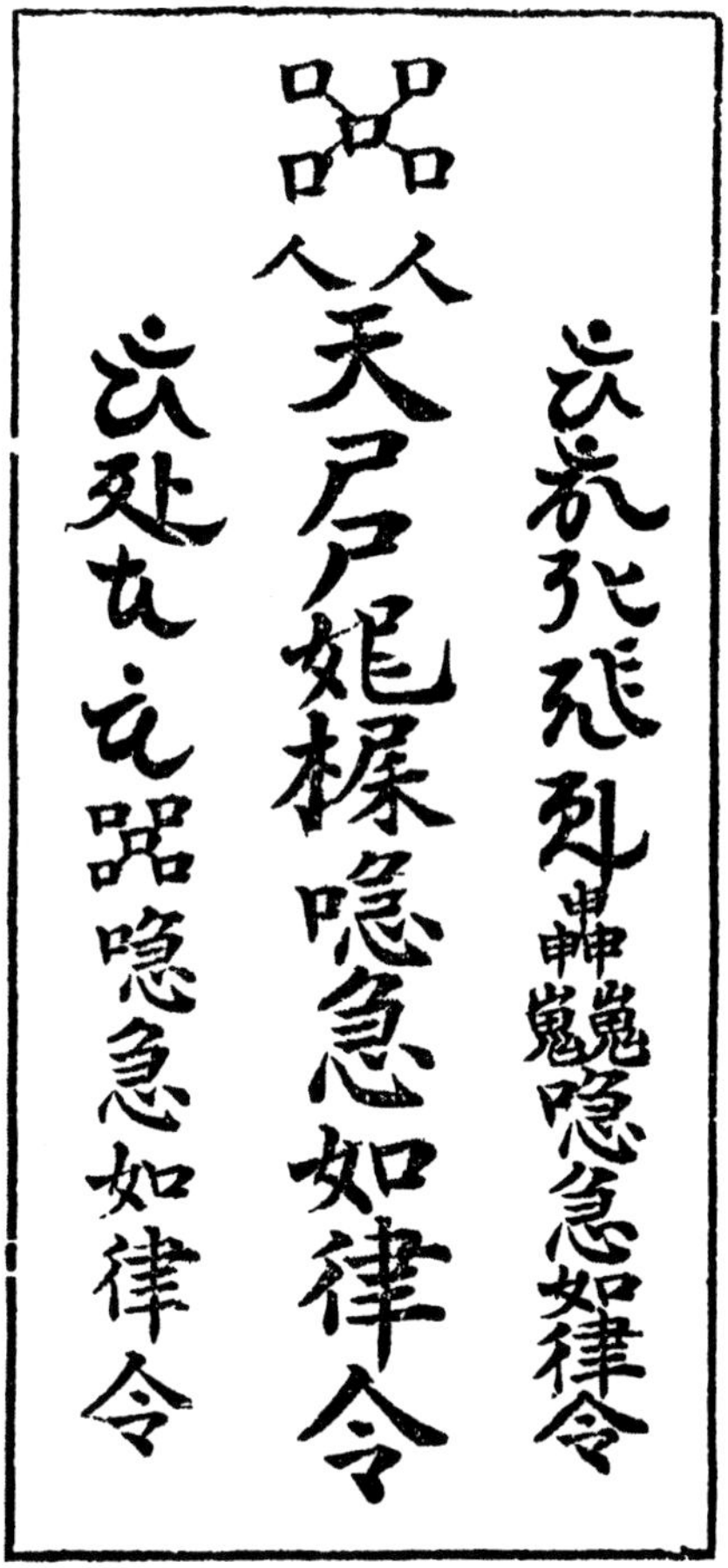

三福神

太田大神

大國主之命

思兼大神

右の符を認《したゝ》めて白紙《はくし》にて封《ふう》じ表裏の書方は試驗優等を得るの符に倣《なら》ひて認《したゝ》め之を門戸《もんこ》の天井《てんじやう》に符の頭《かしら》を巽《たつみ》に向けて針《はり》にて打付《うちつ》け置《お》くべし

○諸事契約の違はぬ秘傳

右の符を何事にても約束《やくそく》したる時《とき》に直《たゞち》に之を認《したゝ》めて首に掛くべし而して左の文を三返讀むべし

靈符秘妙《れいふひめう》　彼此契約《ひしけいやく》　不違寸分《ふゐすんぶん》

必成履行《ひつせいりかう》　上眞垂祐《じやうしんすゐいう》　此符靈驗《しふれいけん》

○婦人子を求むる秘傳

子《こ》の無《な》き婦《ふ》人《じん》は左《さ》の符《ふ》を晦日《みそか》毎《ごと》に心經《しんきやう》一千卷地《くわんぢ》藏《ざう》の呪《じゆ》千遍《べん》唱《とな》へて服《ふく》すべし

又常に

以上の如く書して符を調《ととの》ひ首《くび》に掛《か》くべし

又

枝垂柳《しだれやなぎ》の葉《は》を陰干《かげぼし》にして白湯《さゆ》にて婦人《ふじん》に呑《の》ませ其《そ》の後《ご》交接《かうせつ》するときは子を生むと妙《めう》なり但し右は粉《こ》にして用《もち》ゆべし

又秘法

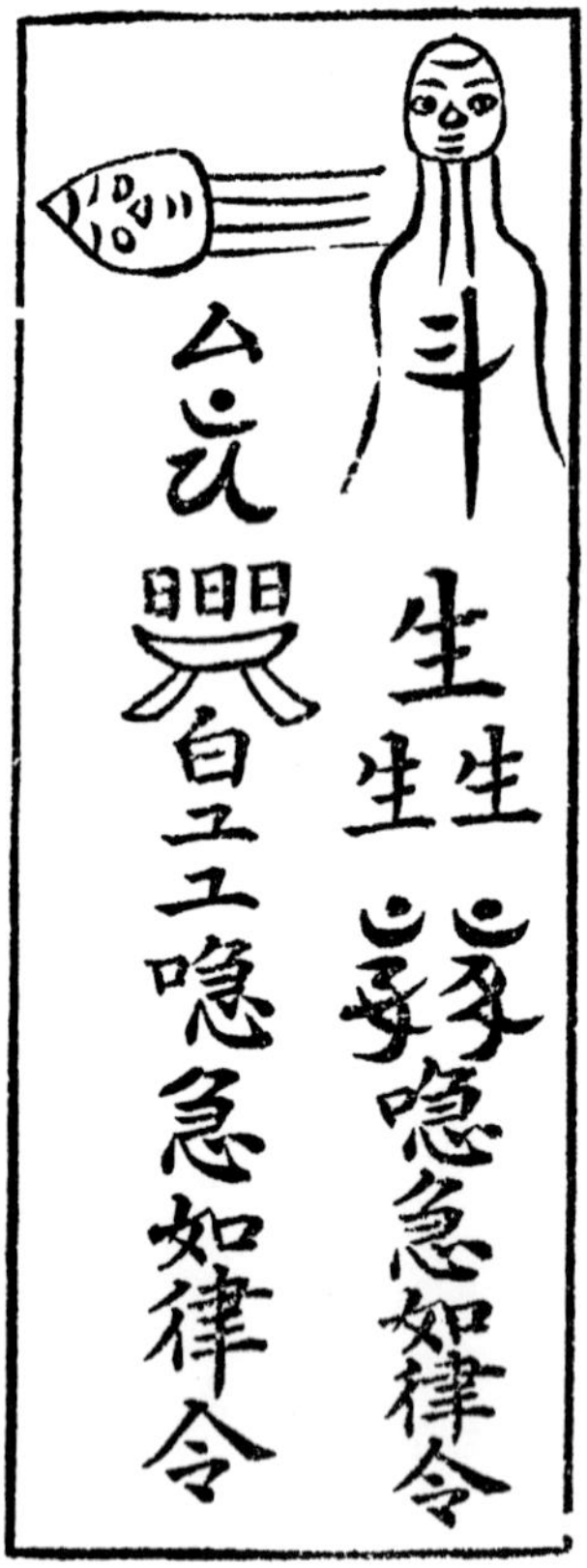

此符を常に懐中して能《よ》く〱祈念《きねん》すべし

○婦人難産の時呑む秘符

尸閙喼急如律令

右の符を薄《うす》き白紙に認《したゝ》め清水《せいする》にて呑《の》むべし

又

○神盗難除の法

上圖の如く赤紙と白紙にて折りて之れを呑ますべし

そわか
とつ犬しみん
中たつ

右の如く表《おもて》の方裏《うら》の方に向いて書《か》くヿ子をして唱《とな》ふるなり然るときは盗人《ぬすびと》忍《しの》び入るも物を取らず又留守宅《るすたく》に來《きた》りても物《もの》を取《と》らるゝ事《こと》なし實に奇妙《きめう》の法《はふ》にして秘中《ひちう》の秘《ひ》法《はふ》なり

又　法

寢《ね》る前《まへ》に大戸口の這入口《はいりぐち》の土間に主人《しゆじん》の下駄《げた》一足を外《そと》の方へ向《む》け其上に盥《たらひ》を伏《ふ》せ又其上に刄物《はもの》を外《そと》へ向けて置《お》くべし盗難《たうなん》を除《のぞ》く事《こと》妙《めう》なり

又左の呪歌《じゆか》を唱《とな》へて寢《ね》るも妙《めう》なり

呪歌に曰

さよふけてもしも音《おと》つるものあらば

ひきおどろかせ我《わが》まくら神《かみ》

○神傳盗難品を顯はす秘法

盗人《ぬすびと》を顯《あら》はすの法《はふ》として古人《こじん》の傳《つた》へたる妙法《めうはふ》にして而《し》かも能《よ》く之を行ふて其《その》靈《れい》

顯《けん》ありしと云ふは其年の歳《さい》徳《とく》神《じん》に供《そな》へたる昆《こん》布《ぶ》を黒《くろ》焼《やき》にして酒《さけ》の中《うち》に入れて其《その》酒《さけ》を疑《うたが》はしき人に飲《の》ましむべし盗《ぬす》みたる人は忽《たちま》ち頬《はう》腫《ふく》れるものなり

但し是は家《か》内《ない》にて物《もの》の失《う》せたる時《とき》に行《おこな》ふの法《はふ》なり而して此《こ》の法は妄《みだ》りに行《おこな》ふべきにあらず

又た家内に失《う》せ物《もの》ありしときは左《さ》の符《ふ》を白《はく》紙《し》に圖《づ》の如く書《しよ》して以《い》下《か》に示《しめ》すが如く祈《き》禱《たう》すべし

此《この》符《ふ》を書《しよ》して竈《かまど》の奥《おく》に立《た》てゝ眞《しん》言《ごん》陀《た》羅《ら》尼《に》を七《しち》返《へん》唱《とな》ふべし陀《た》羅《ら》尼《に》に曰く

曩《なう》莫《まく》三《さん》曼《まん》多《た》　縛《ば》日《さ》羅《ら》多《だ》　仙《せん》多《だ》摩《ま》訶《か》盧《ろ》舍《しや》多《た》耶《や》　蘇《そ》婆《は》多《た》羅《ら》耶《や》

吽《うん》多《た》羅《ら》多《た》　唅《かん》滿《まん》

右眞言《しんごん》を唱《とな》ふべし出《いづ》る事《こと》妙也《めうなり》

右二件は家内《かない》にて失《う》せたるを出《いだ》すの法《はふ》なり

△盗人入りたる跡に立つれば顕はるゝ法

右の如き符《ふ》を清《きよ》き木《き》札《ふだ》に書《しよ》して入《はい》りたる戸口《とぐち》の處《ところ》に建《た》て置《お》くときは盗人《ぬすびと》必ず顕《あら》はれ盗難品《たうなんひん》手元《てもと》に戻《もど》ること妙《めう》なり　但し疑心《ぎしん》あるべからず

△又法

右の符を清《きよ》き白紙《はくし》に認《したゝ》めて盗人《ぬすびと》の足跡《あしあと》に貼《は》るときは盗人顯はれ盗難品我手《わがて》に戻《もど》ること前法《ぜんぱふ》と變《かは》ることなし夢々《ゆめ〱》疑《うたが》ふべからず

○神傳雷除の禁厭呪咀秘傳

雷の落ちざる符の法

阿伽多《あかた》　東方可レ貼《はるべし》　刹帝魯《せつていろ》　南方可レ貼《はるべし》

須多光《しゆたくわう》　西方可レ貼《はるべし》　蘇陀摩尼《そたまに》　北方可レ貼《はるべし》

右の文字を白紙に書し家の四方の柱《はしら》に貼《は》り阿伽多刹帝魯須多光蘇陀摩尼《あかたせつていろしゆたくわうそたまに》と七遍唱《へんとな》ふべし

又法

龔芳舍

右の文字《もじ》を白紙《はくし》に書して天井《てんじやう》の眞中《まんなか》に貼《は》り而して左の咒文《じゆもん》を七遍唱《とな》ふべし

呪文曰

雷《らい》雲《うん》鼓《こ》掣《せい》電《でん》　降《かう》雹《へう》樹《じゆ》大《だい》雨《う》　念《ねん》彼《ひ》觀《くわん》音《おん》力《りき》　應《おう》時《じ》得《とく》消《せう》散《さん》

右の如く唱《とな》ふるときは落雷《らくらい》する事《こと》なし

又

法

大雷神	雲雷鼓掣電
南無大政威徳天神如律令	
大鬼神	降雹樹大雨

右の符を認《したゝ》め之を家の天井《てんじやう》の眞中《まんなか》に貼《は》るか又は懷中するときは雷《かみなり》を除《よ》くる事《こと》

實《じつ》に奇妙《きめう》なる神法《しんぱふ》なり

雷を恐るる人の恐れを止むる秘法

一人参《にんじん》　麥門冬《ばくもんとう》　各五分づゝ

一五味子《ごみし》　三分

右の二味を煎《せん》じて雷《らい》を恐《おそ》るゝ人に呑《の》ましむべし久《ひさ》しくして治《ち》し雷《らい》を恐るゝ事《こと》なきに至《いた》る妙術神傳《めうじゆつしんでん》の處方なり

又法

不醜

此二字を白紙に書して天井に押す

右の如くして十二燈明《とうめう》を供《そな》へ最《いつと》も火《ひ》を強《つよ》くする様《やう》燈心《とうしん》を搔立《かきた》つべし而《しか》して焼《しやう》香《かう》にても又は抹香《まつかう》にても強《つよ》く焼《た》くべし若《も》し野山《のやま》を歩《ある》く時は右の二字を懷中《くわいちう》して光明眞言《くわうめうしんごん》を唱《とな》ふるときは雷神《らいしん》の恐《おそ》れなく無《ぶ》難《なん》なり

光明眞言に曰く

おん　あほきや　べいろしやなうまかほたら　まに　はんとま

じんばら　はらはりたやうん

右《みぎ》歩《ある》きながら唱《とな》へ行《ゆ》くべし

○雷にて氣絶の人を甦す法

雷《らい》に觸《ふ》れ黑《くろ》く燻《くすぶ》りたるによりて死《し》したる如《ごと》くなりたるには早《はや》く其人《そのひと》を横《よこ》に臥《ふ》さしめ炬火《たいまつ》を點《とも》し其人《そのひと》に火氣《くわき》を中《あ》つべし其黑《そのくろ》み火氣《くわき》の中《あ》たるに從《したが》ひて黑《くろ》み去《さ》り甦《よみかへ》るなり若《も》し狼狽《らうばい》して少《すこ》しにても水《みづ》を掛《か》けるときは忽《たちま》ちにして死《し》するものなり能《よ》く心意《こゝろえ》置《を》くべし

又　法

過《あやま》りて電氣《でんき》に觸《ふ》れ或は落雷《らいらく》の爲《た》めに電擊《でんげき》を受《う》けたる時《じき》は速《すみや》かに清涼《せいれう》なる空氣《くうき》の流通《りゆつう》良《よ》き場所《ばしよ》に移《うつ》し衣服《いふく》を脱《ぬ》がしめ人工《じんこう》呼吸法《こきうはう》を施《ほどこ》し同時《どうじ》に酸素瓦斯《さんそがす》を吸入《きうにふ》せしむべし大抵《たいてい》は呼吸《こきう》回復《くわいふく》するものなり

（注　意）

電氣《でんき》に觸《ふ》れたるものを救護《きうご》するには豫《あらかじ》め注意《ちうい》せざれば救護者《きうごしや》も亦《また》電氣《でんき》に感染《かんせん》する事《こと》あるべし故に豫《あらかじ》め電氣《でんき》の不導体《ふだうたい》なる乾《かは》きたる絹布《けんぷ》或《あるひ》は護謨《ごむ》の

手袋《てぶくろ》にて手を包《つゝ》み感電者《かんでんしゃ》の身体《しんたい》を動《うご》かす様心掛《やうこゝろが》くべし

○神傳近火火災除の秘法

事林廣記《じりんくわうき》に曰く政和以來《せいわいらい》火災《くわさい》多《おほ》し故に民間《みんかん》に符《ふ》を用ひて門戸《もんこ》に貼《は》りしに火災忽《たちま》ちにして止《や》まりしと云へり其書呪《そのしよじゆ》に曰く

往宋名无忌知君是
火精大金輪王勅

此の符を調認《とゝのひしたゝ》め法《はふ》に隨《したが》ひ製《せい》して之を門戸《もんこ》に貼《は》るべし

又 法

近所に火災起《おこ》りし時は左の歌を書《か》き表口及裏口の戸に貼付《てんふ》すべし然るときは火《ひ》の子《こ》も來《きた》らずして無事安全《ぶじあんぜん》を得《う》るとなり

焼亡《しやうばう》は柿《かき》の本《もと》まで來《き》たれども
赤人《あかひと》なれば其處《そこ》で人丸《ひとまる》

又　法

鎭火草《ちんくわさう》（俗に辨慶草《べんけいさう》と云）此草を表口裏口の出入口《でいりぐち》に釣《つ》るし置《お》くときは火難《くわなん》を防《ふせ》ぐと云ふ而して此草は久しく釣《つ》り置《お》きても枯《か》れる事なし

又　法

火災の時は晝夜《ちうや》に限《かぎ》らず早速蠟燭《さつそくらうそく》に火《ひ》を點《とも》して試《こゝろ》みるべし

此處に青《あを》き火見《ひみ》えざれば火難に遇《あ》ふ兆《しるし》なる故に早く注意《ちうい》すべし古昔《むかし》より傳《つた》はりたる火難前知《くわなんぜんち》の秘法《ひはふ》なり

又　法

手の大指《おほゆび》より無名指《くすりゆび》までを地水火風と定め小指《こゆび》を正月として大指より二月次を三月次を四月次を五月とだん〳〵数《かぞ》へ次の小指を六月と順次《じゆんじ》にくるべし而して五月の時《とき》其月《そのつき》の注意日《ちういひ》を知《し》らんと欲《ほつ》せば小指を一日とし大指を二日とし順次《じゆんじ》に繰《く》るべし而して此《この》火《ひ》に當《あた》りたる日は用心《ようじん》すべし（以下皆之れに準《じゆん》すべし）

左に圖《づ》を示すべし

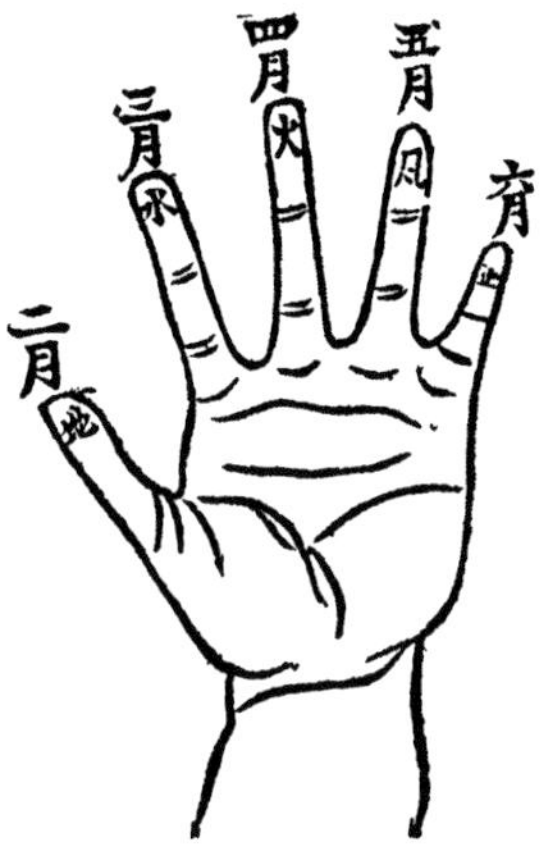

○逃走の人を足留する秘傳

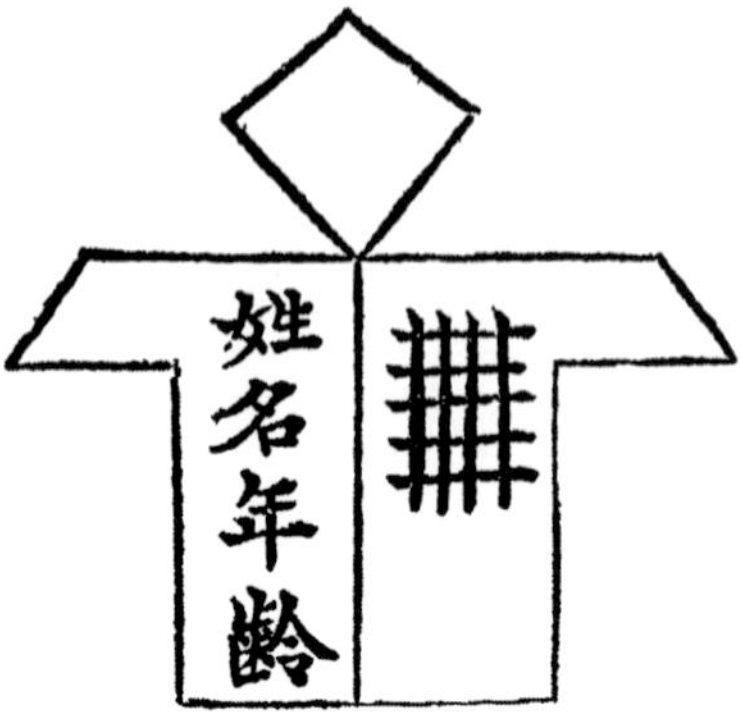

右の符を認め猿田《さるだ》彦大《ひこのおほ》神《かみ》を祈《き》念《ねん》し左《さ》の歌《うた》を讀可《よむべ》し

くりよせてその行《ゆ》くやらん此里《このさと》へ
今ぞ皈《かへ》りき伊勢《いせ》の神垣《かみがき》

西《にし》東《ひがし》北《きた》南《みなみ》にも未《ひつじ》申《さる》
戌《いぬ》亥《い》丑《うし》寅《とら》辰《たつ》巳《み》のがさん

又法

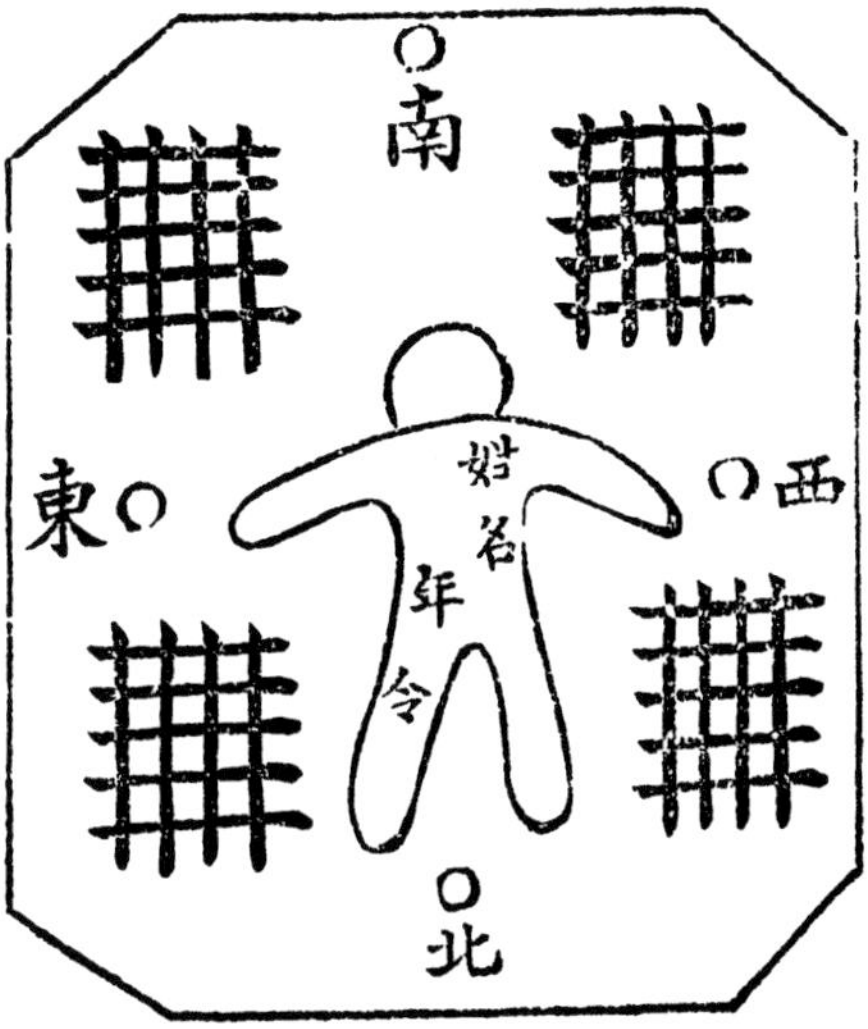

上圖《じやうづ》の如《ごと》く書《しよ》して

○印の所へ釘《くぎ》を打《う》つべし

又法

左《さ》の歌《うた》を紙《かみ》二枚に書《か》き其家《そのいへ》の荒神《くわうじん》へ供《そな》へ一枚を荒神棚《くわうじんたな》に逆《さか》さに貼付《てうふ》し一枚は走りたる人の食碗《しよくわん》に入れ伏《ふ》せて其上《そのうへ》に鯨《くじら》の一尺さしを載《の》せ置《お》くべし

歌に曰

行《ゆ》く道《みち》は父《ちゝ》と母《はゝ》との道《みち》なれば
ゆく道《みち》とめよ此道《このみち》の神《かみ》

○走人の皈る呪咀秘傳

上圖の如く書《か》き祈念《きねん》して其走人《そのはしりびと》の寢所《しんじよ》の疊《たゝみ》の下《した》に頭《かしら》を北《きた》に向《むけ》て入れ賦《ふ》の字《じ》の點《てん》を其上《そのうへ》に打つべし

又　法

走《はし》りたる人の平常《へいぜい》着《ちやく》したる衣服《いふく》或《あるひ》は帶《おび》を取《と》り紙《かみ》に磁石《じしやく》を包《つゝ》み衣服或は帶にてくくり井戸の中水際《みづきは》より三尺の處《ところ》に掛置《かけお》くときは其人《そのひと》即ち返《かへ》るなり

又　法

走《はし》りたる人の草履《ざうり》又は下駄《げた》を竈《かまど》の前《まへ》に置《お》き針《はり》を打《う》ちて左の歌《うた》を唱《とな》ふべし歸《かへ》る事《こと》奇妙《きめう》なり

歌に曰く

素盞嗚命《すさのをのみこと》のかけし縄目《なわめ》に

次第《しだい》〱にすきまなく引《ひ》つける

○男女仲悪しく離別の呪咀

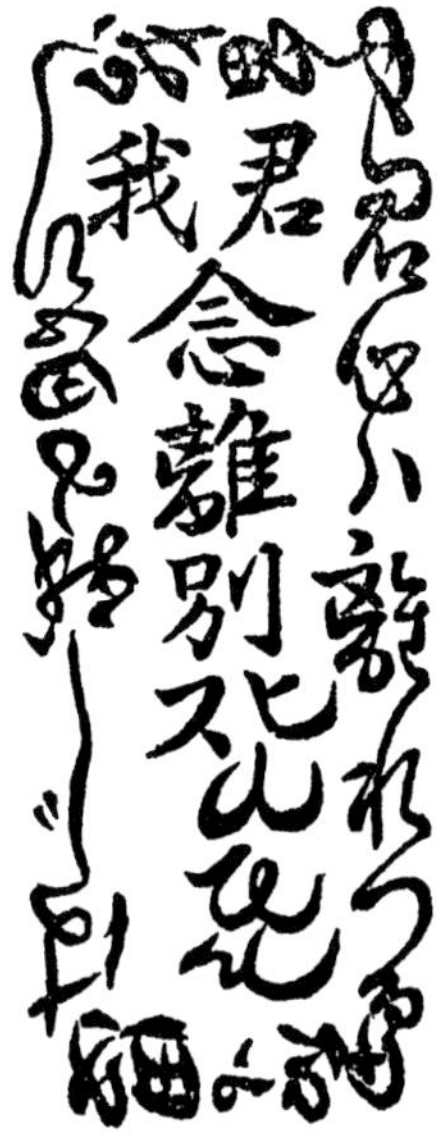

右の符を包みたる表裏の書き方

(男之分)

表

裏

(右に包む)

（女之分）

表

裏

（左に包む）

右の符《ふ》を認《したゝ》むるには硯《すゞり》の水の一《いち》の川《かは》の二《ふた》つに分《わか》れて流《なが》るゝ水《みづ》にて書《か》くべし墨に茗荷《めうが》又《また》山鳥《やまどり》の羽《は》を黒焼《くろやき》にして混《こん》すべし此符《このふ》を包《つゝ》むには糊《のり》を用《もち》ゆべからず又茗荷、山鳥の羽を符《ふ》に添《そ》へて包《つゝ》むべし而して此の符《ふ》を鏡臺《きやうだい》か又は度々《たび〳〵》出入《でいり》する所《ところ》の敷居《しきゐ》の下に挿《はさ》むべし

加持には觀音經《くわんおんけう》十三巻　心經《しんけう》九巻　月《つき》に七日づゝ修《しう》すべし夢々《ゆめ〳〵》人《ひと》に見《み》らるゝことなかれ

又法

此符を認め對手《あひて》に見《み》られざる樣枕《まくら》の中《うち》に入置《いれお》くべし包《つゝ》む事《こと》及び表裏《おもてうら》の書方《かきかた》は前《まへ》と同《おな》し

又男の手を離れんと思ふ女の守

右の符を認め男に覺《さと》られざる樣《やう》首《くび》に掛《か》くべし而して其掛け樣《やう》は首《くび》より右の脇《わき》の下《した》にハスに掛《か》くるなり

又男を遁れんと思ふとき呑む符

右の符を薄《うす》き紙《かみ》に認《したゝ》め清水《せいすい》にて呑むべし

○互に思ふ情を通ずる秘傳

戸田鬼 日日日　喼急如律令

右の符を其歳の惠方《ゑはう》に向つて之を白紙に認《したゝ》め平常枕《へいせいまくら》の下に入置《いれお》くべし必ず思《おもひ》を達《たつ》すること妙《めう》なり而して毎夜臥《ね》る時《とき》左の歌《うた》を三返宛《づゝ》唱《とな》ふべし

歌に曰

虎《とら》と見《み》て石《いし》に立つ矢《や》のためしあり
　　なとが思《おも》ひの通《とほ》らざらまじ

又　法

百日の中毎日怠《おこた》りなく早朝百遍づゝ左の歌《うた》を讀《よ》むべし

歌に曰
宵《よひ》の間《ま》や都《みやこ》の空《そら》に住《すみ》もせん
心盡《こゝろづく》しにありあけの月《つき》
殊に我が思ふことを心中《しんちう》に念《ねん》ずれば百日の中には必《かなら》ず念願成就《ねんぐわんじやうじゆ》すること疑《うたがひ》なし
夢疑心《ゆめぎしん》あるべからず

○眞言秘密不動金縛の法

先　護身神法《ごしんしんはふ》　如常
次　拍手再拜
次　不動經を讀《よ》む
次　九字の大事
次　轉法輪《てんぱふりん》の印にて左の神歌を唱ふ

ゆるくともよもや許《ゆる》さず縛《しば》りなわ
不《ふ》動《どう》の心《こゝろ》あるに限《かぎ》らん

次

東方降《がう》三《さん》世《ぜ》夜《や》叉《しや》王《わう》　西方大《たい》威《い》徳《とく》夜《や》叉《しや》王《わう》
南方軍《ぐん》多《た》利《り》夜《や》叉《しや》王《わう》　北方金《こん》剛《ごう》夜《や》叉《しや》明《めう》王《わう》
中央大《だい》日《にち》大《たい》聖《せい》不《ふ》動《どう》明《めう》王《わう》
右を縛《ばく》の印にて讀《よ》み上ぐべし

次　眞言

ヲンビンビシ　カラカラ
シバリ　ソワカ　五返唱ふべじ

法を戻す事

年《とし》を經《へ》て身《み》妨《さまた》ぐる荒《あら》神《かみ》も
皆《みな》立《たち》去《さ》りて千《ち》代《よ》と見《み》せる

右の歌を三返唱ふべし
又九字の大事《だいじ》は前章《ぜんしやう》神傳《しんでん》兵法《へうはふ》九字《くじ》切《きり》の大事《だいじ》の項《かう》に就て熟知《じゆくち》せらるべし左に不動七縛《しばり》の印《いん》を示《しめ》すべし

不動金縛之秘傳 不動七縛印

曩《なう》莫《まく》三《さん》曼《まん》多《だ》縛《ば》日《さ》羅《ら》多《だ》
仙《せん》多《た》摩《ま》訶《か》盧《ろ》舍《しや》多《た》耶《や》蘇《そ》婆《は》多
羅《ら》耶《や》吽《うん》多《た》羅《ら》多《た》唅《かん》滿《まん》

内縛印

剱印

唵《をん》枳《き》哩《り》枳《き》哩《り》

刃印

唵《をん》枳《き》咀《り》枳《き》哩《り》

轉法輪印

曩《なう》莫《まく》三《さん》曼《まん》多《だ》縛《は》日《ら》羅《さ》多《た》
仙《せん》多《だ》摩《ま》訶《か》盧《ろ》舍《しや》耶《や》多《た》耶《や》蘇《そ》嚩《は》多
羅《ら》耶《や》吽《うん》多《た》羅《ら》多《た》唅《かん》滿《まん》

外悟鈷印

不動
大眞言

諸天救勅

唵《おん》枳《き》哩《り》吽《うん》佉《きや》倶《く》吽《うん》

外縛印

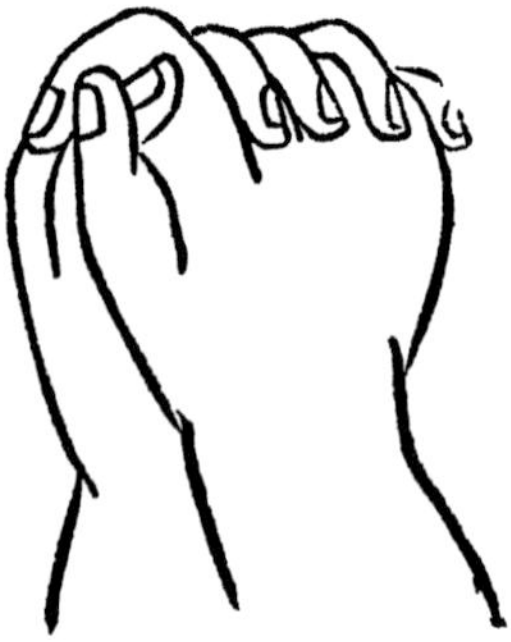

曩《なう》莫《まく》三《さん》曼《まん》多《だ》縛《ば》日《さ》羅《ら》多《だ》
仙《せん》多《た》摩《ま》訶《か》盧《ろ》舍《しや》多《た》耶《や》蘇《そ》婆《は》多《た》
羅《ら》耶《や》吽《うん》多《た》羅《ら》多《た》唅《かん》滿《まん》

右を不動の七縛《なゝしばり》とす秘《ひ》中《ちう》の秘《ひ》なり忽《ゆるかせ》にすべからず

○神傳六算除の禁厭秘法

經《けう》文《もん》信《しん》心《じん》次《し》第《だい》

左の歌《うた》を唱《とな》ふべし

千《ち》早《はや》振《ふる》神《かみ》の崇《たゝ》りを身《み》に受《う》けて
　六《ろく》算《さん》除《よ》けて身《み》こそかなへる

西《にし》の海《うみ》大《おは》海《うな》原《はら》の沖《おき》の瀨《せ》は
　六算拂《はら》へ荒《あら》いその浪《なみ》

祓《はらひ》には荒《あら》拂《ふる》神《かみ》の宿《やど》らねば
　諸《しよ》病《びやう》こそともにけしめる

又

アラビウンケンソワカ　　三遍唱ふ

又

ヲンコロコロセンダリマトウギソワカ

チンボタロシニヤソワカ

ヲンロケイジンバラキリイソワカ

ヲンベイシラマンダラヤソワカ

ヲンキリガクソワカ

右の眞《しん》言《ごん》を三遍唱《とな》へて幣《へい》にて摩《さす》り此《こ》の幣《へい》を河又《かはまた》は海《うみ》に流《なが》すべし

又左に六算《ろくさん》の障《さは》りを知《し》るの歌《うた》を記す

九は頭《かしら》　五七の肩《かた》に　六二脇《わき》

四腹《はら》　八つ股《また》　一三の足《あし》

右の歌にて障《さは》りある所《ところ》を知《し》るべし

又男は

一歳　左足《ひだりあし》　二歳　臍《へそ》の下《した》　三歳　右足《みぎあし》

又女は

四歳　上《うは》腹《はら》　五歳　右《みぎ》の手《て》　六歳　脇《わき》腹《はら》
七歳　左手《ひだりのて》　八歳　股《また》　九歳　頭《かしら》
一歳　右《みぎ》足《あし》　二歳　臍《へそ》の下《した》　三歳　左《ひだり》足《あし》
四歳　上《うは》腹《はら》　五歳　左《ひだり》の手《て》　六歳　脇《わき》腹《はら》
七歳　右《みぎ》手《て》　八歳　股《また》　九歳　頭《かしら》

右の如くにして凡《すべ》て十は拂《はら》ふて之を知《し》る也

○小兒虫封じ万禁厭法

右《みぎ》の如く書《しよ》して之を五《いつ》つに折《を》り虫《むし》と云ふ字《じ》を表《おもて》に出《いだ》して虫の頭《かしら》に當る所《ところ》を針《はり》にて巽《たつみ》に向《むけ》て柱《はしら》に三《みつ》打《う》ちして之《これ》を打付《うちつ》くべし

又法

喼急如律令

右の符《ふ》を認《したゝ》め天地《てんち》玄妙《げんめう》行《げよ》神《しん》變《ぺん》通力《つうりよく》と唱《とな》へて小兒《せうに》の胸《むね》及び左右《さいう》の手《て》を摩《ま》し然る後に之を清潔《せいけつ》なる紙《かみ》に封《ふう》じ表《おもて》に虫封《むしふう》じと書《しよ》し裏《うら》には左《さ》の如く書《しよ》して之を柱《はしら》に打付《うちつ》くべし

如此表に書く可し

○脚氣全治の呪咀秘傳

脚氣《かつけ》病《びやう》の呪咀《じゆそ》を行《おこな》ふには其原因《そのげんいん》を知《し》らされば能《あた》はず然れども此病《このやまひ》に付《つい》ては今日《こんにち》未《いま》だ種々《しゆぐ》の説《せつ》ありて其確《そのかく》たる定論《ていろん》を聞《き》かず或人《あるひと》は之を黴菌《ばいきん》と云《い》ひ或人《あるひと》は之《これ》を米《べい》毒《どく》と云ひ或人《あるひと》は之を魚肉《ぎよにく》の中毒《ちうどく》となし或人《あるひと》は之を營養《えいやう》の障害《しやうがい》に起因《きいん》するものとなし殆《ほと》んと之れを究《きは》むるに苦《くる》しむも概《がい》して其《そ》の起因《きいん》する所《ところ》のものは夏秋《かしう》の交食《こうしよく》慾頓《よくにはか》に進《すゝ》むの候《こう》に多く發《はつ》し畢竟《ひつきやう》未詳《みしやう》の病毒《びやうどく》によりて筋肉《きんにく》を侵《おか》さるゝに依《よ》るものなるも多くは食物の不《ふ》消化《しやうくわ》より便通《べんつう》の調利《てうり》を欠《か》き爲《た》めに其混同《そのこんどう》せし病毒《びやうどく》の中毒《ちうどく》に外《ほか》ならざるものなれば今《いま》呪咀《じゆそ》の前に之が豫防《よばう》及び攝生《せつせい》の概要《がいえう》を記《き》すべし

豫防法

該病《がいびやう》の豫防法《よばうはふ》としては左の事項《じかう》を固《かた》く遵守《じゆんしゆ》して之を實行《じつかう》すべし

イ　脚氣《かつけ》は空氣流通《くうきりうつう》の不《ふ》良土地《りやうとち》の濕潤《しつじゆん》等《とう》によりて發するもの多し故に攝生法《せつせいはふ》の一としては可成的《なるべくてき》人衆《じんしう》の集合《しうがう》する處《ところ》及び不潔《ふけつ》なる土地《とち》を避《さ》くべし

ロ　米飯《べいはん》の如き蛋白質《たんぱくしつ》の乏しき食物を用ゆるときは脚氣に罹《かゝ》り易《やす》きを以て成《たる》べく麥飯《むぎめし》バン小豆《あづき》等の如きものを主食《しゆしよく》とし特《こと》に流行地にありては注意《ちうい》すべし

ハ　營養不充分《えいやうふじうぶん》なるときは從《したが》つて身体《しんたい》の箇所《かしよ》に支障《ししやう》を生《せう》ずるを以て脚氣病《かつけびやう》に襲《おそ》はれ易《やす》きものなれば過勞寒冒《くわらうかんぼう》を防《ふせ》ぐべし

ニ　脚氣《かつけ》に罹《かゝ》りたるときは山間《さんかん》の高燥《かうそう》なる空氣清良《くうきせいりやう》の土地に轉地《てんち》するを良策《りやうさく》とす

ホ　胃腸《ゐちやう》の不良便秘《べんぴ》等は脚氣を惹起《じやくき》する原因《げんいん》となるを以て務《つと》めて不消化物即ち筋《すぢ》多き野菜天麩羅《やさいてんぷら》氷水を禁《きん》じ便通《べんつう》を調《とゝの》ふべし

右は豫防法《よぼうはふ》の大要《たいえう》とす其餘《そのよ》は各自《かくじ》の健康如何《けんこういかん》に注意《ちうい》し斟酌《しんしやく》して豫防法を行ふべし而して呪咀法《じゆそはふ》は左に掲《かゝ》ぐべし

呪　咀

四月八日に八日花の下《した》に新《あたら》しき草鞋《わらじ》を一足紙《いつそくかみ》に包《つゝ》み水引を掛《か》け日天樣何歳《につてんさまなんさい》の男（女なれば女）と記し天《てん》に供《そな》へ脚氣を病《や》まざる樣祈念《きねん》し更《さら》に八日過《す》ぎて川へ流《なが》す

べし脚氣治《ち》する事《こと》奇《き》妙《めう》なり夢々《ゆめ〳〵》疑《うたが》ふべからず

又　法

脚氣に罹《かゝり》たる人の雪駄《せつた》の裏金《うらがね》を人通《ひとどほ》り多き處《ところ》の南向《みなみむき》の石垣《いしがき》のすき間に人に見《み》られざる様に堅《かた》く挾《さしはさ》みて置《お》くときは必ず靈驗《れいげん》ありて脚氣《かつけ》直《たゞ》ちに治癒《ちゆ》すること奇妙《きめう》なり

又醫術上《いじゆつじやう》の普通藥品《ふつうやくひん》としては左の處方《しよはう》によりて之れを内服《ないふく》すべし

稀鹽酸《きえんさん》　一、〇

硫酸麻苦涅失亞《りうさんまぐねしや》　二〇、〇

橙皮丁幾《とうひちんき》　二、〇

蒸溜水《じやうりうすゐ》　八〇、〇

右一日三回に之れを分服《ぶんぷく》すべし

○虫歯の痛全治の禁厭法

歯《は》痛《いたみ》を止《とゞ》むるには白紙《はくし》に指《ゆび》の大《おほ》きさ程《ほど》に呪《まじなひ》を書したゝんで七重《なゝへ》にし釘《くぎ》にて虫と云ふ字の頭《かしら》を柱《はしら》の高《たか》き處《ところ》に打付《うちつけ》て置《お》き又其呪《そのじゆ》を七遍唱ふべし直に治すべし

其呪曰

虫是江南虫《むしはこれこうなんのむし》　郤來喰我歯《しりぞききたりてわがはをくらう》

釘在椽頭上《くぎえんとうのうへにあり》　永世不還家《えいせいいへにかへらず》

右の如く白紙には二行に書すべし

又　法

右の符《ふ》を白紙に認《したゝ》め痛《いた》む歯《は》に挾《はさ》むべし

又　法

此法は歯《は》痛《いた》む人《ひと》の足《あし》にて白紙の眞中《まんなか》を踏《ふ》ましめ墨《すみ》にて足の形《かたち》を取《と》り其紙《そのかみ》を竪《たて》三つ横七《なゝ》つに疊み表に

圖の如く書し痛《いた》み歯《は》のある方の手《て》の中に堅《かた》く握《にぎ》りて

日《ひ》の出《で》日《ひ》の入《いり》波《は》留《る》邊《べ》由《ゆ》良《ら》〳〵々々

と唱へつゝ右の頬《ほう》を打《う》ち又左の頬《ほう》を打《う》ち又右左右《みぎひだりみぎ》にて止《と》めて顔《かほ》一圓に○を空書《くうしよ》し左の神歌《しんか》を讀《よ》むべし

うつきには巽《たつみ》の山《やま》の谷《たに》かつら
本《もと》たち切《き》れは葉《は》もかるゝらん

香具山《かぐやま》の木《こ》の葉《は》を喰《くら》ふ虫《むし》あらば
皆《みな》さし殺《ころ》せよろづ代《よ》の神《かみ》

此《この》神歌《しんか》を唱《とな》へ疊《たゝ》みたる符《ふ》の中心《ちうしん》を釘《くぎ》にて竈《かまど》のある所の柱《はしら》に齒痛《はいた》む人の年《とし》の數程《かずほど》打ち付くべし齒《は》の痛《いた》み止《とゞま》りたる時《とき》は釘《くぎ》を拔《ぬ》き其《そ》の符《ふ》を極《ご》く小《ちい》さく丸《まる》めて雨垂落《あまだれおち》の處へ埋《うづ》め本人《ほんにん》の足《あし》にて之を固《かた》く踏《ふみ》付けて置《お》くべし

又醫術上《いじゆつじやう》の齒痛應急藥品《はいたみおうきうやくひん》としては左の藥を用《もち》ゆるも可《か》なり

一　ケレヲソート

右藥品《みぎやくひん》を綿《わた》に浸《ひた》し朽孔《きうこう》に挿入《さうにう》すべし

二　コカイン　〇、一

（樟腦）（泡水コロラル）各五、〇

右を水數滴《みづすうてき》に混《こん》じ流動体《りうどうたい》として綿《わた》に涵《ひた》して挿入《さうにう》するも亦功《またかう》ありとす

其他安知必林《そのたあんちぴりん》　メントール何《いづ》れも結晶《けつしやう》の儘《まゝ》朽孔《きうこう》に挿入《さうにう》するも亦大《またおほい》に良《よ》し

又外用藥としては

濃厚《のうこつ》石炭酸《せきたんさん》

泡水コロラル

右二品等分《とうぶん》に混同《こんどう》して外用《ぐわいよう》とするも良《よ》し

○小兒寢小便全治の秘傳

寢小便《ねせうべん》は小兒時の疾病《しつぺい》にして二歳位より十歳位の間に最も多《おほ》し然れども大抵《たいてい》は年《とし》を經《ふ》るに從《したが》ふて消失《せつしつ》するものなれども時に或は春情發動期《しゆんじやうはつどうき》(二十歳未滿)に至るも尚且《なほか》つ消失せずして爲めに病者をして餘計《よけい》の苦惱《くのう》を起《おこ》さしめ他病を惹起《ひきおこ》すの原因《げんいん》となるもの少《すく》なからず故に左に之れが重《おも》なる原因《げんいん》となるの事項《じかう》を述《の》べ併《あは》せて養生法《やうじやうはふ》を記《しる》し更に末項《まつかう》に之れが呪咀《じゆそ》を記《しる》して以て斯病《しびやう》に苦《くる》しむ人の爲めに一大光明《くわうめう》を與《あた》ふべし

△原　因

該病《がいびやう》の原因《げんいん》となすべきもの多《おほ》くの場合《ばあひ》に於て不明《ふめい》に屬《ぞく》すと雖《いへど》も重《おも》に幼時《えうじ》習慣《しふくわん》の

不良《ふりやう》なるによりて來《きた》るものなれども或《あるひ》は飲食物《いんしよくぶつ》の攝生不完全《ふくわんぜん》なる爲めにも來《きた》る事ありて其他《そのた》原因《げんいん》ともなるべきものは手婬《しゆいん》陰部《いんぶ》の炎症《えんしやう》腎臟《じんざう》病《びやう》等より起《おこ》ることありとす故《ゆゑ》に小兒《せうに》時の習慣《しゆうくわん》は宜《よろ》しく不良ならしむべからず概《がい》して以上《いじやう》に記《しる》したる原《げん》因《いん》に外《ほか》ならず今其の豫《よ》防《ばう》及び養生法《やうじやうはふ》を記述《きじゆつ》すべし

△豫防及び養生法

一　仰臥《げうぐわ》は遺尿《ゐねう》を來《きた》し易《やす》きを以て成《な》るべく側臥《そくぐわ》せしむべし

二　被衾《ひきん》は厚《あつ》くして溫《あたゝか》きものは害《がい》あり固《かた》き蒲團《ふとん》と薄《うす》き夜具《やぐ》を被《かふむ》らしむるを宜《よ》しとす

三　夕食《ゆつしよく》二時間以上經《へ》ざれば寢《しん》に付《つ》かしめず且《か》つ夕食《ゆうしよく》には多《おほ》く菓物《くだもの》湯茶《ゆちや》コーヒー等の飲用《いんよう》を禁《きん》すべし

四　成《な》るべく晝夜《ちうや》とも一定の時間に放尿《はうねう》せしめ殊《こと》に就蓐《しうじよく》前《まへ》に一回就眠《しうみん》後一時間を經《へ》て更《さら》に一回放尿《はうねう》せしむべし

右は其大樣《たいやう》を示《しめ》したるものなるを以て餘《よ》は各自《かくじ》注意《ちうい》を要すべし

△治療法

寝小便の治療法《ちりやうはう》は先《ま》づ以上《いじやう》に記《しる》したる原因《げんいん》に鑑《かんか》みて之れに適當《てきたう》の治療《ちりやう》を施《ほどこ》すべきこと最《もつと》も必要《ひつえう》なりとす而して平常《へいじやう》の食物《しよくもつ》は成《なる》べく消化《しやうくわ》し易《やす》き物《もの》を與《あた》へ不消化《ふしやうくわ》物《よつ》は禁《きん》すべし又精神的療法《せいしんてきりやうはう》を行《おこな》ひ患者《くわんじや》をして注意《ちうい》を起《おこ》さしむべし又就眠《しうみん》に前《さきだ》ちて冷水《れいすい》の全身《ぜんしん》摩擦《まさつ》を行ふときは大に効《かう》あり又冷水浴《れいすいよく》を毎日《まいにち》反復《はんぷく》勵行《れいかう》するときは遺尿病者《いねうびやうしや》百人中九十人迄は此法《このはふ》によりて全治《ぜんぢ》する者《もの》にして是れ醫術上實驗法《いじゆつじやうじつけんはふ》にして最《もつと》も簡易《かんい》にして効《かう》の大《おほひ》なる法《はふ》なり若し斯病《このやまひ》に難《なや》む人あらば速《すみや》かに之れを試《こゝろ》みらるべし

△又法

雞《にはとり》の腸《はらわた》を黑燒《くろやき》にし白湯《さゆ》にて用《もち》ゆべし又《また》益知《えきち》を散藥《さんやく》にして鹽湯《しほゆ》にて用《もち》ゆるも効《かう》あり又《また》卑解《ひげ》一味を煎《せん》じて服《ふく》するもよし以上の處方《しよはう》は至《いた》つて効《かう》あるの妙法《めうはふ》なり

△呪咀

半紙一折《ひとおり》を寝莛《ねござ》の下に敷《し》きて寝《ね》させ遺尿《いねう》にて汚《よご》れたるを黑燒《くろやき》にして之を粉《こ》とし

て糊《のり》或《あるひ》は鬢附油《びんつけ》にて適度《てきど》に煉《ね》り之を病者の臍《へそ》に貼《は》るべし治《ち》すること妙《めう》なり

○小兒夜啼を止むるの禁厭法

右の符を白紙《はくし》に認《したゝ》め小兒の左右《さいう》の掌《てのひら》に貼《は》るべし

又 法

右の符を認めて之を小兒《せうに》の枕《まくら》に貼《は》るべし

又　法

揆火揆火杖君作神将捉善
夜啼鬼打殺莫要敬
喼急如律令

右の符を柴《しば》一本四五寸に切《き》りて面《おもて》を平《たいら》にし朱《しゅ》にて書《か》き之れを小兒《せうに》の額《ひたひ》に貼《は》るべし

又　法

小兒《せうに》の臍《へそ》の下《した》に田《た》の字を書《か》き置《お》けば止《や》む事《こと》妙《めう》なり

又　法

此符を白紙《はくし》に認《したゝ》め柱《はしら》に貼《は》り置けば夜《よ》啼《なき》止《と》まること妙《めう》なり

又　法

鬼《おに》と云ふ字を朱《しゆ》にて左右《さいう》の目《め》の下《した》に書《か》き左の歌《うた》を唱《とな》ふべし

歌に曰く

いもが子《こ》ははらばう頃《ころ》になりにけり
　きよもりとてやしないにせよ
夜啼《よなき》するたゞもりたてよ末《すゑ》の代《よ》に
　きよくさかへる事《こと》もあるべし

又　法

犬《いぬ》の毛《け》を絳《もみ》の袋《ふくろ》に入《い》れて小兒《せうに》の背《せ》の上《うへ》に掛《か》けて置《お》くべし是又實《これまたじつ》に奇妙《きめう》なり

○小兒虫取の秘傳

蛀

此字を男兒《だんじ》なれば左《ひだり》女兒《ぢよじ》なれば右《みぎ》の掌《てのひら》より始《はじ》め兩手《りやうて》に書《か》きて左《さ》の如くすべし

右の如く書《しよ》したる字《じ》の虫《むし》へんの上《うへ》より右廻《みぎまは》りに三度輪《わ》を書《か》き之れを黒《くろ》く塗消《ぬりけ》し咒《まじ》なふべし然るときは爪先《つまさき》より糸《いと》の如《ごと》き筋出《すぢい》づるなり

又　法

（虫　出）又は（虫　國）

右の如く何《いづ》れにてもよし之を前《まへ》の咒《まじな》ひの如くにして咒《まじな》ひて左の文を讀《よ》むときは虫《むし》出《い》づること妙《めう》なり

文　曰

急急《きう〳〵》嚴之《いつの》御《み》魂《たま》を幸《さいは》ひ賜《たま》ひ

之れを三度唱《とな》ふべし

又右を小兒《せうに》の額《ひたひ》に書《か》きてもよろし

○小兒絶死を甦らす法

小兒の目を見詰《みつ》め又は目《め》を廻《ま》はして絶死《せつし》せんとして氣附《きつ》かざる時《とき》には左《さ》の法《はふ》を

用《もち》ゆべし

五八霜（まむしの事なり）

右の粉《こ》を漆《うるし》にて丸《ぐわん》し用ゆべし即効《そくかう》あり

○眼病を全治する禁厭

イ　ロ
イ唸急如律令

日子　日子
唸急如律令

右の符《ふ》を白紙《はくし》に認《したゝ》め二つとも一度《いちど》に清水《せいすい》にて呑《の》むべし治する事妙《めう》なり

又目《め》俄《には》かに赤《あか》くなりたるには生姜《せうが》の絞《しぼ》り汁《しる》を少量目に差《さ》すべし直ちに治すなり

又　法

燈心《とうしん》を一寸に切《き》りて十二本調《とゝの》へ置《お》き早朝東方に向つて天照大神《てんせうだいじん》月讀神《つきよみのかみ》に祈念《きねん》し一厘錢(文錢に限)の穴《あな》より燈心《とうしん》一本宛《づゝ》を持《もち》て日の光《ひかり》を受《う》け次に眼《め》を摩《さ》するまねすると十二度にして此の燈心《とうしん》を火にて燒《や》くときはパチ〳〵と音《おと》するなり若《も》し音《おと》せざれば再《ふたゝ》び之を行《おこな》ふべし而して之を行ふときは左の歌《うた》を誦《よ》むべし

歌　日

朝日《あさひ》さす夕日《ゆうひ》かゞやく唐蓬《からよもぎ》
　　よそへちらさでこゝで枯《から》さん

△又《また》目《め》に物《もの》の入《い》りたるときは柚子《ゆず》の種《たね》を黒燒《くろやき》にして舌の上に置《お》くときは其儘《そのまゝ》出づること妙《めう》なり

△又逆《さか》まつ毛《げ》には虱《しらみ》の身《み》の中にある黒《くろ》き所《ところ》の腸《はらはた》を取《と》り逆《さか》まつ毛《げ》を拔《ぬ》きたる跡《あと》に右の血《ち》を細《ほそ》きものにてさすべし能《よ》く治《ち》すること妙《めう》なり

△流行眼を治する咒咀

間《ま》柱《はしら》のなき一間《ひはま》の壁《かべ》へ兩手《りやうて》を廣《ひろ》け抱《だ》き付病眼《やみめ》の方の手《て》の中指《なかゆび》の傍《わき》に七火《なゝひ》灸《きう》すべし治《ち》するを實《じつ》に奇妙《きめう》なる秘法《ひはふ》なり

以上は皆禁厭《みなまじなひ》なり能《よ》く疑《うたが》ふことなくして一心に之を行《おこな》へば皆効顯《みなかうけん》あるものなり

是より更に醫術上《いじゆつじやう》の事《こと》を記《しる》すべし

眼《め》の人生《じんせい》々活上《せいくわつじやう》に於《お》ける必要《ひつえう》は言《げん》を俟《ま》たず人若《ひとも》し一朝失明《しつめい》せんか其行《そのゆ》くに案内《あんない》者《しや》を要《えう》し其物《そのもの》を尋《たづ》ぬるにも又必《かなら》ず人《ひと》の助《たす》けを得《え》ずんばあるべからず是《こ》れ其《そ》の直《たゞ》ちに及ぼすの不自由《ふじゆう》なる多《おほ》く言《い》ふを待《ま》たず而《しか》して眼病《がんびやう》の種類《しゆるゐ》も亦多《またおほ》し之《これ》を一々《いち〳〵》記述《きじゆつ》せんと欲《ほつ》するも其煩雜《そのはんざつ》に渉《わた》るの恐《おそ》れあるを以て左《さ》に世間《せけん》重《おも》に病《や》む所《ところ》の多數《たすう》に就《つい》て之れが攝生及び豫防法《よぼうはふ》を述《の》べ併《あは》せて容易《ようい》なる治療法《ちりやうはふ》を説《と》くべし

△眼の搆造

眼《め》の搆造《かうざう》程巧妙《ほどこうめう》なるものはなし眼《め》は種々《しゆ〳〵》様々《さま〳〵》度の違《ちが》つた眼鏡《めかね》を眼中に貯《たくは》ふると一般にして眼中《がんちう》にある水晶体《すゐしやうたい》の動作《どうさ》によりて遠距離《えんきより》を望《のぞ》むときは遠《とほ》く又近距離《きんきより》

を望《のぞ》むときは近《ちか》く其の如此調節《かくのごときてうせつ》する以所《ゆゑん》のものは一に水晶体《すゐしやうたい》の動作《どうさ》によらざるはなく遠きときは其水晶体は低《ひく》く近きときは高《たか》くなるによるものなり故に遠きものを望むときは之れが習慣《しゆうくわん》となりて遠視眼《えんしがん》となり又近《またちか》き場所《ばしよ》のみ眺《なが》むるときは是れ亦習慣《またしゆうくわん》となりて近視眼《きんしがん》となるなり故に其原因《そのげんいん》も凡《すべ》ての物《もの》に依《よ》りて種々《しゆぐ》ありとす而して其重《そのおも》なるものは風塵眼中《ふうじんがんちう》に入《い》りて之《これ》を摩擦《まさつ》するに因《いん》するを多《おほし》とす又白《またしろ》き物《もの》を見詰《みつ》むるか薄暗《うすくら》き處《ところ》にて細字《さいじ》を書《か》き又は讀《よ》む等は甚《はなは》だ眼《め》の爲《た》めに宜しからず彼《か》の北越《ほくえつ》地方白雪皚々《はくせつかいぐ》たる所に失明者《しつめいしや》の多きは皆な之れを證《しよう》するに足るものなり玆《こゝ》に眼球《がんきう》の搆造《かうぞう》を述《の》べ併せて眼病《がんびやう》の原因《げんいん》を記述《きじゆつ》したるものなれば以《い》下説《かと》く所《ところ》の各項《かくかう》に就《つい》て注意《ちうい》せらるべし

△豫防法

豫防法《よばうはふ》の重《おも》なる二三を示《しめ》すべし

一　雪《ゆき》の降《ふ》りたるときは色眼鏡《いろめがね》を用ゆべし

二　目を擦《こ》することを戒《いま》しむ充血《じゆうけつ》を起《おこ》すの憂《うれひ》あるを以てなり

三　過度《くわど》に視力《しりよく》を用ゆるは勿論《もちろん》睡眠《すゐみん》の不足《ふそく》も眼《め》に及ぼす事大《ことだい》にして視神經消《ししんけいしよう》耗症《もうしやう》を惹起《ひきおこ》すの憂《うれひ》あり愼《つゝし》み戒《いま》しむべし

四　光線《くわうせん》の直射《ちよくしや》を避《さ》くべし光線《くわうせん》は側面《そくめん》より受《う》くる樣《やう》になすべし

五　一定の休息《きうそく》をなすべし

（一時間に就き十五分位）

六　業《げふ》を執《と》るに姿勢《しせい》を正《たゞ》しくすべし若《も》し前方《ぜんぱう》にのみ偏《へん》するときは充血眼《じゆうけつがん》を起《おこ》すべし

七　喫煙《きつえん》を禁《きん》ずべし若《も》し能《あた》はずんば之を節《せつ》すべし

八　手淫《しゆいん》を戒《いま》しめ房事《ばうじ》過度《くわど》を愼《つゝ》しむべし

以上は豫防法《よばうはふ》の大要《たいえう》にして最《もつと》も容易《えうい》なるとなれば務《つと》めて之《これ》を實行《じつかう》すべし

△治療法

充血眼（血眼《ちめ》）

此治療法は酒《さけ》と喫煙《きつえん》を嚴禁《げんきん》し毎朝《まいてう》早起《さうき》して適宜《てきぎ》の運動《うんどう》をなし便通《べんつう》を調利《てうり》し眼《め》に

は冷《れい》奄《あん》法《はふ》を行《おこな》ひ務《つと》めて塵《じん》埃《あい》風《ふう》煙《えん》を防《ふせ》き夜《や》業《げふ》を廢《はい》し視《し》力《りよく》を過《くわ》勞《ろう》せしむることなき樣《やう》すべし又《また》二百倍皓《こ》礬《はん》水《すゐ》を點《てん》ずるもよしとす

流行眼

此眼の治《ち》療《りやう》法《はふ》は二百倍の皓《こう》礬《はん》水《すゐ》を點《てん》眼《がん》し硼《はう》酸《さん》水《すゐ》にて屢々《しば〵》之を洗《せん》滌《でう》し其《その》糜《び》爛《らん》を防《ふせ》ぐべし而して食《しよく》餌《じ》衞《ゑい》生《せい》には油《あぶら》強《つよ》き食《しよく》品《ひん》又は硬《こわ》き物《もの》又は刺《し》戟《げき》性《せい》の物《もの》を禁《きん》じ成《な》るべく消化《しやうくわ》し易《やす》き食《しよく》物《もつ》を取《と》り下《げ》劑《ざい》を用ひて便《べん》通《つう》を利《り》するを以て最も良《りやう》法《はふ》とす

風眼

此《この》眼《が》病《びやう》は淋《りん》毒《どく》の傳《でん》染《せん》によりて起《おこ》る劇《げき》烈《れつ》なるものにして之れが治《ち》療《りやう》も亦甚《またはなは》だ難《なん》事《じ》に屬《ぞく》するものなれば忽《こつ》諸《しよ》に附すべきにあらず而して此眼病《このかんびやう》は傳《でん》染《せん》性《せい》の力強《ちからつよ》く爲めに之によりて失《しつ》明《めい》する人少《ひとすくな》からざるを以て若《も》し一を此《この》性《せい》の病《やまひ》に侵《をか》されたるときは直《たゞ》ちに健《けん》全《ぜん》なる眼《め》を封《ふう》鎖《さ》すべし如此《かくのごとき》危《き》險《けん》なるものなるを以て病既《やまひすで》に發《はつ》したるときは醫《い》の治《ち》療《りやう》を受《う》けて決《けつ》して忽《ゆるかせ》にすべからず

鳥目

此《こ》の目《め》は弱光《じやくくわう》に對《たい》して視《し》力頓《りよくとみ》に衰《おとろ》ふるものにして多く營養不給者《えいやうふきふしや》に發《はつ》するの病《やまひ》なり而して之れが治療法《ちりやうはふ》としては宜しく滋養分《じやうぶん》ある食品《しよくひん》を取《と》るを第一とす故に肝油《かんゆう》を飮用《いんよう》するを尤《もつと》も良《よ》き療法《りやうはう》とす世俗《せぞく》の所謂《いはゆる》鰻《うなぎ》の肝《きも》が鳥目《とりめ》に適《てき》して効顯《かうけん》ありと云ふも皆此理《みなこのり》によるものと知《し》るべし

○瘧落し神術禁厭法

瘧《ぎやく》を落《おと》すには梨《なし》を厚《あつ》く切《き》りて一片《ひとひら》を持ち南方の氣を一口吸《す》ひ梨に向つて呪《じゆ》して曰く　南方《なんはう》有《あり》レ池《いけ》池《ち》中《ちう》有《あり》レ水《みづ》水《すゐ》中《ちう》有《あり》レ魚《うを》三《さん》頭《とう》九《きう》尾《び》不《くら》レ食《はず》二人《にん》間《げん》五《ご》穀《こくを》一唯《たゞ》食《くらう》二瘧《ぎやく》鬼《きを》一と三遍唱《とな》へ梨《なし》の上に吹《ふ》き掛け又勅殺鬼此の三字を梨《なし》の上に書《か》き瘧《おこり》の日の未だ起《おこ》らざる前《まへ》に之を食《くら》はしむ可《べ》し瘧落《おこりお》つること妙《めう》なり

又　法

魁　鬾　魑　魓　魖　魈　魒

右の七文字を橘《たちばな》の葉《は》七枚に朱《しゆ》にて一葉《ひとは》毎に一字づゝを書《か》き之を乾《かは》かし細末《さいまつ》にし

て早朝《さうてう》汲立《くみたて》の水にて北《きた》に向《むか》つて清水《せいすゐ》にて之《これ》を服《ふく》すべし大に功《かう》あり

但し七週間五辛《ごしん》を食《しよく》すべからず

又　法

霜《しも》おちて松《まつ》の葉《は》かるきあした哉《かな》

雲《くも》のおこりを拂《はら》ふ松風《まつかぜ》

月《つき》かげはひまぜになりてかげもなし

右三句を符《ふ》に認《したゝ》に瘧《おこり》の日の早天《さうてん》に水にて呑《の》ます可し

又右の句を盃《さかづき》の中に書《か》き早朝《さうてう》汲立《くみた》ての水にて字を洗《あら》ひ呑《の》むべし尤も朝日《あさひ》に向つて呑《の》むと知《し》るべし

又　法

もろこしのふねのおこりは落葉《おちは》哉《かな》

右の句を小さき紙《かみ》に認《したゝ》め清水に浮《うか》べ飲むべし

又法

右の符を白紙に清《きよ》き硯水《すゞりみづ》にて認《したゝ》め汲立《くみたて》の清水《せいすゐ》にて瘧《おこり》の日《ひ》の早天《さうてん》に飲《の》ますべし不《ふ》思《し》議《ぎ》にも直《たゞ》ちに落ちて治《ぢ》するものなり

又夜《よる》の瘧《おこり》には

右の符を紙《かみ》に書《しよ》して神水《しんすい》に浮《うか》べて飲《の》ますべし

○疝氣全治の呪咀秘傳

神《かみ》かけて心《こゝろ》たゆまず引留《ひきとみ》ん
いかに疝氣《せんき》のすじをひくとも

右の歌《うた》を紙《かみ》に認《したゝ》め痛《いた》む所《ところ》を摩《ま》し而して後《のち》にへちまの枯《か》れたる物《もの》の筋《すじ》多《おほ》き中《うち》に入れ旭日《あさひ》の昇《のぼ》らざる前《まへ》に之《これ》を川《かは》に流《なが》し後《あと》を見《み》ずして復《かへ》るべし

又疝氣の藥

益母草《えきもさう》　忍冬《にんとう》

右二味を等分《とうぶん》にして用ゆべし又鳥《とり》もちを丸藥《ぐわんやく》とし金箔《きんぱく》を衣《ころも》に掛《か》けて服用《ふくよう》するも効顯《かうけん》あり

又寸白の藥

寸白には唐辛《とうがらし》を摺《す》り痛《いた》む所《ところ》へ付《つけ》てよし又阿膠《にかわ》を梅酸《うめず》にて溶《と》ぎ痛《いた》む所《ところ》へ塗布《とふ》するも亦大《またおほい》によろし

○痳病消渇を治する禁厭

消渇《しやうかつ》の時に右の符を認《したゝ》め早朝《さうてう》の汲立《くみたて》の水にて之《これ》を服《ふく》すべし忽《たちま》ちにして治《ち》すべし夢疑《ゆめうたが》ふべからず

又痳病の咒咀

大棗《たいそう》二つを以て咀《じゆ》して曰く華表柱念《くわひやうちうねん》と七遍唱《とな》へて天に向ひ氣を吹《ふ》き右の棗《なつめ》の上に吹《ふ》き掛《か》け其《そ》の棗《なつめ》を病人《びやうにん》に白湯《さゆ》にて飲《の》ましむべし治《ち》する事妙《ことめう》なり

○長病を止むるの秘傳

日日日
火火火
日日日
喼急如律令

此符《このふ》を認《したゝ》めて病人《びやうにん》の臥床《とこ》の下に置くときは病長引《やまひながび》きしものも次第《しだい》に快方《くわいはう》に向ふべし加持《かぢ》には不動《ふどう》の陀羅尼《だらに》を百返唱《とな》ふべし

又　長病人餓鬼祭りの事

此符の中に鬼と云ふ字を
餓鬼數程書きとる可し

右の符《ふ》を認め之れを祭壇《さいだん》に飾《かざ》り其前に病人の年の數《かず》程《ほど》餅《もち》を求め供養《くやう》して不動の陀羅尼《だらに》を百返唱《とな》ふへし而して此符《このふ》と餅《もち》とを一つにし又かわらけに水一

杯《はい》入《い》れて之れと一緒《いつしよ》に川《かは》に流《なが》すべし

△餓鬼《がき》數《かず》知り樣《やう》の事

子の年の人は一人　丑の年の人は八人　寅の年の人は七人

卯の年の人は五人　辰の年の人は二人　巳の年の人は五人

午の年の人は五人　未の年の人は九人　申の年の人は五人

酉の年の人は五人　戌の年の人は二人　亥の年の人は二人

右の如しと知るべし

長病人は右の如く餓鬼《がき》祭《まつ》りを行《おこな》ふときは本服《ほんぷく》すること疑《うたがひ》なし神傳《しんでん》の秘中《ひちう》の秘《ひ》なり夢忽《ゆめゆつかせ》にすべからず長病《ちやうびやう》の人《ひと》は必す之《これ》を行《おこな》ひて其《そ》の快服《くわいふく》を祈《いの》るべし

○火傷全治の呪咀秘傳

さる澤《さは》の池《いけ》の邊《ほと》りにありけるが

惡《あく》我《が》入《にふ》道《だう》おしてこそいれ

右の歌《うた》を三返唱《とな》へて焼《や》けたる所《ところ》を口《くち》にて吹《ふ》くまねを三度して又次に其所《そのところ》を足《あし》にて踏《ふ》むまねを三度なすべし跡《あと》付《つ》かずして治《ぢ》する事《こと》妙《めう》なり

又 法

清水《せいすい》を含《ふく》みて左の神歌《しんか》を唱《とな》へてやけどに吹《ふ》きかけ咒《まじな》ふべし

やけどは腫《は》れしなうづくなあとつくな
　藥《くすり》になれよさる澤《さは》のみづ

又

さる澤《さは》の池《いけ》の大蛇《おろち》に火《ひ》がついて
　水《みづ》なきときは黑狐《こくこ》白狐《びやくこ》

又

次に焼山《やけやま》の土《つち》〱と三度唱《とな》へて水を吹《ふ》きかくべし

又

さる澤《さは》の池《いけ》の大蛇《おろち》が手《て》を焼《や》きて
　はれずたゞれすひりつきもせず

右の歌を三返唱《となへ》て火傷《やけど》の場《ば》所《しよ》を三度吹《ふ》くべし

又　火傷の妙藥

石膏《せきかう》　滑石《くわつせき》

右二種等分《とうぶん》に混《こん》し之を玉子《たまご》の白味《しろみ》にて能《よ》く煉《ね》り合《あは》せて局部《きよくぶ》へ塗《ぬ》り付くへし
立所《たちどころ》に痛《いた》み止《と》まるなり

又　右の藥急《くすりきふ》に間《ま》に合《あ》はざるときは局部《きよくぶ》に燈《とも》し油《あぶら》を塗《ぬ》り其《そ》の上《うへ》へ鹽《しほ》を塗《ぬ》り付《つ》くへし此法又《このはふまた》痛《いた》み止《と》まりて治《ち》する事妙《ことめう》なり

又　左に醫術上《いじゆつじやう》の治療法《ちりやうはふ》を説《と》くべし

火傷《やけど》とは火炎熱湯蒸氣《くわえんねつとうじやうき》溶解《ようかい》したる金屬其他種々《きんぞくそのたしゆ〳〵》の藥品《やくひん》によりて發《はつ》する傷《きづ》にして甚《はなは》だしき疼痛《とうつう》を感《かん》するものとす而して其症候《そのしやうこう》は熱《ねつ》の高低《かうてい》及び熱《ねつ》に觸《ふ》れし時間《じかん》の長短《ちやうたん》に隨《したが》ひて左の度合《どあひ》に分《わか》る

一　皮膚紅潮《ひふこうてう》するに止《とゞ》まるを一度《いちど》とす

二　水疱《すゐはう》を生《せう》ずるものを二度とす

三　水疱《すゐはう》を生《せう》じ或《あるひ》は組織《そしき》全《まつた》く破壊《はくわい》するものを三度とす

△火傷の治療法

火傷《やけど》の治療法《ちりやうはふ》は前述《ぜんじゆつ》の度合《どあひ》に従《したが》ひて之を治療《ちりやう》すべし

一度の症《しやう》には阿列布油《おれふゆう》又は胡麻油《ごまあぶら》等《とう》を塗《ぬ》り置《お》けは痛《いた》み去《さ》りて治癒《ちゆ》すべし

　但《たゞ》し成《な》るべく空氣《くうき》に觸《ふ》れさる様注意《ちうい》すべし

二度の症《しやう》には熱火消毒《ねつくわしやうどく》を施《ほどこ》したる針《はり》を以て水疱《すゐはう》を刺《さ》し水を出したる後《のち》十倍の硼酸軟膏《ほうさんなんかう》を貼《てう》し置《お》くべし

三度の症《しやう》には患部《くわんぶ》狭《せま》きものは五十倍の石炭酸阿列布油《せきたんさんおれふゆう》を塗布《とふ》して繃帯《ほうたい》をなし場所《ばしよ》廣《ひろ》くして生命《せいめい》に係《かゝ》はるが如《ごと》き症《しやう》は時《とき》を移《うつ》さず醫《い》の治療《ちりやう》を求《もと》むべし

○婦人乳の出る禁厭法

乳生生水口口口鬼喼如律令

右の符を清水《せいする》に浮《う》べて呑《の》むべし又盃《さかづき》の中に書《しよ》して清水にて之を洗《あら》ひ其水を呑《の》むもよし乳《ちゝ》必《かなら》ず出《いづ》ること奇《き》妙《めう》なり

又

符《ふ》を調《とゝの》へ加《か》持《ぢ》には地《ぢ》蔵《ざう》の呪《じゆ》百返唱《とな》ふべし

又法

穿山甲《せんざんかふ》を火《ひ》にて焙《あぶ》り粉《こ》にして日《に》本《ほん》酒《しゆ》の最《さい》良《りやう》なるものにて服《ふく》用《よう》し然《しか》る後《の》ちに鬢櫛《びんくし》にて乳《ちゝ》の上《うへ》をときをろすべし乳《ちゝ》日《ひ》ならずして出《いづ》ること泉《いづみ》の如《ごと》し

○婦人平産の靈符製造法

清浄なる紙に左の咒文を書し懷中すべし

鬼鬼鬼子成就急急如律令

右《みぎ》の如《ごと》く認《したゝ》めたる符《ふ》を更《さら》に清潔《せいけつ》なる紙《かみ》にて上包《うはづゝみ》して表に御守《おまも》りと書《しよ》し裏《うら》の封《ふう》じ目《め》に安《あん》と書《しよ》し懷中《くわいちう》する時は如何《いか》なる難産《なんざん》の人《ひと》と雖《いへど》も平産《へいさん》すべし

又法

此符を書《しよ》して懐中《くわいちう》するもよし上包《うはづゝみ》其他《そのた》の方法《はうはふ》は前《まへ》の咒《じゆ》と同様《どうやう》と知《し》るべし疑《うたが》ふ可《べ》からず

又法

左の如く書《しよ》して懐中《くわいちう》するもよし

又　子生れずして腹中《ふくちう》にて死《し》したる時

右の如く白紙を切り抜《ぬ》き其中に生《せい》の字を書《か》き清水にて呑《の》ましむべし生《うま》れ出《いづ》る事《こと》妙《めう》なり又加《か》持《ぢ》には地蔵の咒《じゆ》を百遍誦すべし

又　法

右の符を前の符と同じ法にて呑むべし

又　後産のなき時

子子子子子
子子子子子
子子子子子
子子子子子
子子子子子

喼急如律令

此符《こふ》を呑《の》むには井《ゐ》の土《つち》を手《て》の届《とゞ》く程《ほど》取りて水《みづ》にたてゝ呑《の》まするなり土は男《をとこ》に取《と》らすべし

又　法

此の符を書きて鶏《にはとり》のとさかの血《ち》をとつて水《みづ》にたてゝ用《もち》ゆべし

右何れも疑《うたが》ふこと勿れ

○腫物全治の呪咀秘法

先づ腫物《はれもの》の上を能《よ》く祓《はら》ひ清《きよ》めて左《さ》の歌《うた》を讀《よ》みて腫物《はれもの》の上を吹《ふ》くべし而して後《のち》に以下《いか》に示《しめ》すごとく呪《まじな》ふべし

歌　曰

旭日《あさひ》さす夕日《ゆふひ》かゝやくからゆむぎ
よそへちらさでこゝにからさん

次　に

此上に鬼《おに》の字を十二書《か》き又其後《そののち》に

 此梵字《ぼんじ》を書《が》き置《お》くべし

但し男《をとこ》は順《じゆん》に輪《わ》を書《か》き女《をんな》は逆《ぎやく》にす

又法

左の歌《うた》二首を誦《しよう》して圖《づ》の如く書くべし

山《やま》は三つ石《いし》は九《こゝの》つこれぞこれ
　鬼《おに》の籠《こも》れる岩《いは》やなるらん

旭《あさひ》さすほうきの山《やま》のさねかつら
　根《ね》をさしきれば葉《は》は枯《か》れにけり

次に

石
石山石
石山山石
石石石石

此上に又鬼《おに》の字を書きて

此の如く輪《わ》を書廻《かきまは》すべし

但し男は順《じゆん》女は逆《ぎやく》と知《し》るべし

又

腫物の口開けたき時呑む符

右の符《よ》を白紙を適宜《てきぎ》に切《き》りて認《したゝ》め清水《せいすい》にて呑《の》むべし加持《かぢ》には大威徳《たいいとく》呪《じゆ》を三返唱《とな》へて祈念《きねん》すべし

又

腫物の出來所惡しきを他に移す法

ひましの油　甘草《かんざう》の粉《こ》

右二味を練《ね》り合せて移《うつ》さんと思《おも》ふ所《ところ》に針《はり》を淺《あさ》く立《たて》て針《はり》の先《さき》に右の藥《くすり》を付て置《お》くときは奇妙《きめう》に其場所《そのばしよ》に移《うつ》るものなり

又

腫物の上に書く符

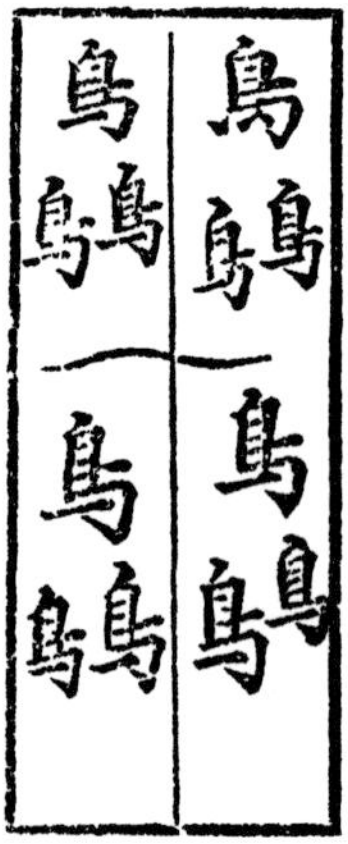

上圖の如く書《か》き加持《かぢ》には藥師《やくし》の呪《じゆ》千遍唱《とな》ふべし

又　腫物出來たる時呑む符

右を白紙に小《ちい》さく切《き》りて清水《せいすゐ》にて呑《の》むべし

○婦人乳の腫物全治の法

乳《ちゝ》に腫物《はれもの》出來《でき》たるには其病者《そのびやうしや》の後《うしろ》に廻《まは》り新《あたら》しき筆《ふで》にて乳首《ちゝくび》の右の方に鯉《こひ》と云ふ字《じ》と左の方に鮒《ふな》と云ふ字を三返づゝ書《か》くべし

此墨を摺る口傳

鯉《こひ》の鱗《うろこ》と鮒《ふな》の鱗と二品別々《べつ〳〵》に燒《や》き硯《すゞり》の墨《すみ》に混《こん》して摺《す》り其《そ》の摺《す》りたる墨《すみ》にて書《しよ》すべし而《しか》して之《これ》を書《しよ》するときに呪文《じゆもん》を唱《とな》ふべし

呪文曰

さやの國《くに》越後《ゑちご》はうさけさやの小刀《こがたな》

之《これ》を唱《とな》へながら書《か》くべし

又

法

乳《ちゝ》の痛《いた》む所《ところ》を拭《ぬぐ》ひ清《きよ》めて平《たひ》らかに癒《いや》させ給《たま》ひと祈《き》念《ねん》して左《さ》の如《ごと》くなすべし

是れ秘《ひ》法《はふ》中《ちう》の秘《ひ》法《はふ》なり

鯛

右の字を百遍重《かさ》ね書《か》きするなり

但し乳《ちゝ》の下《した》に數《かず》取《とり》の點《てん》を打《う》つべし

又

乳の腫れたる時の符

集魚集魚集魚　鬼喼急如律令

右の符を藥師の咒を唱へながら書くべし

○蛇蝎にさゝれざる秘法

雄黄《いうわう》と蒜《にんにく》とを擂《す》り交《ま》ぜ丸《ぐわん》じ山林《さんりん》に入るとき懷中《くわいちう》すべし蝮蛇《まむし》恐《おそ》れて近寄《ちかよ》らず若《も》し螫《さゝ》れたるときは直《たゞ》ちに此藥《このくすり》を附《つ》け置《お》くべし忽《たちま》ちに治《ぢ》するなり

又　法

山林等《さんりんとう》蝮蛇《まむし》の居《お》る樣《やう》の場所《ばしよ》に行《ゆ》くには左《さ》の歌《うた》二首を讀《よ》むべし

歌　曰

逢坂《あふさか》やしげしが峠《たうげ》のかきわらび
其《その》むかしの女《むすめ》みそ藥《くすり》なりけり

明藏主《めうざうしゆ》いふともをわするゝな
かはたつ女氏《むすめうじ》はすがはら

又　法

左の歌《うた》を誦《よ》むべし

かのこまだらのむしあらば
山《やま》たつひめにかくとかたらん
此歌《うた》を書《か》き懐中《くわいちう》するもよし

実験調法 神術霊妙秘藏書 乾 終

實驗調法 神術靈妙秘藏書 坤

柄澤照覺

○流行病の傳染せざる秘傳

△痢病に罹らぬ法

蛇苺《へびいちご》を取《と》り端午《たんご》の日《ひ》朝露《あさつゆ》に當《あ》てゝ一つ清水《せいすゐ》にて呑《の》むべし其年《そのとし》は如何《いか》に痢病流《りびやうりう》行《かう》するも傳染《でんせん》の恐《おそ》れなし實《じつ》に秘中《ひちう》の秘法《ひはふ》にして奇妙《きめう》の神法《しんはふ》なり

△疫病の流行するとき門戸に貼る符

又

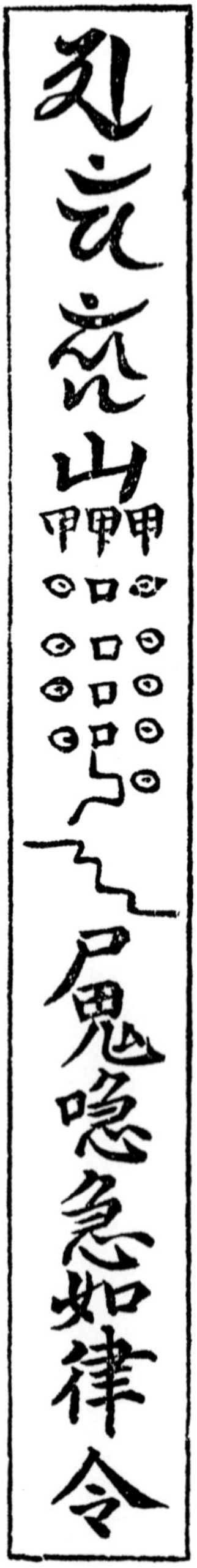

又

右の十文字を柳《やなぎ》の木《き》の札《ふだ》に書《か》き門《もん》に貼《は》るべし

疫病《えきびやう》ある家《いへ》に行《ゆ》くときは左の文字を書《か》き持行《もちゆく》べし

又

此文字を白紙に認《したゝ》め更《さら》に

其上《そのうへ》を刀《たう》の印《いん》にて空書《くうしよ》す

傳染《でんせん》せざること妙《めう》なり

又法

坎

此文字《このもじ》を右《みぎ》の中指《なかゆび》にて左《ひだり》の掌《てのひら》に書《しよ》し堅《かた》く握《にぎ》りて行《ゆ》くべし

感染《せん》せさること奇妙《きめう》なり

○小便不通を全治の妙法

人代
日日日
日日日
日日日
日日日
日日日
日日日
喼急如律令

右の符《ふ》を小《ちい》さき紙《かみ》に書《か》きて呑《せ》むべし

又

冬葵子《とうきし》（藥店にあり）を煎《せん》じ用《もち》ゆるも妙《めう》なり

又

田《た》にしを擂《す》りつぶして鹽《しほ》を混《こん》し臍《へそ》に入《い》るゝも亦妙法《またみやうはふ》にして効顯《かうけん》あり又足《あし》の裏《うら》に紙《かみ》に付《つけ》て貼《は》るもよろし

又

田にしを丸《まろ》の儘人《まゝひと》の往來《わうらい》しげき處《ところ》の地《ち》にあふむけに人《ひと》に知られざる様埋《やうづ》め置《お》けば忽《たちま》ちに通《つう》ずること奇妙《きめう》なり

○流行風を引かぬ秘法

風邪《かぜ》は一般世人《せじん》の容易《やうい》に冒《おか》さるゝ病《やまひ》にして皆人《みなひと》の輕忽《けいこつ》に附《ふ》するものなれども風邪《かぜ》は重《おも》に凡ての病氣を惹起《じやくき》するの媒介《ばいかい》たる起因《きいん》なれば決《けつ》して輕忽《けいこつ》に看過《かんくわ》すべきにあらず例令《たとへ》ば急性《きうせい》慢性《まんせい》關節《くわんせつ》僂麻質私《りうまちす》筋《きん》僂麻質私《りうまちす》腰痛《こしいたみ》等感冒性《かんばうせい》諸症《しよしやう》と稱《せう》して皆《みか》風邪《かぜ》より發《はつ》するものとす其他下痢《げり》を併發《へいはつ》する消化器《せうくわき》の疾患《しつくわん》及び呼吸器《こきうき》の加答兒《かたる》等も皆《みな》之を感冒病中《かんばうびやうちう》に算入《さんにふ》するものとす故に之れが爲め他の障害《しやうがい》を併發《へいはつ》して時

としては生命を危險《きけん》ならしむべき疾病《しつぺい》を誘發《いうはつ》する事なきにあらず故に之れが豫《よ》防法《ばうはう》及び攝生法を記述《きじゆつ》し併《あは》せて治療法を說明《せつめい》すべし
風邪《かぜ》には種々《しゆ〳〵》の容体あるも感冒諸症《かんばうしよしやう》は疑《うたが》ひもなく氣象の感動《かんどう》によりて其發生《そのはつせい》を誘催《いうさい》せらるゝものなり故に其原因《げんいん》と見《み》るべきは重《おも》に間隙《かんげき》より來《きた》る寒冷《かんれい》なる風《かぜ》の爲《た》めに忽ち汗管《かんくわん》を閉塞《へいそく》せられ身体より出る所の蒸發氣《じやうはつき》が体外に漏《も》るゝ事《こと》能はず之れに依《より》て身体を刺戟《しげき》し頓《には》かに熱を作《おこ》し惡寒《をかん》を感《かん》じ皮膚表部上《ひふひやうぶじやう》の機能《きのう》に變化《へんくわ》を來《きた》すものにして之を風邪《かぜ》と云ふ然れども今日の學理《がくり》と實驗《じつけん》とに據《よ》れば他に尙《な》ほ原因となるべきものなしとせず然れども茲には其尤《そのもつと》も多《おほ》く解《かい》し易《やす》きの原因を述《の》べたるに過《す》ぎず

○豫　防　法

風邪の豫防法としては寒冷《かんれい》の候《こう》强風急雨の際《さい》には之れを防ぐに適《てき》する煖衣《だんい》を着《つ》け若《も》し衣服濕潤《いふくしつじゆん》したる時は成《な》るべく速《すみや》かに乾《かは》きたるものと交換《かうくわん》するを專一《せんいち》とす然りと雖も感冒《かんばう》を恐るゝが爲めに室外《しつぐわい》に出づることを避《さ》け或は居室《きよしつ》を密閉《みつぺい》して

空氣の流通《りうつう》を不十分ならしむるが如きは却《かへ》つて害多《がいおほ》しとす其の他被服《ひふく》暖《あたゝ》かに過《す》ぐるときは徒《いたづ》らに身体を柔弱《じうじやく》にし遂《つひ》には氣象の感動《かんどう》及び溫度《をんど》の高低《かうてい》變化《へんくわ》に抵抗《ていこう》すべき機能《きのう》を失し感冒《かんぼう》に侵《おか》され易《やす》きに至るべし故に平生寒冷《へいせいかんれい》に對《たい》し適度《てきど》に身体《しんたい》を習慣《しうくわん》せしむれば皮膚《ひふ》を强固《きやうこ》にし從つて感冒《かんぼう》(風邪)を豫防《よぼう》するに最も有効《いうかう》なる方法《はつはふ》とす

○攝　生　法

風邪《かぜ》に冒《おか》されたるときは惡寒《をかん》を來《きた》し熱《ねつ》を生《せう》じたるときは總じて飲食《いんしよく》を減《げん》じ特に消化し易《やす》き物《もの》を取《と》るを宜《よろ》しとす而して粥《かゆ》等を食するは尤も良《よ》し別《わ》けて虛弱《きよじやく》なる人は雞卵《けいらん》牛乳等を用ひて身體の精力《せいりよく》を補《おぎな》ふべし且つ務めて寒冷なる空氣を避《さ》け隙間《すきま》より吹き來る風に中《あた》らぬ樣注意すべし之を以て居室《きよしつ》を十分に開《ひら》きたるによりて中《あた》る風は格別《かくべつ》に障害《しやうがい》なきも戶障子を細目《ほそめ》に開きたるは甚だ害ありとす又風邪は發汗《はつかん》して治するものと發汗を來さずして治するものあるも能《よ》く注意《ちうい》して暖《だん》を取り之れを治するを以て尤も宜《よろ》しき方法とす若《も》し發汗せずして治するものは

兎角《とかく》カタル症を遺《のこ》すの恐あるを以て最も攝生《せつせい》に注意すべし

○治　療　法

風邪の治療法としては格別《かくべつ》他に良法なし唯發汗劑《たゞはつかんざい》を服用《ふくよう》して最も暖《あたゝか》くして充分に發汗《はつかん》せしむるを以て有効なる良法とす且つ風邪《かぜ》にして咳嗽《がいそう》出づる症には鎮咳《ちんがい》散《さん》を用ゆべし而して咳《せき》に限らず總て日本の賣藥は適切《てきせつ》の功顯《こうけん》あるもの少なし往《ま》々奏効《そうかう》せるものあるも此等は必竟《ひつきやう》偶然の適中に外ならず蓋し賣藥は劇藥毒藥《げきやくどくやく》を使用せしめず一定の制規《せいき》の下《もと》に許可せらるゝものなれば之れを濫用《らんよう》するときは治すべき疾患《しつくわん》も之れが爲めに治せざるのみならず往々《わう〱》危篤《きとく》に陷《おちい》らしむる恐れあるを以て身體を大切と思ふの士は風邪位《かぜくらひ》と謂《い》ふて忽《ゆるかせ》に附せず專門家の治療《ちりよう》を受《う》くる樣なすを最《もつと》も至當《したう》の處置《しよち》とす

又呪咀としては左の二種あり

○風流行するときは椎茸《しひたけ》又は千鳥賊《するめ》を火《ひ》に薰《くす》へて其の煙りを鼻《はな》にかぎつゝ通ずるときは如何《いか》に流行《りうかう》するも風を引くの患《うれひ》なし事簡《ことかん》なれども實《じつ》に不思議《ふしぎ》の

妙《めう》法《はつ》なり

又　風を追出す奇法

燒《やき》味《み》噌《そ》を小さく拵《こしら》へ朝《あさ》の飪《にはな》の茶を茶碗へ汲《く》み入れ雨《あま》戸《ど》の立て尻《じり》の敷《しき》居《ゐ》の上へ右の燒味噌を置《お》きて飪《にばな》にて茶を進《しん》ぜる程《ほど》に出《で》玉《たま》へと口《くち》のうちにて唱《とな》へながら茶碗の茶にて燒《やき》味《み》噌《そ》を外へ流《なが》し戸を締《しめ》切《き》りて後《あと》を見《み》ずして居《い》間《ま》に戻《もど》るべし風《か》邪《ぜ》を治すること妙《めう》なり

○毎年凍傷(霜燒)せざる呪咀法

毎年霜《しも》燒《やけ》にて苦《くる》しむ人は左の呪《まじ》咀《なひ》により之れを免かるべし即ち之を詳《しやう》記《き》すべし疑《うたがひ》あるべからず

一　夏《なつ》の土《ど》用《よう》中日光に當《あた》りて熱《あつ》くなりたる瓦《かはら》を取り置きて毎年霜《しも》燒《やけ》の出《で》來《き》る局《きよく》部《ぶ》へ能《よ》く當《あて》れば其《その》冬《ふゆ》は決《けつ》して霜《しも》燒《やけ》の患《うれひ》なし

二　初《はつ》雪《ゆき》の降《ふ》りたるときに其《その》雪《ゆき》の塵《ちり》に混《こん》ぜざるものを取りて適《てき》宜《ぎ》の鍋《なべ》にて溶《よう》

解《かい》し其《その》温度《おんど》三四十度位に至りたるときに其汁《そのしる》にて局部《きよくぶ》を幾度《いくど》となく浸《ひた》すべし然るときは其年《そのとし》霜焼《しもやけ》せざるのみならず既に出來《でき》たるものも忽《たちま》ちにして治癒《ちゆ》すべし

尚ほ左に霜焼《しもやけ》に就て醫術上《いじゆつじやう》の經驗《けいけん》を詳説《しやうせつ》すべし

凍傷《しもやけ》は氣候の感動《かんどう》に起因《きいん》するものにして人の普《あまね》く知れる實に煩《わづら》はしき病症にして其之れを發するは狹小《けうせう》に過《す》ぎたる手袋《てぶくろ》若しくは靴《くつ》を穿《うが》ちて血行《けつかう》を障害《しやうがい》する等によりて屢々《しば〱》其發生《そのはつせい》を催進《さいしん》することありとす今此《いまこ》のしもやけに就て苦《くる》しむ人の爲めに之れが治療法《ちりやうはふ》の簡便《かんべん》なるものを記《き》すべし

△治　療　法

しもやけの治療法としては其法種々《はふしゆ〱》ありと雖《いへど》も最《もつと》も簡便《かんべん》なる法《はふ》は左の藥品《やくひん》を用ゆるを以つて効《かう》ありとす元來《ぐわんらい》この病は虚弱貧血等《きよじやくひんけつとう》にして皮膚《ひふ》の薄弱《はくじやく》なるものに發《はつ》し易《やす》きを以て常に滋養物を用ひ皮膚《ひふ》を强固《きやうこ》ならしむるが爲めに夏期《かき》より水浴《すゐよく》を取《と》りて寒冷《かんれい》に慣《なれ》しめ冬季《とうき》に至《いた》りて溫暖《をんだん》に保護《ほご》し之れに罹《かゝ》らざる様注意《やうちうい》すべし

塗布劑《とふさい》として左に處方《しよはう》を示《しめ》す

一　三十倍のサルチル酸《さん》

二　酒精（アルコール）

三　龍腦丁幾《りゆうのうちんき》

四　沃度丁幾《ようどちんき》

五　テレビン油

右の各品何れも塗布劑《とふざい》として効《かう》あり

但し一日二三回づゝ塗布《とふ》すべし

又　既に腫《は》れたる部分の潰亂《くわいらん》せるものは左《さ》の藥品《やくひん》を貼付《てうふ》するを良《よ》しとす

亞鉛華《あえんくわ》　一分

ワセリン　十分

右混和《こんわ》して塗布劑《とふざい》とす

又

三十倍サルチル酸《さん》軟《なん》膏《こう》
百倍の　硝酸銀《しようさんぎん》軟膏《なんこう》
右何れも貼用《てうよう》するものにして効《かう》ありとす

○霍亂を直ちに全治する呪咀法

ササ
ササ
何木隠急如律令

右の符を白紙に認《したゝ》め清水《せいする》に呑《の》むべし
又加持《かぢ》には藥師之呪《やくしのじゆ》百返唱《とな》ふべし

△霍亂の藥
益知《えきち》　木香《もくかう》　藿香《くわくかう》　(青葉《あをは》を用《もち》ゆ
右三味を等分《とうぶん》に混合《こんかふ》して沸湯《ふつたう》にて振出《よりだ》し用ゆべし是れを三味湯《さんみたう》と云ふ暑中《しよちう》

は何病に用《もち》ひても宜《よろ》し又胡椒《こしやう》二三粒づゝ毎朝《まいてう》用《もち》ゆるときは霍亂《くわくらん》する事《こと》なしと云ふ

○神傳胃全治の秘法

抑《そもそ》も胃《ゐ》を天地《てんち》陰陽《いんやう》五行《ごぎやう》に配當《はいたう》するときは土《つち》に屬《ぞく》するものとす而して之を易《えき》の卦《くわ》象《しやう》に取《と》るときは坤《こん》の卦《くわ》とす坤を嚢《ふくろ》とし受《う》け納《い》るゝとす乃ち是れ外實《そとじつ》にして内虚《うちきよ》なるの象にして之を脾胃《ひゐ》に配《はい》する所以《ゆゑん》とす之を以て之を觀《み》るときは此病《このやまひ》に侵《おか》さるゝ人は其生年月日にまりて各人多《た》少《せう》輕重《けいぢゆう》差違《さゐ》ありと雖ども概《がい》して丑辰未戌の年の人に多しとす是れ他の理《り》あるにあらず唯《たゞ》天地陰陽五行の相性《さうせい》相尅《さうこく》に因《よ》りて然《しか》るものなれば豫《あらかじ》め其相性相尅の理《り》を推《お》し究《きは》め併《あは》せて時《とき》の適不適《てきふてき》に注意《ちうい》して發病《はつびやう》せざる樣注意《ちうい》すること肝要《かんえう》とす又既《すで》に病《やまひ》に難《なや》める者は醫療《いりやう》を怠《おこた》るべからさるは勿論《もちろん》なれども此の天地陰陽五行六氣の義理《ぎり》を以て之れを推究《すゐきう》し其逆節《ぎやくせつ》相尅《さうこく》を調理《てうり》するときは時《とき》に難病《なんびやう》を治《ち》し所謂《いはゆる》天《てん》に代《か》はりて拔苦與樂《ばつくよらく》の大仁術《たいじんじゆつ》を受くる

に至るべし是れ易術《えきじゆつ》の妙理《めうり》なる所以《ゆゑん》なり今左に之れに關する易術の効顯《かうけん》の一班《いちはん》を知らしめんが爲めに其占筮《そのせんぜい》の實例《じつれい》を記《しる》すべし

北海道旭川の某氏（殊に名を匿す）本舘に來りて病占を乞ふ余即ち筮して左の卦を得たり

坎《かん》爲《ゐ》水之《するのゆく》ニ水《する》澤節《たくせつに》一

斷じて曰く是れ飲食《ゐんしよく》度《ど》に過《す》ぎ房事節《ばうじせつ》を失《しつ》したるに因《よ》りて脾胃《ひゐ》の臓《ざう》に痛《いたみ》を生《せう》じ脾《ひ》土《と》疲勞《ひらう》して腎《じん》水枯《すゐか》れたるの象にして是れ胃非常に惡《あ》しく飲食物停滯《ていたい》して滋養分《じやうぶん》爲めに分泌《ぶんぴつ》せず良血不足を生じ胸《むね》疼痛《とうつう》して小腹急《こはらきふ》に痛《いた》むべし是れ坎《かん》を痛《いたみ》とし曳《ひ》くとするを以てとす故に醫を求め治療せば全快《ぜんくわい》すべし而して之卦節《ゆくくわせつ》となるは飲食を節し房事を節し程能《ほどよ》くするの神告《しんこく》なれば能《よ》く之れを守り務めて滋養分ある消化し易《やす》き食品《しよくひん》を取り適宜《てきぎ》に運動《うんどう》して消化を助くべし然るときは必ず日を經《へ》ずして治癒《ちゆ》すべしと占す

此人直ちに大學の診斷《しんだん》を受《う》けしに果《はた》して胃非常に惡《あ》しく腎臓《じんぞう》にも障《さは》りありたり

とて大に易の妙理《めうり》を悟《さと》り服藥すること三週日にして大に快方《くわいはう》に向ひ醫師《いし》の證明《ようめい》により歸國《きこく》差支《さしつか》へなしとて處方《しよはう》を乞《こ》ひ歸國せんとすと特に來りて易占《えきせん》の妙《めう》を稱《せう》し出立の日を撰《えら》びて歸《かへ》りたり實《じつ》に神易の妙理《めうり》と云ふべし

是れより醫術《いじゆつ》の治療法を記述《きじゆつ》することゝす

夫胃病は精神過勞不攝養貧血衰弱《せいしんくわらうふせつやうひんけつすいじやく》重病の快復期《くわいふくき》及び運動不足等其の重なる原因にして之れが爲めに胃液《ゐえき》の分泌減少《ぶんぴつげんせう》し食物の消化力に影響《えいきやう》し胃の活動《くわつどう》を鈍《にぶ》からしめ滋養分を吸收《きうしう》し貧血《りやうけつ》を補《おぎな》ふの機能《きのう》を不完全《ふくわんぜん》に陷《おちい》らしむるに起因《きいん》するものとす而して又老年期に至れば胃《ゐ》の筋肉衰弱《きんにくすいじやく》して胃病《ゐびやう》を起《おこ》すに至るものありとす

△豫防法

一　食物は充分《じゆうぶん》に嚙《か》み碎《くだ》きて之を嚥《の》み下し精神を落付《おちつけ》て食事をなすべし

二　食後《しよくご》直ちに寢《ね》るべからず必ず食後《しよくご》二時間位を經《へ》て適宜《てきぎ》の運動《うんどう》をなし然る後に寢《しん》に就《つ》く樣なすへし

三　便通《べんつう》の不正《ふせい》は胃《ゐ》の病《やまひ》を惹起《ひきおこ》し易きものなれば毎日《まいにち》一回宛ある樣心掛《こゝろが》くべし

四　酒《さけ》煙草《たばこ》等は少許《すこし》は用ゆるも害なけれども濫用《らんよう》するに至りては胃を傷《そこな》ふの恐れあるを以て愼むべし

五　屢々《しば〳〵》入浴して身體を清潔《せいけつ》にし其強固《きやうこ》を圖《はか》ること必要なり但し食前《しよくぜん》は一時間食後は二時間の前後《ぜんご》に於て湯《ゆ》に入る樣なすべし

六　婦人《ふじん》月經《げつけい》のあるときは成《な》るべく軟《やはらか》き消化《しやうくわ》し易き食料を取り胃《ゐ》の働《はたら》きを助《たす》くる樣注意《ちうい》すべし

七　むし齒《ば》あるものは特《こと》に食物《しよくもつ》の嚙《か》み碎《くだ》きを充分《じうぶん》にし且つむし齒《は》は其初期《そのしよき》に於て治療《ちりやう》をなすべし

八　房事《ぼうじ》手淫《しゆいん》徹夜《てつや》等《とう》精神《せいしん》の過勞《くわらう》を愼《つゝ》しむべし

右は豫防の最も重《おも》なるものとす

△養生法

世に病氣の治療上食餌《しよくじ》の攝生を要《えう》するもの少なからざるも此胃病に於けるが如く實に緊要《きんえう》なるはなし故に胃病の攝生《せつせい》は病者自身《じしん》をして注意して消化《しやうくわ》し難《がた》き食《しよく》

品《ひん》を食せしめざるにあり而して胃病者《ゐびやうしや》に禁《きん》ずべき食品《しよくひん》は酸味《さんみ》強《つよ》き者《もの》鹽味《しほみ》強《つよ》き食《しよく》料《れう》鹽漬《しほづけ》の魚《うを》乾魚《はしうを》等の類にして此等《これら》は皆消化し難《かた》し又脂肪《しばう》多き肉類《にくるゐ》即ち豚肉鰻鰯《とんにくうなぎいわし》秋刀魚《さんま》鯉《こひ》鯨《くじら》油揚《あぶらげ》天麩羅《てんぷら》等を食す可らず酒類《さけるゐ》は良好《りやうかう》の物《もの》を少量に用ゆるは消化を催進《さいしん》せらるゝ人あれども概《がい》して酒《さけ》を多量に飲むが爲めに胃病《ゐびやう》に罹《かゝ》り苦《くる》しむ人多し故に酒《さけ》は禁ずるを最も良しとす又焙《い》り豆菓子《まめくわし》赤飯《こはめし》餅《もち》澤庵漬《たくあんづけ》菜漬《なづけ》貝類《かひるゐ》章魚《たこ》烏賊《いか》蟹《かに》海老《えび》等を食すべからず又夏日氷水を用ゆべからず胃に害多《がいおは》し故に該病《がいびやう》の攝生《せつせい》は成るべく消化し易き滋養分《じやうぶん》ある食物を取り適宜《てきぎ》の運動をなし精神《せいしん》の過勞を避《さ》け冷水洗拭《れいすゐせんしよく》電氣《でんき》療法《りやうはふ》等を行ひ便通《べんつう》を調《とゝな》ふ樣注意すべし而して此病氣《このびやうき》は終日靜坐《しうじつせいざ》して外出《ぐわいしゆつ》せざるものに多《おほ》きを以て該病者《がいびやうしや》は特《とく》に日々一定時間に於て戸《こ》外運動《ぐわいうんどう》を取《と》るべし

△療　法

胃病の治療法《ちりやうはふ》は飲食物の攝生《せつせい》を忽《ゆるかせ》にするときは如何《いか》なる妙藥《めうやく》と雖も其効果《そのかうくわ》を收《おさ》むるものにあらず故に攝生肝要《せつせいかんえう》とす而して溫泉鑛泉等の入浴《にふよく》をなし適宜の運動

を取り便通を調ひ胃部《ゐぶ》に電氣《でんき》を行ひ時宜《じぎ》に依りては轉地《てんち》療養《りやうやう》をなすべし又屢々《しば〳〵》噯氣《おくび》を發《はつ》するものは胃《ゐ》の洗滌法《せんじやうはふ》を行ひ重曹三、〇苦味丁幾二、〇を一日三回つゝ服藥するを善しとす又胃痛即ち癪《しやく》には胃部に芥子泥《からし》を貼《は》り或は日本酒の良好《りやうかう》なるものを三勺程を三四回に分服《ぶんふく》せしむべし大に効あり又日常酒を嗜《たしな》む人には少しく多量《たりやう》にするも害《がい》なし素人《しろうと》は兎角《とかく》病《や》めは藥《くすり》と云ふも何病《なにびやう》に限《かぎ》らず何れも藥を用ひずして他の法によりて全治《ぜんち》せしむるを得るは最も身體に効あるものなれば宜《よろ》しく注意《ちうい》すべし

○神傳肺病全治の秘法

世俗一般に肺病《はいびやう》と稱《せう》する所のものは醫家の所謂肺結核《はいけつかく》即ち肺勞と云ふものにして通例春情發動期《しゆんじやうはつどうき》(二十歳未滿)に於て發すること多し而して肺病は難治《かんち》の疾病《しつぺい》にして病理《びやうり》診斷《しんだん》等の幼稚なる時代に於ては全《まつた》く不治の病と稱《せう》せられ其《そ》の死亡數《しばうすう》の如きも世界人口の七分の一は該病《がいびやう》の爲めに命を失ふものなりし今や醫術進歩《しんぽ》

の今日に於いては現《げん》に歐州の肺病療養所《はいびやうりやうやうしよ》に於ける最近の正確《せいかく》なる統計《とうけい》に據《よ》るも毎年百人の肺病患者中二十五人は全治し五十人は殆ど快方《くわいはう》となり再び業務《げふむ》に從事《じゆうじ》し得《う》るに至れり之を以て肺病《はいびやう》は必しも不治《ふぢ》の病《やまひ》と稱《せう》するを得ず然りと雖も本と肺病《はいびやう》の絶體的《ぜつたいてき》治療《ちりやう》は困難《こんなん》の事に屬《ぞく》するも其病苦《びやうく》を去《さ》り健康者《けんかうしや》と同一の作業《さげふ》同一の生命《せいめい》を持續《ぢぞく》し得《う》べき程度《ていど》に至らしむるは適當《てきたう》の時期《じき》に善良《ぜんりやう》の治療《ちりやう》を施《ほどこ》すときは極《きは》めて容易《やうい》なるものなり今左《いまさ》に之れが豫防《よばう》と其攝生法を記述《きじゆつ》すべし人此法により該病《がいびやう》を豫防《よばう》し又快癒《くわいゆ》するものあらば實《じつ》に人世《じんせい》の幸福《かうふく》にして實に神傳《しんでん》の秘法《ひはう》ならずとせんや

△肺の起因

肺病の原因に二あり一は遺傳性《いでんせい》とし一を傳染性《でんせんせい》とす遺傳性とは其家系《かけい》より來るものにして傳染性《でんせんせい》とは世人《せじん》の所謂《いはゆる》肺病の病毒（結核桿菌《けつかくかんきん》）を吸入《きうにふ》して遂に該病《がいびやう》に罹《かゝ》る者を云ふ而して此病毒《このびやうどく》は多く肺病患者《はいびやうくわんじや》の肺中《はいちう》に舍《やど》り痰中《たんちう》に交《まじ》りて體外に咯出《かくしゆつ》せらる此咯出《かくしゆつ》せられたる痰液《たんえき》日光に遇《あ》ひ乾《かは》きて塵埃《じんあい》となり風《かぜ》に吹《ふ》かれて空氣《くうき》

中《ちう》に浮游《ふいう》せる咯痰《かくたん》の細粉末《さいふんまつ》を吸入して遂に不知不識《しらずしらず》の間に該病《がいびやう》を惹起《じやくき》するに至《いた》るものなり又此病毒《このびやうどく》は肺《はい》の外腸管《ぐわいてうくわん》及び皮膚《ひふ》の瘡口《そうこう》より傳染《でんせん》するものなれば大に注意《ちうい》を拂《はら》ふべし

△豫防法

一　身體《しんたい》を健康《けんかう》にし體力を強固《きやうこ》ならしむる爲め冷水摩擦《れいすいまさつ》冷浴《れいよく》及び適宜《てきぎ》の運動《うんどう》をなすべし

二　傳染《でんせん》を媒介《ばいかい》するものは咯痰《かくたん》を甞《な》めたる蠅《はい》皮膚《ひふ》の創口《きずくち》に止《とゞ》まる等なれば能く注意すべし

三　若し家內に該病患者あるときは成るべく室《しつ》を異《こと》にし器物《きぶつ》の凡てを健康者《けんかうしや》と區別《くべつ》して混同使用《こんどうしよう》せざる樣注意すべし

四　該病患者《がいびやうくわんじや》に近接《きんせつ》すべからず特《とく》に氣管支加答兒《きくわんしかたる》なるものは傳染《でんせん》し易《やす》きを以て一層注意《ちうい》すべし

五　空氣流通《くうきりうつう》の不良《ふりやう》なる家屋《かをく》工作場の執務塵埃《しつむじんあい》の吸入《きうにふ》等を避《さ》け務《つと》めて皮膚《ひふ》を淸《せい》

潔《けつ》になす爲め適宜《てきぎ》に入浴すべし

右は重なる豫防法の一班《いつぱん》とす餘《よ》は各自《かくじ》適宜《てきぎ》に之《こ》れを防《ふせ》ぐの術《じゆつ》を講《こう》ずべし

△攝生法

肺病に就て養生法の簡易《かんい》にして適當《てきたう》なるものを左に列記《れつき》すべし

一 居室《きよしつ》を清潔《せいけつ》に掃除《さうじ》し室内には湯氣《ゆげ》を發散《はつさん》せしめて空氣を濕《うるほ》し溫暖《をんだん》ならしめて呼吸《こきう》せしむべし

二 身體《しんたい》を安靜《あんせい》にすることは論《ろん》を俟《ま》たず言語《げんご》を少《すくな》くし且《か》つ高聲《かうせい》を發《はつ》することを禁《きん》ずべし

三 身體の衰弱《すゐじやく》を補《おぎな》ふ爲《た》めに善良《ぜんりやう》なる消化《しようくわ》し易き滋養物《じやうぶつ》を取るべし殊《こと》に柔《やはら》かき肉類《にくるゐ》牛乳《ぎうにう》鷄卵《けいらん》牛酪《ぎうらく》等を多量に用ふべし但し牛乳を用ゆるには一旦煮沸《しやふつ》して之を用ひ決《けつ》して生《なま》の牛乳を用《もち》ゆべからず

四 殊《こと》に衰弱《すゐじやく》甚しきものには赤葡萄酒《せきぶだうしゆ》或はシャンパン酒等を少量《せうりやう》用《もち》ゆべし

又肺病に忌《い》むべき食物は左の如し

椎茸《しゐたけ》干瓢《かんぺう》豆《まめ》小豆《あづき》數の子《かずのこ》胡瓜《きうり》昆布《こんぶ》葱《ねぎ》午蒡《ごばう》松茸《まつたけ》蕎麥《そば》天麩羅《てんぷら》油揚《あぶらげ》蒟蒻《こんにやく》赤飯《こはめし》澤庵漬《たくあんづけ》蟹《かに》海老《えび》章魚《たこ》烏賊《いか》鮭《さけ》鱒《ます》等《とう》とす故に之を節《せつ》するか若くは全く之を避《さ》くべし

又肺病に適《てき》する食物は左の如し

牛肉《ぎうにく》鳥《とり》牡蠣《かき》玉子《たまご》牛乳《ぎうにう》パン溫飩《うどん》葛湯《くずゆ》豆腐《とうふ》味噌《みそ》麩《ふ》大根《だいこん》林檎《りんご》蕪《かぶら》南瓜《かぼちや》三葉《みつば》鯉《こひ》比目魚《ひらめ》等とす

△療法

治療法を左の三種に分つ

一　氣候療法《きこうりやうはふ》

二　攝食療法《せつしよくりやうはふ》

三　藥餌療法《やくじりやうはふ》

總《すべ》て肺病《はいびやう》に罹《かゝ》りたる人は其《その》初期《しよき》即ち輕症《けいしやう》の時《とき》に於て未《いま》だ肺の病變甚だ進まざるときに於て食物の養生は勿論轉地《てんち》氣候療法《きこうりやうはふ》を行《おこな》はしむるを良《よ》しとす故に肺病の初期には先づ空氣《くうき》清淨《せいじやう》にして氣候適順《きこうてきじゆん》なる海濱山間森林《かいひんさんかんしんりん》等の地に移住《いぢう》すべく夏《か》

季《き》には森林殊に松林《まつばやし》に富《と》める村落《そんらく》或は海濱《かいひん》に轉地《てんち》せしめ冬季には南方溫暖《おんたん》の地方に滞留《たいりゆう》せしめ且つ天氣淸朗《せいろう》にして無風《むふう》の日には徐々《じよく》林間或は海濱《かいひん》を逍遙散歩《しやうえうさんぱ》せしむるを良《よ》しとす然れども素《もと》より難治《なんち》の病症なるを以て妄《みだ》りに素人《しろうと》考へを以て世に流布《るふ》する妙法《めうはふ》などを信《しん》じて治療《ちりやう》を忽《ゆるがせ》にすべからず常に能《よ》く專門家の診斷《しんだん》を受《う》けて熱《ねつ》の發《はつ》したるとき消化惡《あ》しき時喀血《かくけつ》したる時等各塲合《かくばあひ》に於《おい》て適當《てきたう》の藥《やく》餌《じ》を醫師《いし》に求《もと》むべし而してクレヲソート、ヴヤヤコール、次亞燐酸舍利別《じありんさんしやりべつ》、スコット乳菓《にふくわ》、肝油《かんゆう》等は本病の特効藥《とくかつやく》とも稱すべし然りと雖も其初期《そのしよき》にあるものは藥餌《やくじ》に重きを措《お》かんより一般身體の强壯法《きやうさうはふ》を行ふべし之れを以て該病者《がいびやうしや》は務《つと》めて毎朝早起《さうき》し適宜の散歩逍遙《しようえう》冷水《れいする》洗拭《せんしよく》をなし冬季には腹部《ふくぶ》を溫包《おんぱう》して寒冒を戒《いま》しめ日光浴《につくわうよく》をなし夜は早く寢《い》ねて精神を安靜《あんせい》にし過勞《くわらう》を禁《きん》ずべし但し健康《けんかう》に適《てき》する業に從事《じうじ》し一定の運動《うんだう》をなすは差支《さしつかへ》なし

肺を易《えき》の象《しやう》に配《はい》するときは之を兌《だ》の象《しやう》とす蓋し兌の象一陰上にありて側立《そくりつ》し二の數あり二陽下に垂《た》れて六の數あり易に陽を三の數とし陰を二の數とす是れ天

地と易《えき》との定數《ていすう》たり參天兩地即ち是れなり而して又易の例陰を小とし陽を大とす此《こ》の故に上の二つの耳《みゝ》は短《みじか》く下の六つの葉《よ》は長し是れ肺の象にして兌に配するの義なり又五行に配すれば肺《はい》は金に屬《ぞく》し兌も亦金に屬《ぞく》するを以てとす聊《いさゝ》か玆に之れを記して易《えき》の靈妙《れいめう》能《よ》く疾病《しつぺい》を治するの妙《めう》ある一班を知《し》らしめんと欲《ほつ》するのみ

○神傳腦病全治の秘法

腦病（頭痛）の種類《しゆるい》に至りては其原因《そのげんいん》數多ありと雖も重に腦充血《のうじゆうけつ》炎症《えんしやう》腦貧血《のうひんけつ》腦膜《のうまく》の諸症頭上外部のリヨマチス及び胃子宮《ゐしきう》の諸病等より來るもの最も多しとす而して此等の諸原因《しよげんいん》たる疾病《しつぺい》は多く身體《しんたい》の激動《げきどう》精神《せいしん》の興奮《こうふん》便通《べんつう》の不正暴飲《ぼういん》熱浴《ねつよく》咳嗽《がいそう》等とす故に今左に此の原因《げんいん》を推《お》して之れが治療法《ちりやうはふ》及び呪咀《じゆそ》數種《すうしゆ》を記述《きじゆつ》すべし

△治　療　法

療法としては務めて精神《せいしん》を安靜《あんせい》にし消化《しやうくわ》し易《やす》き食物を取り便通を調《とゝな》ひ森林野外《しんりんやぐわい》

庭《てい》園《えん》等を散《さん》歩《ぽ》し過《くわ》度《ど》の勞《らう》働《どう》を避《さ》け夜《よ》は早《はや》く寢《しん》に就《つ》き充分に睡《すゐ》眠《みん》し朝は務《つと》めて早《さう》起《き》し冷水摩《ま》拭《しよく》をなすべし又頭痛劇《はげ》しきときは頭《とう》部《ぶ》を冷《れい》却《きやく》し熱《ねつ》脚《きやく》浴《よく》をなし頭《とう》圍《ゐ》を拘《こう》縛《ばく》するも効《かう》ありとす又服《ふく》藥《やく》用《よう》としては左の二三効ありとす

(一)安《あん》知《ち》ヘプリン　〇、二五

右頓《とん》服《ぷく》すべし

(二)ブラム加《か》里《り》　三、〇

橙《とう》皮《ひ》舍《しや》利《り》別《べつ》　一〇、〇

水　一〇〇、〇

右能く混《こん》和《わ》して一日三回に分服すべし

又呪《じゆ》咀《そ》として左に數《すう》種《しゆ》を述《の》ぶべし

△頭痛を治する法

頭痛劇《はげ》しくして耐《た》へられぬ時は生《なま》大《だい》根《こん》のをろし汁《しる》を少しく鼻《はな》の孔《あな》へ吹《ふき》込《こ》むときは忽《たちま》ちに治す若《も》し左《ひだり》斗《ばか》りの偏《かた》痛《いたみ》なれば左の鼻の孔へ吹《ふき》込《こ》み右斗りなれば右の孔

に吹き込むべし又兩方なれば左右へ吹込むべし如何《いか》なる劇しき頭痛《づつう》にても忽ちに治する神傳秘法《しんでんひはふ》なり

又

編笠《あみがさ》を冠《かむ》り其上より冷水《れいする》にて冷《ひ》やすもよろし

又

大蒜《にんにく》を切りへぎて臍《へそ》の上にし其上《うへ》より灸《きう》し病人《びやうにん》の口中《こうちう》より蒜《にんにく》の臭《にほ》ひ出《いで》る迄《まで》灸《きう》すべし治すること妙なり

又

年久しく頭痛《づつう》にて苦《くる》しむには白芷《びやくし》（藥店にあり）を細末《さいまつ》にし三分《ぶん》づゝ茶《ちや》と荊芥《けいかい》とを煎《せん》じたる汁《しる》にて服用《ふくよう》すべし如何《いか》なる永年《ながねん》の頭痛持《づつうもち》にて苦《くるし》みしものも忽《たちま》ちに治《ぢ》するの神法《しんはふ》なり

○神傳腹の病全治の呪咀

腹《はら》痛《いた》む時に左の歌を讀むべし

秋《あき》すぎてふゆのはじめは十月に
霜《しも》かれたけば虫《むし》の子《こ》もなし

秋風《あきかぜ》は冬《ふゆ》のはじめに立物《たつもの》を
木草《きくさ》も枯《か》れて虫《むし》もしづまる

右の二首を誦《よ》めば不思議《ふしぎ》に治《ち》するなり

又　法

男腹痛《いて》むときの符

天天
日日
日日

喼急如律令

女腹痛《はらいた》むときの符

右何《いつ》れも腹《はら》痛《いた》む時小《ちい》さき紙《かみ》に認《したゝめ》て清水《せいすゐ》にて呑《の》むべし

又赤はらの時

此符を呑《の》むべし止《と》まること妙《めう》なり

又　腹《はら》痛《いた》みて耐へ難き時は生姜《せうが》を臍《へそ》の上《うへ》に載《の》せ其上に灸《きう》すべし又鹽《しほ》を敷《し》きて其上に灸《きう》するもよし

又以下醫術上《いじゆつじやう》の治療法《ちりやうはふ》を示すべし

腹痛《ふくつう》は種々《しゆ〲》なる原因《げんいん》によりて起《おこ》るも其の最も多きは腹部足脚《ふくぶそくきやく》の寒冒飲食物《かんばういんしよくぶつ》不攝《ふせつ》生《せい》の結果胃腸《ゐちやう》を傷《そこな》ひ若しくは便秘久しきより起因《きいん》するものなれば宜しく注意せざるに於ては之れが原因となりて諸種の病を惹起《ひきおこ》すの恐《おそれ》あり之を以て單に腹痛《ふくつう》とても之れが攝生《せつせい》を忽《ゆるがせ》にすべからず

△治療法

腹痛《ふくつう》は前項《せんこう》述《の》べたるか如く種々なる原因より來るものなれども概《がい》して之れを治《ち》療《りやう》ぜんとするには勉《つと》めて攝生《せつせい》を守り不適當《ふてきたう》なる飲食物《いんしよくぶつ》を避《さ》け熱浴《ねつよく》（熱き湯にて身體を行水する事）芥子浴《からしよく》（芥子泥を水にて溶解し膝より下を浴する法）を取り腹部にフランネルを温湯に浸《ひた》して軟《やはら》かに絞《しぼ》りたるものを當《あ》てるときは多く効《かう》ありとす又強壓《きやうあつ》すれば緩解《くわんかい》するものなれば疼痛劇《とうつうはげ》しきときは手指《しゆし》を腹部《ふくぶ》に當《あ》てゝ壓迫《あつぱく》を試《こゝろ》むるも効あるものなり又便秘《べんぴ》にて痛《いた》みを起《おこ》すものにはヒマシ油の如き緩下劑《くわんげざい》を用ゆるもよろし又蛔虫異物《くわいちういぶつ》等によりて起《おこ》るものは宜《よろ》しく之を除去《ぢよきよ》する

こと肝要《かんえう》にして醫《い》の診療《しんりやう》を乞ふべし

備　考

異物《いぶつ》とは例之《たとへ》ば釘針《くぎはり》果物《くだもの》の種《たね》入齒《いれば》碁石《ごいし》鉛《なまり》のメンコ等を云ふ人《ひと》若し誤《あやま》つて此《この》等《ら》を呑《の》み下したるときは野菜《やさい》芋類《いもるゐ》を成るべく多量《たりやう》に食《しよく》すべし然るときは遲《おそ》くも四十八時間後糞塊《ふんくわい》に包《つゝ》まれて肛門《こうもん》より出づるものなれば決《けつ》して狼狽《らうばい》して妄《みだ》りに下劑《げざい》を用ふべからず是れ最《もつと》も注意《ちうい》すべきの事項《じかう》なり

○神傳心臓病全治の妙法

心臓《しんざう》は人體に於て最も貴重《きちやう》なる臓腑《ざうふ》にして本病は病中甚だ重劇《ぢゆうげき》なるものにして就中《なかんづく》心臓の痲痺《まひ》は尤も危險《きけん》に陷《おちい》るものにして人の將《まさ》に死《し》せんとするや先づ此《この》心臓《しんざう》の痲痺《まひ》を來《きた》すものなり而して心臓より起《おこ》る所の病も幾多《いくた》の種類《しゆるゐ》あり其重なるものを心臓《しんざう》瓣膜《べんまく》心臓痙攣《けいれん》絞《かう》心症《しんしやう》心悸《しんき》亢進《かうしん》(ムナサワギ)等とす今《いま》此等《これら》の症に就き左に原因及攝生法を記述《きじゆつ》し併せて之れか治療法を述《の》ぶべし

△該病の原因

心臓瓣膜は關節《くわんせつ》リヨーマチス心臓內臓炎の後《のち》に起る病にして僅かに勞働《らうどう》するも心臓《しんざう》に疼痛《とうつう》を發《はつ》し苦悶《くもん》に耐《た》へざるの症とす

心臓痙攣絞心症は卒然《そつぜん》心臓部に劇痛《げきつう》を發し往々《まゝ》肩《かた》及び二の腕《うで》に痛《いた》みを及ぼし胸《むね》絞《しぼ》らるゝが如く苦《くる》しきものにして原因《げんいん》は重《おも》に暴酒過煙《ばうしゆくわえん》等に原因するものなれば之れが飲用《いんよう》を節《せつ》し其他一般に攝生《せつせい》を行ふべし

心悸亢進とは「ムナサワギ」の事にして此原因は多く神經衰弱《しんけいすゐじやく》ヒステリー貧血手《ひんけつしゆ》婬房事過度《いんばうじくわど》茶《ちや》及び煙草《たばこ》の亂用等《らんようとう》より來《きた》る又生殖器病便秘胃病《せいしよくきびやうへんひいびやう》等より來る事等もあり

△豫防及養生

一　リヤウマチース、梅毒《ばいどく》、痛風《つうふう》等に罹《かゝ》りたるものは嚴重《げんぢゆう》に治療《ちりやう》を加へ飲酒喫煙《いんしゆきつえん》を節し身體《しんたい》の過勞《くわらう》を避《さ》くべし

二　心臓病は靜《しづ》かに身體《しんたい》を保《たも》つを肝要《かんえう》とするを以て務《つと》めて精神を安んじ言語《げんご》を

少くし妄《みだ》りに身體を動《うご》かすべからず

三　騎《き》馬《ば》體《たい》操《さう》競《きやう》走《さう》登《と》山《ざん》等を愼《つゝ》しむべし又辛《から》き物香《かう》竄《ざん》料《りやう》等の飮《いん》食《しよく》を一切禁ずべし

四　冷《れい》浴《よく》熱《ねつ》浴《よく》を嚴《げん》禁《きん》し偶《たま》々《〱》微《び》溫《おん》浴《よく》を取《と》るべし

五　精神の亢《かう》進《しん》となる事《じ》情《じやう》を避《さ》くべし

六　飮《いん》食《しよく》の料には消《しやう》化《くわ》し易《やす》きもの即ち牛乳、スープ、タヽキ肉等を用ひ酒茶コーヒー等は嚴《げん》禁《きん》して決《けつ》して用ゆべからず

△該病の治療法

心悸亢進

此症の治療法は其《その》原《げん》因《いん》となる處の事情を除《ぢよ》去《きよ》するに務《つと》め發《けつ》作《さ》したる時に於《おい》ては最《もつと》も閑《かん》靜《せい》なる室《しつ》内《ない》に安《あん》臥《くわ》せしめ心臟の位《ゐ》置《ち》を氷《ひやう》囊《のう》を用ひて冷《ひや》すべし又藥《やく》品《ひん》としては左の處《しよ》方《はう》によりて之を服用すべし

臭《しゆう》素《そ》加《か》里《り》　六、〇

苦《く》味《み》丁《ちん》幾《き》　三、〇

水　　　二〇〇〇

右の分量を一日六回二日に分服すべし

心臓痙攣絞心症

此症の治療法は其發作《はつさ》したる時に於ては芥子油《からしゆ》を塗附《どふ》したる布を以て心臓の部《ぶ》分《ん》及び足の上下を摩擦《まさつ》し以て醫師を迎《むか》ふべし此の症は最《もつと》も恐るべきものなれば忽《ゆるが》せにすべからず成べく閑靜《かんせい》にして空氣《くうき》の流通《りゆうつう》良《よ》き場所《ばしよ》に靜穩《せいおん》に臥せしめ飲食品に注意して便通《べんつう》を調《ととな》ふべし

心臓瓣膜病

此の病の治療法は前記の治療法《ちりやうはふ》と大同小異なるを以て宜しく酌量《しやくりやう》すべし

又古來傳《こらいつた》はりし妙法《めうはう》は左の各種《かくしゆ》とす

胸腹《むねはら》こわはりて死《し》せんとする樣の時には延胡索《えんごさく》を粉《こ》にして酒にて服《ふく》すべし如何《いか》に苦悶《くもん》するものも須臾《しゆゆ》にして必ず治するの妙法《めうはふ》にして應急手當《おうきふてあて》として大に簡便《かんべん》なるの神法なり

又　左の神符を呑むもよし

右の符《ふ》を白紙《はくし》に小さく切《き》りたるものに硯水《すゞりみづ》の清潔《せいけつ》なるものにて藥師《やくし》の咒《じゆ》百返唱へて之を認《したゝ》め呑《の》むべし不思議《ふしぎ》奇妙《きめう》の神秘《しんぴ》なり

○神傳肝臟病全治の秘法

肝臟《かんざう》に屬《ぞく》する疾病《しつぺい》の重《おも》なるものを腹水病《ふくすいびやう》（脹滿《てうまん》）黄胆《わうだん》の二病とす而して世人《せじん》の多くは此《こ》の兩症《りやうしやう》によりて苦《くる》しむの多《おほ》し故《ゆゑ》に左《さ》に此の二症の疾病《しつぺい》に就《つい》て之れが攝生《せつせい》法《はふ》と治療法の一班《いつぱん》を示《しめ》すべし

△腹水病（脹滿）

此病は重《おも》に心臟病肺病腹膜炎《ふくまくえん》等より原因《げんいん》するものにして其症候は腹腔内《ふくこうない》に液體《えきたい》

を滲漏《さんろう》し尿量減少《にようりやうげんせう》心悸亢進《しんきかうしん》呼吸困難《こきうこんなん》等を感《かん》するの症《しやう》とす而して此病《このやまひ》たるや婦人《ふじん》に多く一度此病に罹《かゝ》る者は不治《ふち》の病《やまひ》として大に苦悶《くもん》するものなり然れども之れが療法の宜《よろ》しきを得《う》るときは決して回復《くわいふく》の見込《みこみ》なき症《しやう》にあらず左に之れが療法《りやうはふ》を示すべし

△攝生法及治療法

該病《がいびやう》の攝生法《せつせいはふ》は消化《しやうくわ》し易き滋養品《じやうひん》を取《と》り勉《つと》めて身體《しんたい》の強壯法《きやうさうはふ》を計《はか》るべし而して之れが療法に至りては腹部《ふくぶ》非常に膨脹《ぼうちやう》し呼吸《こきう》其他《そのた》に就《つい》て苦痛《くつう》を感《かん》ずるものは速《すみや》かに醫師《いし》の診察を受け穿腹術《せんふくじゆつ》によりて其部分より液體《えきたい》を排除《はいぢよ》するを良《よ》しとす又《また》病勢《びやうせい》其度《そのど》を超《こ》へたる人は絶對的《ぜつたいてき》に之れを切解手術《せつかいしゆじゆつ》によりて其病根《そのびやうこん》を除去《ぢよきよ》するに如《し》くはなし又該病《がいびやう》に罹《かゝ》りたる人は平常《へいせい》液汁《えきじゆう》の多き食品《しよくひん》を禁《きん》ずべし又尿量《にようりやう》少き人は左《さ》の藥劑《やくざい》を服用《ふくよう》するも効あり

處　方

純精酒石《じゆんせいしゆせき》　一五、〇　（四匁）

乳《にう》　糖《とう》　　三〇〇

右二種を混和《こんわ》し六包に分ち一日六回に服《ふく》すべし

△黄　胆

此の病は重に不攝生によりて胃腸病《ゐちやうびやう》を起《おこ》し膽臟中《たんざうちう》にある汁液《じふえき》が其出所を失《うしな》ひ逆流して血液《けつえき》に混同《こんどう》するより發するものにして其症候《そのしやうこう》は眼《がん》球《きう》肌《き》膚《ふ》爪《つめ》に至る迄皆《みな》悉く黄色となり爲めに血流《けつりう》の調度《てうど》を失ひ衰弱《すゐじやく》するに至《いた》るものなり抑ゝ膽臟《たんざう》は肝臟の下方にありて膽汁《たんしゆう》を作《つく》り食物消化《しよくもつせうくわ》の幾能《きのう》を助くるものにして便通《べんつう》を調《ととな》ふる作用を爲すものにして人體に最《もつと》も肝要《かんえう》なるものとす

△該病の治療法

黄胆の治療法としては務《つと》めて膽汁《たんじゆう》の排泄《はいせつ》を促《うなが》して停滞《ていたい》なからしめ血流《けつりう》の調和《てうわ》を保ち身體《しんたい》の疲《ひ》衰《する》を回復《くわいふく》するにありとす之《これ》を以て前述《ぜんじゆつ》の攝生法を嚴守《げんしゆ》し毎朝《まいてう》空腹の時に人工カルヽス泉鹽《せんえん》八乃至十五グラム（二匁乃至四匁）を服用し便の通利《つうり》を計るべし又健《けん》胃《ゐ》劑《ざい》としては左の藥品を服用するも効ありとす

重炭酸《じゆうたんさん》曹達《そうだ》　三、〇

大黄末　一、〇

右二品を混和し之を三包に分ち一日三回に分服すべし

又該病《がいびやう》にて皮膚《ひふ》の痒《かゆ》みを覺《おぼ》へ堪《た》へざるときは屢々《しば〳〵》溫浴《おんよく》又は炭酸加里浴《たんさんかりよく》をなし更に十倍《じうばい》のイヒチオル酒精を塗附《とふ》するときは大に効ありとす

〇神傳僂麻質私全治法

僂麻質私は溫帯地方《おんたいちはう》に多《おほ》く流行《りうかう》する病《やまひ》にして其原因《そのげんいん》たるや急劇《きふげき》の寒氣《かんき》又は濕潤なる氣に中りて發《はつ》するのもとす而して就中秋冬《なかんづくしうとう》の間《あひだ》に寒き風雨《ふうう》を侵《おか》して寒冒《かんばう》に誘起せらるゝもの多く急性《きうせい》と慢性《まんせい》の二種あり急性の者は壯年の勞働者《らうどうしや》に多く慢性は特《とく》に高年《かうねん》の女子《ぢよし》に多く發するものなり其症候《そのしやうこう》は世人の旣《すで》に知れる如く最初は時々熱《じゞねつ》を發し患部《くわんぶ》なる手足《しゆそく》關節《くわんせつ》の周圍《しうゐ》には刺《さ》すが如く裂《さ》くが如き一種の劇痛を發《はつ》し其病甚《そのやまひはなは》だしきものは關節腫脹《くわんせつちゆうちやう》して紅色《こうしよく》を現はすに至る之を僂麻質私炎と

云ふ此症の奇なるは寒天降雨の其将《そのま》さに來らんとするや先づ患部《くわんぶ》に痛みを生じ溫和《おんわ》快晴《くわいせい》ならんとする前には其痛《そのいた》み緩解《くわいかい》するものなり以上の如くにして其原因《そのげんいん》は重《おも》に濕潤《しつじゆん》なる天候冷濕《れいしつ》なる居室《きよしつ》夜陰《やいん》の外出等なりとす故に宜《よろ》しく其理を悟《さと》り注意して該病《がいびやう》に侵《おか》されざる様注意すべし

該病《がいびやう》に就《つい》ての養生法としては第一に濕潤《しつじゆん》せる家屋《かおく》又は寒天《かんてん》の勞働《らうどう》を禁《きん》じ食餌《しよくじ》には脂肪《しばう》多き質《しつ》の物を禁《きん》ずべし又治療法としては此病素《やまひもと》より不治の病にあらざるを以て其初期《しよき》に於て充分《じゆうぶん》に治療《ちりやう》を加《くは》ふべし而して一切諸部《しよぶ》の僂痳《りやうま》質《ち》私《す》には凡て辛子泥《からし》を疼痛《とうつう》の塲所《ばしよ》に貼《てう》するときは必ず効顯《かうけん》ありとす槪《がい》して此病《このやまひ》は身體《しんたい》を溫《おん》包《ばう》し新鮮《しんせん》の空氣《くうき》を吸入《きうにふ》することを勤《つと》むべし故に山間《さんかん》或は海濱《かいひん》の溫泉《おんせん》鑛泉《くわうせん》等ある所に轉地《てんち》療養《りやうやう》するを良《よ》しとす就中《なかんづく》溫泉《おんせん》は伊香保《いかほ》磯部《いそべ》蘆《あし》の湯《ゆ》等最も効《かう》ありとす若し境遇《きやうぐう》此の療養を許《ゆる》さゞる人は食鹽湯《しよくえんたう》を作《つく》り溫度を强《つよ》くして入浴するか患部《くわんぶ》を蒸《む》すべし又內用藥としてはサルチル酸〇、三宛を一日三回乃至四回用ゆべし

〇易の神妙僂痳質私を治す

或人《あるひと》疾病《しつぺい》に罹《かゝ》り苦《くる》しむこと多年醫藥《いやく》効《かう》を奏《そう》せず因《よつ》て之れが病因《びやういん》と其治《そのち》するや否《いな》やを余《よ》に問《と》ふ余《よ》易を筮《せい》して左の卦を得たり

火地《くわち》晋之《しんのゆく》未濟《びせいに》

斷《だん》じて曰く晋《しん》の卦たるや火は上に昇《のぼ》り進み下虚《しもきよ》にして冷《ひ》ゆるの象なり坤《こん》を土とし濕《しつ》とし腫《は》るゝとす是れ下部虚冷《きよれい》なるの象とす之を以て是を觀《み》るに濕氣《しつき》身體を侵《おか》して疼痛《とうつう》を生したるものなり而して又離《り》の色を赤《あか》しとし坤に腫《は》るゝの象《しやう》あるを以て是れ僂痲質私炎《りうまちすえん》なり而して其治《ち》するや否《いな》やに至りて之卦《ゆくくわ》の未濟《びせい》となるを以て終《つひ》には快癒《くわいゆ》するに至るべしと占す

病者大に其《そ》の意《い》を悟《さと》りたるものゝ如く余に向て曰く貴占《きせん》大に余《よ》の意《い》に適《てき》せり從來《じゆつらい》の醫師《いし》は之れを腎臟《じんざう》の故障《こしやう》とし之に治療《ちりやう》を加《くは》へたり故に速《すみや》かに醫《い》を轉《てん》じ貴占《きせん》を告《つ》けて治療を求《もと》むべしと辭《じ》し去れり其後消息《しやうそく》を聞《き》くを得ざりしが果然書《くわせんしよ》ありて其筮占の中《あた》れるを稱《しよう》し併《あは》せて病氣全快の禮《れい》を述《の》べ來れり神易《しんえき》の妙實《めうじつ》に驚《おどろ》くべし編者《へんしや》特《こと》に之を茲《こゝ》に記《しる》して以て世人《せじん》に公《おほやけ》にするものなり

○皮膚病全治の呪咀及秘法

癬疱《たむし》を治する妙法

たむしに色々の藥ありて大かたは治すれども妙法《めうはう》は至つて尠《すくな》し左に示すものは殊《こと》に妙法《めうはふ》中の妙法とす

鰹節《かつぶし》を削《けづ》り之れを揉《も》みて細末《さいまつ》にし飯粒《めしつぶ》にて煉《ね》りて田むしに付け置くべし治《ぢ》すること妙なり

又

法

田虫の出來《でき》きたる大きさの回《まは》りを藁《わら》の蕋《しべ》にて寸を取り其の蕋《しべ》のわなをセンダンの木に當《あ》て其《その》廻《まわ》りを小刀《こがたな》の先《さき》にてつゝきて丸の筋目《すぢめ》を付中《つけうち》に又小刀の先にて十文字に筋《すぢ》を付け跡《あと》を見《み》ずして歸《かへ》るべし田虫治して跡《あと》なし

又

法

田虫の出來《でき》たる上に南《みなみ》と云ふ字《じ》を書《か》き其上を墨《すみ》にて塗《ぬ》り置《お》くべし但し墨《すみ》に

て塗《ぬ》るときに藥師《やくし》の呪《じゆ》七返唱《とな》へ祈念《きねん》すべし治する事不思議なり

又　顔に出來たる時呑む符

孱昍見喼急如律令

此符を認《したゝ》めて呑《の》むべし治《ち》する事《こと》妙《めう》なり

又　醫術上の治療法としては左の藥品を用ゆべし

サルチル酸	二、〇
アルコール	二〇、〇
グリスリン	一〇、〇

右塗布料《とふりやう》として用《もち》ゆるも大に効《かう》ありとす

又　秘術中秘としての呪咀は左の如し

大黄《だいわう》を三十三にへぎて切目《きりめ》に小刀の先《さき》にて虫《むし》と云ふ字を書きて其大黄《そのだいわう》にて

虫《むし》の嚙《く》ふ所を摩《な》すべし而して摩するときに左の歌を誦むべし

歌に曰く

三日月《みかづき》をしねとのろふは田虫《たむし》なり

ころしてたべよ十五夜の月《つき》

○神傳疱瘡禁厭秘傳妙法

疱瘡《はうそう》流行《りうかう》する時は左の符《ふ》を家宅の四方に押《お》すべし

姓　名　何　某

此金太郎《きんたらう》若狹《わかさ》小濱《おはま》の孫左衛門が子也

右の如く書すべし

又　法

枇杷《びは》の葉《は》二枚を半分《はんぶん》に折《を》り一枚を棄《す》て後の一枚に小豆《あづき》十粒《つぶ》大豆《だいづ》十粒《つぶ》程《ほど》を入れ煎《せん》じ呑《の》まして其の後枇杷《びは》の葉《は》にて頂《いたゞ》きより摩《な》でるべし摩《な》でる時左の

文を唱ふべし
文に曰く
でんによでん〳〵
右の文を唱《とな》へながら左より右へ掛《か》けて摩《な》つるべし而して後《のち》に左の符《ふ》を首《くび》に掛《か》け置《お》くべし

越前國猪尾之峠之茶屋之孫赤子

右の符を白紙《はくし》に認《したゝ》めて首《くび》に掛《か》くべし

又　疱瘡目の中へ入らぬ咒咀
白芥子《しろからし》を足《あし》の裏《うら》に塗《ぬ》れば奇妙《きめう》なり

又　疱瘡の神祭《かみまつ》るの秘事《ひじ》
枇杷《びは》の木《き》の東に差《さ》し出《で》たる枝《えだ》の葉《は》の傷《きづ》なきを取りて其人の年の數程《かずほど》に切《き》り大納《だいな》言《ごん》小豆《あづき》黒豆《くろまめ》大小を年の數程入れ天目《てんもく》(佛に供養するに用ゆる茶碗の事)に水一杯

を七分目程《めほど》に煎《せん》じ枇杷《びは》の葉《は》の切目《きめ》を揃《そろ》ひ煎《せん》じたる汁《しる》を付《つ》け出來《でき》たる物に塗《ぬ》るなり而して行水をなし火を清《きよ》め煎じ用ゆるなり男子には朝《あさ》用ひ女子は夕方《ゆうかた》に用ゆるなり又眉《まゆ》三度兩方の頬《ほう》三度鼻先《はなさき》三度次に兩の手の内三度づゝ次に臍《へそ》三度之れは能《よ》く〱濡《ぬら》すべし次に兩方の足の甲三度づゝ塗《ぬ》る又疱《もがさ》の出《い》でたる時は更に煎じて用ゆるなり若し病勢《びやうせい》強《つよ》く危篤《きとく》なるものには右の煎《せん》じ汁《しる》の中《うち》に更に茶センバを入れて煎《せん》じ用ゆべし三時《みとき》の(六時間)中なれば生《い》くべし又大事に及ばゞ梨の實《み》を刻《きざ》みて水に付けて臍《へそ》を濡《ぬ》らし幾度《いくたび》も徐々《そろ〱》塗《ぬ》るなり塗る時に唵雪女傳《おんせつちよでん》〱〱と唱ふべし

又　首に掛けさする符

鬼×鬼×鬼
鬼×鬼×鬼
慈眼視衆生福聚海無量是故應頂禮

此符を書《か》きて首《くび》に掛《か》けさすべし

又　左の歌を唱ふべし

むかしより約束《やくそく》なればいもはしか

やむとも死《し》なし神垣《かみがき》の内《うち》

右の神歌を三返唱ふべし

○方術砂蒔水取全治法

難病《なんびやう》にて苦しむ人に最も貴重《きちゆう》なる法あり之を方術砂蒔《すなまき》水取の法と云ふ而して此法は年月日時共に吉方に相當《さうたう》する方より之を取來《とりきた》り砂は臥蓐《ねどこ》の下に布き水は藥《くすり》を煎ずるの用とす是れ病者《びやうしや》に施《ほどこ》して最も効顯《かうけん》あるの法なり然れと雖も此法《このはふ》を行ふこと甚だ困難《こんなん》の事あり他《た》なし其吉時吉方が晝間《ひるま》のみに廻《まは》り來《きた》るものにあらずして往《ま》、々夜間《やかん》の時刻《じこく》吉なる事あり今左に世人の爲め此法に拘泥《こうでい》せずして人々臨《りん》機《き》の處置《しよち》を取るに最も簡便《かんべん》にして何人《なにびと》も之を行ふ事を得るの法を斟酌《しんしやく》して病難快癒《くわいゆ》を得せしむる樣其法《そのはふ》を記述すべし

△砂蒔の法

年月日時の吉方に於て神社佛閣《じんじやぶつかく》に限《かぎ》らず路傍《ろばう》の土《つち》にても牛馬鶏犬《ぎうばけいけん》の爲めに汚《けが》されざる所の土《つち》を取り來り之を住家《すみか》の四邊《しへん》に撒布《さんぷ》し又臥蓐《ふしど》の床下《ゆかした》に毎日の吉時刻を撰みて撒《ま》くべし而して日を經《ふ》るも怠《おこた》らず行ふときは必ず病氣快癒《くわいゆ》すべし又此砂蒔《すなまき》の法《はふ》は單《たん》に病者《びやうしや》を醫《い》するのみにあらず無病健全《むびやうけんぜん》の家にても毎月其吉方を撰《えら》み吉刻に住家の周圍《しうゐ》に撒布《さんぷ》するときは種々《しゆぐ》の災禍《さいくわ》を免《まぬが》るべし是れ法の法たる所《ところ》にして決《けつ》して疑心《ぎしん》あるべからず

水取の方は方今煎藥《けんやく》の用餘《ようあま》りなきを以て此方は用ゆるに及ばず故に玆に之れを略す

○氣節幹枝を以て難病を治する法

吾人各自《ごじんかくじ》の運氣《うんき》は母胎《ぼたい》に宿姙《しゆくにん》する年月日時の四季節《しきせつ》の合成組織《がふせいそしき》せらるゝと同時《どうじ》に天稟《てんりん》の運氣《うんき》を具備《ぐび》するものなれば復た四季節《しきせつ》の反逆變化《はんぎやくへんくわ》によりて病根《びやうこん》をして

病症《びやうしやう》に發出《はつしゆつ》せしむるものなれば世の難病に苦しむ人之れが病氣を癒《いや》さんと欲せば先づ四季節の反逆《はんぎやく》を順系《じゆんけい》に戻さずんば何《なん》ぞ之を望《のぞ》むも得《う》べけんや故に其逆節《そのぎやくせつ》を順系《じゆんけい》に解《と》き戻《もど》すの法術《はふじゆつ》として其略秘《りやくひ》法《はふ》を左に示すべし

一發病後《はつびやうご》六十日を經過《けいくわ》せざるものは新《あら》たに大吉日の吉刻より從來《じうらい》の醫《い》に轉《てん》じ毎日病者《びやうしや》の吉時刻に徴照《ちやうせう》して服藥《ふくやく》治療《ちれう》するときは忽《たちま》ち快癒《くわいゆ》すべし

二發病後《はつびやうご》六十日を經過《けいくわ》したるものは大吉日の吉時刻より六十日間吉方へ轉居し同日の吉時刻より醫を換《か》へ尚ほ毎日病者に對《たい》ずる吉時刻に徴照《ちようせう》して服藥《ふくやく》すること六十日間怠《おこた》るべからず又此期間《きかん》に外出すべからず若《も》し止《や》むを得ずして外出せんと欲するときは大吉日の吉時刻に家《いへ》を出《いで》て同日の吉時刻に合《あは》せて歸宅《きたく》すべし然して行先《ゆくさき》にては決《けつ》して飲食《いんしよく》すべからす如此《かくのごとく》なすこと六十日にして最先《さいせん》の自宅《じたく》に歸るときは如何《いか》なる難病《なんびやう》と雖《いへど》も忽《たちま》ち全治の効《かう》を奏《そう》するものなり

右は性體《せいたい》四季《しき》節替《せつかへ》の略秘《りやくひ》法《はふ》とす而して其吉月吉日及び吉時刻の撰定は斯道の大

家に依頼して撰定《せんてい》を仰《あふ》き過《あやまち》なき様すべきものとす

○方災病難解除の法

人《ひと》若し過《あやま》つて凶方を犯《おか》し住居の移轉《いてん》等より病疾《びやうしつ》に罹《かゝ》り苦しむときは如何《いか》に醫藥を用ゆるも藥石《やくせき》の効顯《かうあら》はれずして荏苒《じんぜん》日を逐《お》ふて身體《しんたい》衰弱《すゐじやく》し臍《ほぞ》を噬《か》むも及ばざるの不幸に遭遇《さうぐう》するもの世少なしとせず抑《そもそ》も病者《びやうしや》には醫師《いし》と藥《くすり》とは一日も欠《か》くべからざるは人皆な之れを知るも方災《はうさい》の忽《ゆるがせ》にすべからざるを知る人稀《まれ》なり故に方災《はうさい》の恐《おそ》るべきを記《しる》し併《あは》せて之れが解除《かいぢよ》の方法を說《と》くべし偖《さて》其凶殺《きようさつ》に依《よ》りて各《おの／＼》其祟《そのたゝ》りを異《こと》にするものにして即ち左の輕重《けいぢゆう》あり

△歳破を犯すときは主人の死喪《しさう》あり

△五黄殺を犯すときは病難頻《しき》りに至り一家終《つひ》に衰頽《すゐたい》するに至るべし

△暗劍殺を犯すときは臣《しん》其君《そのきみ》を凌《しの》ぎ子其親《そのおや》を害し奴僕《どぼく》其主を凌ぐ又家にありては盗難損失《たうなんそんしつ》の災厄《さいやく》に罹《かゝ》るべし

△本命を犯すときは横難來りて大に凶なり

先其差違《さゐ》以上の如くにして其凶大同《だいどう》小異《せうい》あるも皆《みな》實に恐るべきものなれば宜《よろ》しく移轉《いてん》旅行《りよかう》其他《そのた》何事《なにごと》に就ても此方を恐《おそ》れ愼《つゝ》しむこと肝要《かんえう》とす而して若《も》し之れを犯《おか》したるときは速《すみや》かに之れが方災《はうさい》を解除《かいぢよ》せざるべからず其之を解除《かいぢよ》するの法は歳破《さいは》五黄《ごわう》暗劒《あんけん》金神《こんじん》本命《ほんめい》的殺《てきさつ》其他の諸殺なき月日時に於て本命星の生氣《せいき》旺氣《わうき》に天《てん》德《とく》月德《げつとく》天道《てんだう》の會《くわい》する方に於て神社佛閣《ぶつかく》の清淨《せいじやう》なる土砂《どしや》或は高燥《かうさう》なる地《ち》又は老樹《らうじゆ》の茂《しげ》りたる地《ち》の土砂《どしや》を取り來りて住宅《ぢうたく》の四邊《しへん》に其《そ》の日《ひ》の吉刻を擇《えら》みて之れを撒《さん》布《ぷ》すべし然るときは方災《はうさい》直《たゞ》ちに解除《かいぢよ》して藥石《やくせき》の効顯《かうけん》見へて大に苦しみし所《ところ》の病《びやう》者《しや》も忽《たちまち》に快癒《くわいゆ》に向ひ大なる幸福《かうふく》を得《う》べし而して之れが月日時の吉方及吉刻の撰《せん》定《てい》は斯道《しだう》を學ばざるものゝ容易《ようい》になし能《あた》はざる所《ところ》なれば方災《はつさい》に苦《くる》しむ人は斯道《しだう》の大家《たいか》に就て吉方《きつぱう》吉時《きちじ》の撰定《せんてい》を仰《あふ》ぎ速《すみやか》に此方法を修《しう》すべし

○傳染病流行前知の秘法

凡《およ》そ天を冠《くわん》し地《ち》を履《ふ》み此の社會《しやくわい》に生を保つ處《ところ》の者は上は王公《わうこう》の尊《たつと》きより下は乞《こつ》丐《かい》の卑《ひ》賤《せん》に至《いた》るまで身分階級《かいきふ》の差ありと雖《いへど》も其生を養《やしな》ひ疾苦《しつく》を救《すく》ふの術に至りては覿面眼前《てきめんがんぜん》に死生存亡《しせいそんばう》の關係《くわんけい》する所は毫《がう》も差違《さい》あるにあらず故に傳染病《でんせんびやう》及流《りう》行病《なちうはやう》等を其前兆《そのぜんてう》に依《よ》りて之を知《し》り豫《あらかじ》め之《こ》れが備《そな》へをなすは人生生活上《じんせいせいくわつじやう》の急務《きふむ》にして一日も忽《ゆるかせ》にすべからざるは論《ろん》なし而して病災《びやうさい》の流行《りうかう》して勢《いきほ》ひ猖獗《しやうけつ》を極《きは》め患《くわん》者數萬人《じやすうまんにん》に及ぶの年は大抵《たいてい》四時不順《ふじゆん》にして寒暖宜《かんだんよろ》しきを得《え》ずして各人天稟《かくじんてんりん》の病《びやう》根《こん》を四節《しせつ》の反逆《はんぎやく》によりて傷害《しやうがい》して之れを病症《びやうせう》に發出《はつしゆつ》せしむるものなれば四時の順逆《じゆんぎやく》を考《かんが》へ其秩序《そのちつじよ》を違《たが》ふが如《ごと》きの年は必《かなら》ず病災流行《びやうさいりうかう》の前兆《ぜんてう》として能《よ》く身體《しんたい》の強《きやう》壯《さう》を計《はか》り務《つと》めて此の害に侵《おか》されざる樣注意《やうちうい》すべきものなり

○盗難の時男女を顯すの秘傳

盗難《たうなん》に罹《かゝ》りたる時《とき》男女を知るの法は種々《しゆ〳〵》ありと雖其《そ》の何處《いづこ》より來りて何《いづ》れの處

に持去《もちさ》りたる等《とう》を委《くは》しく知るの法《はふ》に至りては實《じつ》に少しとす今左に掲《かゝ》ぐる秘法《びはふ》は何處《いづこ》の方位にある男又は女之を取りて何《いづ》れの方位《はうゐ》を廻りて其品を何處《いづこ》に持行《もちゆき》たるかを顯《あら》はすの法にして古《こ》來《らい》秘《ひ》密《みつ》中《ちう》の秘法《ひはふ》なりとす

其法を左に示すべし

子の日に盜難《たうなん》に罹《かゝ》りたる時は酉の方に居住《きよぢゆう》する婦人《ふじん》來り品を取《と》り艮《うしとら》の方より出で丶品物を巳《み》の方の田舍《いなか》に持去《もちさ》りたりと知《し》るべし

丑の日に盜難に罹《かゝ》りたる時は酉の方の男子來りて品を取り辰己に到《いた》り其より更《さら》に戌亥の方に持去《もちさ》りたりと知《し》るべし

寅の日に盜難《たうなん》に罹《かゝ》りたる時は戌の方の女來りて品《しな》を取り辰巳に出《い》て夫《そ》れより未申を經《へ》て北方に持去《もちさ》りたりと知《し》るべし

卯の日に盜難《たうなん》に罹《かゝ》りたる時《とき》は辰の方の男來《きた》りて品を取り巳《み》の方に出《い》で未申に廻《まは》り夫より更《さら》に戌の方に持《も》ち去《さ》りたりと知《し》るべし

辰の日に盜難《たうなん》に罹《かゝ》りたる時は午の方の女來り卯辰の間《あひだ》に出《い》て北を廻《まは》りて品物を

酉の方に持去《もちさ》りたりと知るべし

巳の日に盗難《たうなん》に罹《かゝ》りたる時は北方の女來り品《しな》を取《と》り東に出《い》で酉又は北方に持去《もちさ》りたりと知《し》るべし

午の日に盗難《たうなん》に罹《かゝ》りたる時は亥の方の小男《せうなん》來りて品を取り未申に出《い》で丑寅に廻《まは》りて更《さら》に之を辰巳の方に持去《もちさ》りたりと知るべし

未の日に盗難《たつなん》に罹《かゝ》りたる時は丑の方の男來《きた》りて品を取り未申に出《い》て北に廻《まは》りて更《さら》に之れを辰巳の方に持去《もちさ》りたりと知るべし

申の日に盗難《たうなん》に罹《かゝ》りたるときは東の方の女來りて品を取り北方に出で更《さら》に東《ひがし》に廻《まは》りて之を卯辰の間又は申酉の間《あひだ》に持去《もちさ》りたりと知《し》るべし

酉の日に盗難《たうなん》に罹《かゝ》りたる時は亥の方の男來りて品《しな》を取り戌亥に出《い》で南に廻《まは》り更に西に廻《まは》りて之を自宅《じたく》に持去《もちさ》りたりと知るべし

戌の日に盗難《たうなん》に罹《かゝ》りたる時は酉の方の男來《きた》り品《しな》を取《と》り北に出《い》で丑寅に入り更《さら》に東に出《い》でゝ之を辰巳の方に持去《もちさ》りたりと知るべし

亥の日に盗難《たうなん》に罹《かゝ》りたる時は申の方の女來《きた》りて丑寅に出《い》で南に廻《まは》り更《さら》に之を戌

　亥の方に持去《もちさ》りたりと知《し》るべし

以上十二支《し》により其《そ》の線《せん》に從《したが》ひて調《しら》べたる所の秘法《ひはふ》にして數年之れを經驗《けいけん》するに聊《いさゝ》かも誤《あやま》りたる事《こと》なき實に驚《おどろ》くべきの秘傳秘法《ひでんひはふ》とす

又盗《ぬす》まれたるものゝ顯《あら》はるゝ日《ひ》は左の表《ひやう》に依《よ》りて知《し》るべし少しも違《たが》ふことなき秘法《ひはふ》なり

子の日に盗《ぬす》まれたる時《とき》は
　卯　午　酉の日に顯《あら》はる

丑の日に盗《ぬす》まれたる時《とき》は
　辰　未　戌の日に顯《あら》はる

寅の日に盗《ぬす》まれたる時《とき》は
　巳　申　亥の日に顯《あら》はる

卯の日に盗《ぬす》まれたる時《とき》は

子　午　酉の日に顕《あら》はる

辰の日に盗《ぬす》まれたる時《とき》は

丑　未　戌の日に顕《あら》はる

巳の日に盗《ぬす》まれたる時《とき》は

寅　申　亥の日に顕《あら》はる

午の日に盗《ぬす》まれたる時《とき》は

子　卯　酉の日に顕《あら》はる

未の日に盗《ぬす》まれたる時《とき》は

丑　辰　戌の日に顕《あら》はる

申の日に盗《ぬす》まれたる時《とき》は

寅　巳　亥　日に顕《あら》はる

酉の日に盗《ぬす》まれたる時《とき》は

子　卯　午の日に顕《あら》はる

戌の日に盗《ぬす》まれたる時《とき》は

丑　辰　未の日に顕《あら》はる

亥の日に盗《ぬす》まれたる時《とき》は

寅　巳　申の日に顕《あら》はる

○眞言秘密火渡の法

總て秘密秘法《ひみつひよふ》と云ふものには秘《ひ》するものに種々《しゆ〴〵》あり或は何《なに》を秘《ひ》し或は何を秘《ひ》すと云ひ又は其祭場《そのさいぢやう》を秘《ひ》するもあり是等《これら》を皆秘法《ひはふ》と云ふなり今此火渡《ひわたり》の法も秘法《ひはふ》なれば容易《ちやうい》に之を書《か》くべきにあらず此法を修《しゆう》するには大法《たいはふ》あり略法《りやくはふ》ありて種々《しゆ〴〵》流《りう》によりて相違《さうゐ》あるものなり今茲に其概略《がいりやく》を示して容易《ようい》に授《さづ》くべからざるものを掲《かゞ》くべし之れを行《おこな》ふの人は宜《よろ》しく齋戒沐浴《さいかいもくよく》して修行《しゆうげふ》すべきものなり

祭《さい》　神《しん》

天合魂命《あめあひたまのかみ》　彦龍《ひこたつ》姫龍神《ひめたつのかみ》

木神　火神　土神　金神　水神

此の外に氏神を祭《まつ》るべし

獻供《けんく》品目《ひんもく》

神酒《みき》　洗米《せんまい》　鹽《しほ》　水《みづ》　各二

此外　沖津藻葉《おきつもは》　邊津藻葉《へなつもは》　鮮魚《せんぎよ》　乾魚《かんぎよ》等とす

神燈　二基《き》

法　式

先　祓具《はらひぐ》を供《そな》ふる事　例《れい》の如し

次　天津祝詞《あまつのりと》　大祓詞

次　獻供《けんく》

次　拍手一拜左の獻供詞を奉る

祝詞《のりと》に曰《いはく》

廣前《ひろまへ》爾《に》秋《あき》乃《の》垂穎《たりほ》八《や》握穗《つかほ》手《そ》持《もち》淸末波利《きよまはり》御炊《みかしぎ》岐弖《て》備留《そなふる》御食《みけ》波《は》柏葉《かしはば》爾《に》高良加爾《たからかに》拍八《うつや》

平手《ひらて》乃《の》音《おと》平良介久《たいらげく》安良介久《やすらけく》神《かみ》波《は》聞《きゝ》末世《ませ》宇豆《うづ》乃《の》大御膳《おほみけ》

次　大祓行事

祭壇及槇薪《まき》　供物《くもつ》等を清《きよ》む

次　點火

但し積置《つみお》ける槇《まき》に南北東西と四方より神燈《しんとう》にて火を附《つ》くるなり

次　槇火《まきのひ》を隔《へだ》てゝ祭壇《さいだん》に向つて座《ざ》す

次　修祓

天津祝詞　一返　大祓　五返

次　招神文《せうしんぶん》　再拝拍手

次　祈念《きねん》

次　神符《しんふ》を東南西北と空書《くうしよ》す

但し幣帛《ぬさ》を以て書《しよ》すべし幣《へい》の切方《きりかた》及び神符《しんふ》は下《しも》に示す　圖解《づかい》に就《つい》て知《し》るべし

次神歌

歌曰

霜柱氷《しもはしらこほり》のやれに雪《ゆき》のけた

雨《あめ》のたるきに露《つゆ》の葺《ふき》くさ

猿澤《さるさは》の池《いけ》の大蛇《をろち》の吹《ふ》く風《かせ》は

立《た》つ火《ひ》も濕《し》める氣《いき》のはげしさ

三月書《みつきか》く五月《いつしき》なれる又四月《またよつき》

算《かぞ》へ合《あは》せて十二月《しはす》なりける

北方《ほくはう》で南《みなみ》を尅《こく》す鎭火祭《ちんくわさい》

丸《まろ》なる中《うち》は坎《かん》の水《みづ》なり

次天合魂命彦龍姫龍神と三返唱へ大海印大月印《だいかいいんだいけついん》を行ふべし

次三種祓を唱へながら火の周圍《まはり》を數返巡《めぐ》り鹽水《しほみつ》を火中及び其の周圍《まはり》に撒布《さんふ》すべし

次　火の青色《あをいろ》となりたる時に幣《へい》にて賦《ふ》の字を認《したゝ》め賦《ふ》の字の點《てん》を火中《くわちう》に打《う》ちて正《せい》
壇《たん》に向つて渡《わた》る
但し逆《ぎやく》渡《わたり》すべからず法《はふ》戻《もど》るべし

次　諸人を渡す
心《こゝろ》に任《まか》すべし然れども不《ふ》浄《じやう》を戒《いまし》む

次　拜《はい》禮《れい》

次　送《そう》神《しん》詞《じ》

次　鎭《ちん》火《くわ》

次　退《たい》下《げ》

了《おはり》

（備考）効《かう》顯《けん》見《み》へざるときは操《くり》返《かへ》して修《しゆ》行《げふ》すべし

神符

足下《あしもと》に認《したゝ》むべき字《じ》

賦

丶《てん》は火中に打つべし

幣之圖

紙二枚二つ折三《さん》刀《たう》四垂《しで》に截《き》るべし

紙二枚三つ折にして頭《かしら》に挿《はさ》む

上下紙捻《こより》を以て之を結《むす》ぶこと圖《づ》の如《ごと》くすべし

○神通力惡魔縛之秘傳

先　護《ご》身《しん》神《しん》法《はふ》　如例

次　再拜　拍手　小大

次に左の順序《じゆんぢよ》によりて神文《しんもん》を奏上《そうじやう》すべし

第一鎗《やり》之《の》印《いん》にて

謹《きん》請《しやう》甲《こう》弓《きゆう》山《さん》鬼《き》大《だい》神《じん》此《この》座《ざに》降《こう》臨《りん》影《えい》向《こう》し邪《じや》氣《き》惡《あく》氣《き》を縛給《しばりたま》へ無《む》上《じやう》靈《れい》寳《ほう》神《しん》道《たう》加《か》持《ぢ》

第二日の印にて

謹請天照大神邪氣妖怪《えうくわい》を退治《たいぢ》し給《たま》へ

第三天結の印にて

天之諸手《もろて》にて縛《しば》り給《たま》ひ

第四地結の印にて

地之諸手にて結《むす》び給ひ

第五釧之印にて

天地陰陽行神變通力

右の如く唱《とな》へ右の手を引拔（釧之印）き九字を切る

但し九字の切方は前項九字切の大事の處《ところ》を參照《さんせう》して知るべし

第六封《ふう》之《の》印《いん》にて左の神文を唱《とな》ふ

當家《たうけ》之《の》何《なん》歳某《さいなにがし》に沮《そ》滯《たい》を爲《な》すもの此處《このところ》へ納《おさ》め給《たま》ひ無《む》上靈寶《じやうれいはう》神《しん》道《だう》加持《かぢ》

右の如く修《しゆう》するときは邪氣《じやき》妖怪《えうくわい》障《さは》りをなすもの消散《しようさん》するものなり

左に印を圖解《づかい》すべし

第一鎗印

第二　日之印

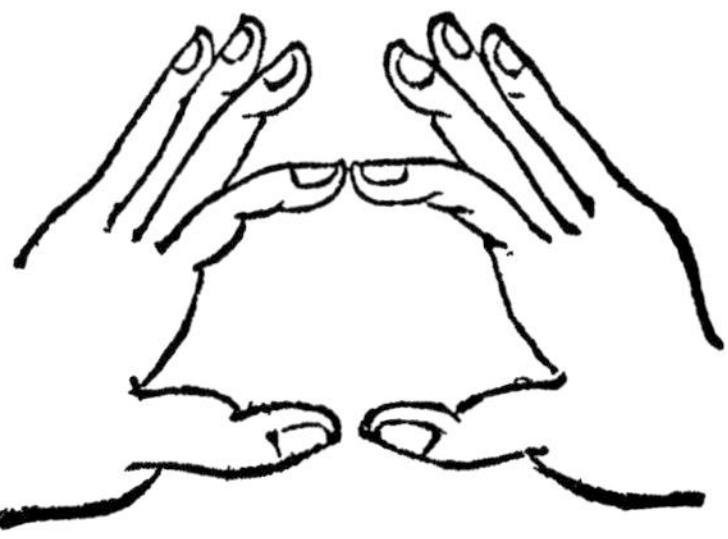

第三　天結印

第四　地結印

第五　釧之印

第六　封之印

右印圖解に依りて熟知し前述の神文を唱ふべし

○催眠術之定義及感通法

心理學《しんりがく》の進歩《しんぽ》に伴《ともな》ひて今や所謂《いはゆる》催眠術《さいみんじゆつ》なるもの世《よ》に流行《りうかう》するに至《いた》れり迷信家《めいしんか》は是を見て神變不可思議《しんぺんふかしぎ》なる魔術《まじゆつ》とし政府《せいふ》は之を以て妄誕無稽《もうたんむけい》此《かく》の如《ごと》きの理《り》あるべからずと見做《みな》し唯《たゞ》其《その》流行《りうかう》するに任《まか》せたり然るに之を信《しん》ずる人日《ひとひ》に多く從《したが》つて之れを研究《けんきう》するもの輩出《はいしゆつ》し學者は以て不思議《ふしぎ》變異《へんい》の理《り》を究《きは》め醫學者《いがくしや》は之を利用《りよう》して精神病者《せいしんびやうしや》の治術《ちじゆつ》の一助《いちちよ》と爲《な》すに至れり然り而して一利《いちり》一害《いちがい》は數《すう》の免《まぬ》かれざ

る所にして此術《このじゆつ》の流行《りうかう》するに連《つ》れ中《なか》には之れを惡事《あくじ》に應用《おうよう》し愚婦愚夫《ぐふぐふ》を惑《まど》はしめ以て社會《しやくわい》の公徳《こうとく》を害《がい》する者あるに至《いた》れり此に於てか先《さ》きに之れか流行《りうかう》するに放任《はうにん》し置《お》きたる當局者《たうきよくしや》も初めて此の術の利害を認《みと》め遂《つひ》に條例《でうれい》を以て堅《かた》く取締《とりしま》るに至れり是れを以て之れを見れば其《そ》の効驗《かうけん》の確著《かくちよ》なる事《こと》は明《あきら》かなり抑も催眠術とは人爲《じんゐ》を以て人を睡眠《するみん》の狀態《じやうたい》に入《い》らしむるの術にして決して全く人を睡眠《するみん》せしむるものにあらず世《よ》に催眠術《さいみんじゆつ》に關《くわん》するの著書《ちよしよ》多しと雖も而《し》かも此點《このてん》を明かにしたるもの少《すくな》し若《も》し全く人を睡眠《するみん》せしめて施術者《せじゆつしや》が被術者《ひじゆつしや》の精神《せいしん》を自由に左右し得《う》るものとせば催眠術なるものは實に容易《ようい》なるものにして又何《なん》の修練《しゆうれん》も要せざるべし何《なん》となれば既に睡眠中《するみんちう》にある者《もの》に對《たい》しては尚ほ容易《ようい》に此術《このじゆつ》を施《ほどこ》し得《う》べきの道理《だうり》なればなり故に催眠術《さいみんじゆつ》は人を睡眠《するみん》せしむるの法《はふ》にあらずして睡眠《するみん》の狀態《じやうたい》に入らしむの術たり例《たと》へば彼の參禪《さんぜん》の如きものも精神《せいしん》を臍下《せいか》に落《を》ち付け結跏《けつか》趺座《ふさ》無念無想《むねんむさう》にして其狀恰《あだ》かも熟睡《じゆくする》せるものに似《に》たり然れども是れ決して睡眠《するみん》せるに非らず去りとて又醒《さ》め居《を》るに非らず何時《いつ》しか精神恍惚《くわうこつ》として俗塵《ぞくじん》の汚土《をど》

を脫《だつ》し魄《たましひ》仙境《せんきやう》に遊《あそ》ぶが如き狀態《じやうたい》にあるものなり催眠術《さいみんじゆつ》を研究《けんきう》して之を實地《じつち》に施《ほどこ》さんと欲するものは須《すべか》らく此意《このい》を味《あぢは》ふべし

催眠術の起原《きげん》は說《せつ》をなすもの種々《しゆ〴〵》ありて一樣ならずと雖も各其據《そのよ》る所ありて或は埃及《えじぷと》に於て發明《はつめい》せられたりと云ひ或は印度《いんど》國《こく》より渡來《とらい》せしものと云ふも此術《このじゆつ》は印度《いんど》埃及《えじぷと》等に於ては最も古代《こだい》より行はれ其能力《そののうりよく》を鬼神《きしん》の靈能《れいのう》に歸《き》したる者の如しバビロン及びペルシヤ等の諸國亦其傳來頗《すこぶ》る古くして僧侶《そうりよ》の此術を行ふ者多く而して此術が宗教上《しうけうじやう》に多少の利益《りえき》を與《あた》へたるは亦疑《うたが》ふべからざるの事實《じじつ》なり我國《わがくに》にありては古來催眠術《さいみんじゆつ》と名づけて此《こ》の術《じゆつ》を學《まな》びたるものあるを聞《き》かずと雖も之れに似《に》たる術《じゆつ》なきにあらず即《すなは》ち降神者《かみおろし》又は稲荷降《いなりおろ》し等と稱《せう》するもの其學《そのがく》理《り》は兎《と》も角《か》く術は既に之を知《し》り居りて託宣豫言《たくせんよげん》其他《そのた》宗教上の道具に使用《しよう》したるは事實《じじつ》にして亦此《またこの》催眠術《さいみんじゆつ》に外《ほか》ならず其始めは詳《つまびら》かならずと雖も之を行ふことは恐らくは佛教渡來《ぶつけうとらい》の時代《じだい》より始《はじま》りし者《もの》なるべし而して其の催眠術《さいみんじゆつ》の名《な》に依《よ》りて世に行《おこな》はるゝに至《いた》りたるは實に近年の事に屬するなり

催眠術《さいみんじゆつ》の原語《げんご》はヒプノノヂスと云ふヒプノヂスは希臘語《ぎりしやご》のヒブノスより由來《ゆらい》せる所《ところ》のものにしてヒブノスとは睡眠《すゐみん》の義なり又催眠術《さいみんじゆつ》とは前既《ぜんすで》に述《の》べたるが如く人爲《じんゐ》に由りて他人の神經《しんけい》に感通《かんつう》を及《およ》ぼし之れを昏睡《こんすゐ》の狀態《じやうたい》に陷《おちゐ》らしめて其精《そのせい》神《しん》を左右《さいう》するの術《じゆつ》なり

○催眠術を施すの方法

催眠術を施《ほどこ》すの法は各人各異《かくじんかくい》にして一樣ならずと雖も皈《き》する所は一にして皆《み》な多少成功《たせうせいこう》したり今其《いまそ》の方法《はうはふ》を左に示《しめ》し併《あは》せて簡易《かんい》なる方法《はうはふ》を記《き》すべし

其行ひたる種類

メスメルの行ひたる法　印度にて行ひたる法
プレート氏の行ひたる法　ファリアの行ひたる法
リシーグの行ひたる法　シャルコーの行ひたる法
ゲスマンの行ひたる法

右プレートと云ひファリアと云ひゲスマンと云ふは皆《み》な僧《そう》或は外科醫《げくわい》の姓名《せいめい》にして各人各異《かくじんかくい》其の行ふたるの方法幾種《はうはふいくしゆ》ありと雖も皆《み》な皈《き》する所は一にして其《そ》の望《のぞ》みを達《たつ》するを得《う》るものなり之れを以て右各種の方法に就《つい》ては之れを畧《りやく》し左に最《もつと》も簡易《かんい》なる方法《はうはふ》を示《しめ》すことゝすべし

○睡眠せしむる方法

催眠術《さいみんじゆつ》は素《もと》と高等精神作用《かうとうせいしんさよう》を休止《きうし》せしむるに過《す》ぎざるものにして其《そ》の之を施《ほどこ》すの術は種々《しゆ〴〵》なる方法《はうはふ》ありと雖も最《もつと》も之れを簡易《かんい》なる方法《はうはふ》によりて說《と》かんか術者《じゆつしや》被術者相對《ひじゆつしやあひたい》するを以て足《た》れりとすることあり或は被術者をして或《あ》る一定點《いつていてん》に注《ちう》目《もく》せしめ或は術者の瞳孔《ひとみ》を凝視《ぎようし》せしめ又或は光輝《くわうき》ある物體《ぶつたい》を熟視《じゆくし》せしむる事等ありて凡て此の如くすること十五分乃至二十分に至る時は被術者自《みづか》ら恍惚《くわうこつ》として眠《ねむり》に就《つ》かんとするものなり是れ頗《すこぶ》る不可思議《ふかしぎ》なる現象《げんしやう》なるが如しと雖も決して不可思議《ふかしぎ》なるにあらずして其然《そのしか》る理由《りゆう》の存《ぞん》ずる事にして恰《あたか》も子《こ》守りが小兒《こども》

の身體《しんたい》を輕《かろ》く叩《たゝ》きて遂《つひ》には睡眠《すゐみん》に入らしむるが如き皆《み》な此理《このり》に基《もと》づくものにして要《えう》するに方便《はうべん》によりて雜念《ざつねん》を一掃《いつそう》するに外《はか》ならざるなり然りと雖も此の如き簡易《かんい》の方法《はうはふ》によりて人を睡眠狀態《すゐみんじやうたい》に入《い》らしむるは能く術者の熟練《じゆくれん》を要《えう》するは論《ろん》を俟《な》たず被術者も亦其術を受《う》くるの度數《どすう》を加ふるに從ひて簡易《かんい》となるものなり而して其《そ》の此の域《えき》に達《たつ》するには催眠術の常式《じやうしき》とも云ふ方法より講《こう》ずるを至當《したう》とす其常式《そのじやうしき》とも云ふべき方法《はうはふ》は實《じつ》に左の如し

先づ術者《じゆつしや》は被《ひ》術者《じゆつしや》に相對《あいたい》し被術者をして術者の瞳孔《ひとみ》又は光輝《くわうき》ある物體を示し之を凝視《ぎようし》すべしと命《めい》ずべし而して術者は被術者の手掌《しのひら》を輕《かる》く拇指《ぼし》と示指《しし》とを以て壓《あつ》し術者と被術者とは勉《つと》めて呼吸《こきう》を同一にして平均《へいきん》ならしめ靜《しづ》かに被術者の眼《がん》中《ちう》を見詰《みつ》むる事十五分乃至二十分に至るときは被術者の眼睛朦朧《がんせいもうろう》とし稍々睡境《すゐきやう》に入らんとす玆《こゝ》に於て術者《じゆつしや》は其握《そのにぎ》る所の右手を開放《かいはう》し被《ひ》術者《じゆつしや》の後頭部《こうとうぶ》より前額《ぜんかく》に沿《そ》ふて撫《よ》するが如《ごと》き狀《じやう》をなし其拇指《ぼし》を眉間《みけん》に置《お》くこと暫《しばら》くして後《のち》左手を開放《かいはう》して又後頭より前額に沿《そ》ふて撫《よ》する事前の如くし左右手交互《かつご》に之を行ふときは

被術者《ひじゆつしや》漸々《せん／＼》に睡眠《すゐみん》の狀態《じやうたい》に陷《おちゐ》るものなり而して此狀態《このじやうたい》に陷《おちい》りたるとき被術者《ひじゆつしや》に向《むか》つて突然《とつぜん》名《な》を呼び又は其頰邊《そのけつぺん》を摩《ま》すること再三する時は被術者は恍惚《くわうこつ》の間僅《かんわづ》かに眼《め》を開《ひら》きて覺束《おぼつか》なくも四邊を顧眄《こべん》するの狀をなすべし是れ實に術者の意思《いし》を感受《かんじゆ》せしむる時《とき》にして既に其術《そのじゆつ》の施《ほどこ》されたるときと知るべし

以上の如くして其の術者の意思《いし》を感受《かんじゆ》したる時に適《てき》する場合《ばあひ》に被術者に向つて暗示《あんし》を與《あた》へ凡ての惡癖《あくへき》又は隨分《ずゐぶん》に藥《くすり》の屆《とゞ》かずして醫者《いしや》の匙《さじ》を投《な》げたる者をも治《ち》癒《ゆ》せしむることを得《う》るなり而して其暗示《あんし》とは被術者が術者の命令《めいれい》を聞《き》き凡て術者の指揮《しき》に從《したが》ふの時期《じき》の到來《たうらい》せる時に於て命令《めいれい》するを暗示《あんし》と云ふ

喩《たと》へば被術者《ひじゆつしや》の手又は足《あし》に何品《なにしな》なりとも當て普通《ふつう》の話《はな》しをなすが如き聲音《せいおん》にて

おまへの手に氷《こほり》がクッツイて非常に冷《つめ》たいぞと云ふときは彼は直ちに氷の觀念《くわんねん》を起して非常《ひじやう》に冷《つめ》たがり直ちに其局部《そのきよくぶ》に凍傷《とうしやう》を作《おこ》す之れが則ち心力作《しんりよくさ》用《よう》にして術者の心力と被術者の心力と一致して被術者の肉體上《にくいじやう》に一大變化《へんくわ》

を生じて如此く《かくのごと》感《かん》ずると同時に其實跡《そのじつせき》を顯《あら》はすものなり

故に凡てに於て被術者に命令《めいれい》暗示《あんし》するに疾病《しつぺい》によりて困《くる》しむ所の人なれば疾病が假《か》りに胃《ゐ》病《びやう》とすれば睡眠狀態にある時に於て術者は其胃部《ゐぶ》を撫摩《ぶま》し最早《もはや》おまへの胃病は全快した少しも痛《いた》むことがないと云ふときは被術者は必ず醒覺後《せいかくご》に於て輕快《けいくわい》を覺《おぼ》ゆるに至る故に此の機《き》を利用《りよう》して被術者に必ず此術を施《ほどこ》すときは病氣全快するに相違《さうゐ》なしと云ふ觀念《くわんねん》を強《つよ》めさせて再三此術を施すときは治癒《ちゆ》するに至るものなり是れ其一例にして餘《よ》は皆な之に準《じゆん》ずるものにして其目的《そのもくてき》によりて暗示《あんし》を異《こと》にするものと知《し》るべし

是より醒覺法《せいかくはふ》を述《の》べんに醒覺法も亦催眠法と同じく一定の規則《きそく》あるにあらず術者適宜《てきぎ》の方法に依て醒覺《せいかく》せしめ得《う》るものなり必竟《ひつきやう》術者之れを醒覺《せいかく》せしめんと思へば之れを醒覺《せいかく》し得るものにして只《たゞ》被術者の耳の邊《へん》にて汝目《なんぢめ》を醒《さま》せよと命令《めいれい》するか又は催眠術を施《ほどこ》したる時と反對法《はんたいはふ》を試《こゝろ》むるときは直ちに醒覺《せいかく》し得るものなり元來此の如き方法を要《えう》せざるも一定時間《じかん》を經過《けいくわ》せば自ら醒覺《せいかく》するものなり尚《な》

ほ左に醒《せい》覺《かく》法《はふ》の三條を示す

第一　睡《すゐ》眠《みん》の初に當て醒《せい》覺《かく》せしめんとするときは前頭部を溫《おん》包《はう》すべし

第二　睡《すゐ》眠《みん》後《ご》多《た》時《じ》を經《へ》たるものを醒《せい》覺《かく》せしめんとするときは前《ぜん》頭《とう》部《ぶ》を冷《れい》包《はう》すべし

第三　前の如くして尚《なほ》醒《せい》覺《かく》せざるときは「アンモニヤ」の氣を鼻《び》孔《こう》に吸《きふ》入《にふ》せしむべし此《かく》の如《ごと》くするときは忽《たちま》ち醒《せい》覺《かく》するものなり

以上を醒覺法の三條とす

○催眠術古代の神託

古代の埃及に於ては或る祭《さい》日《じつ》に當りてアピス神に乘《のり》移《うつ》られて氣《き》を失《うしな》ひ未《み》來《らい》を告《つ》ぐるを常とせりと

又希《ぎり》臘《しや》のデルフファイなるアポロ神の社《やしろ》にては硫《い》黄《わう》の氣の發する穴《あな》の上に三《さん》脚《きやく》机《き》を安《あん》置《ち》し豫《かね》て情《じやう》慾《よく》を絕《た》ち斷《だん》食《じき》をなしたる尼《あま》其上に坐《ざ》すれば忽ち睡《すゐ》遊《ゆう》者《しや》の如き有《あり》

様《さま》となりて神託《しんたく》を傳《つた》へたりと云ふ

又或物《あるもの》は過去《くわこ》を談じ未來《みらい》を告げ或るものは驚《おどろ》くべき迄に五官《ごくわん》鋭《するど》くなり遥《はる》かに遠方なる内所話《ないしよはなし》を聽取《きゝと》る等の事を能《よ》くし或るものは睡眠の間に平素《へいそ》言ひ能《あた》はざる所《ところ》の外國語《ぐわいこくご》を話し若しくは他人の竊《ひそ》かに思ふ所を悟り又は他人《たはん》の心の裡《うち》にありて未だ言語《げんご》に發せざる命令《めいれい》を悟りて之を其以前《いぜん》に行《おこな》ひたる等の事蹟《じせき》等《とう》ありたりと云ふ

又グレートレーキスは愛蘭《あいるらんど》に生れたる有位《いうゐ》の軍人なりしが西暦一千六百六十二年の或《あ》る日《ひ》に瘰癧《るゐれき》の上《うへ》に手《て》を載《の》すれば忽ち癒《いゆ》べしとの神託《しんたく》を受《う》けてより屢《しば》く之を試《こゝろ》みしに其都度《そのつど》効驗《かうけん》あり既にして又新《あらた》に同じ法を行ひて熱病創傷《ねつびやうさうしやう》水腫《すゐしゆ》等を療《りやう》治《ぢ》すべしとの託《たく》を蒙り又之を試《こゝろ》むるに効《かう》を奏《そう》せずと云ふことなし是に於て彼《か》れの名一時に四方に轟《とゞろ》き遠方の患者《くわんじや》争ふて其門に群《むらが》り集《あつま》るもの引きも切らず彼れが治療《ちりやう》の法は病所《びやうしよ》を撫《よ》して病を中央《ちうあう》より周圍《みうゐ》に導《みちび》き遂《つゐ》に之れを去《さ》らしむるにありと云ふ

以上列記《れつき》したる所は催眠術《さいみんじゆつ》なる語《ご》の未だ之れあらざりし以前《いぜん》不知不識《しらずしらず》の間《あひだ》に此術《このじゆつ》を行ひたる同施術の例《れい》にして所謂《いはゆる》催眠術古代《さいみんじゆつこだい》の神託《しんたく》と云ふものなり

○魔法切支丹の口傳秘法

此法の世に喧傳《けんでん》せられたるは寛永年間《くわんえいねんかん》九州天草《あまくさ》に於て豊臣《とよとみ》氏の殘黨《ざんとう》怨《うら》みを徳川氏に酬《むく》ひんが爲めに森宗意軒《もりそういけん》を軍師《ぐんし》として集《あつ》まりたるの時宗意軒專《ときそういけんもつぱ》ら此法《このはふ》を行《おこな》ふて徒黨《とたう》を募《つの》りたるの時《とき》なりとす而して此切支丹《きりしたん》なる語《ご》は即ち（耶蘇信者《やそしんじや》）クリスチヤンの轉訛《てんくわ》せしものなりとす故《ゆゑ》に其宗《そのそう》たる基督《きりすと》の行《おこな》ひたる奇行《きかう》の一二を摘《てき》記《き》して此法《このはふ》が如何《いか》なるものなるやの一班《いつぱん》を示し延《ひ》いて此法の口傳秘法《くでんひはふ》を詳述《しやうじゆつ》すべし

基督《きりすと》の傳《でん》は世人《せじん》皆《みな》能《よ》く之れを知《し》る故に玆《こゝ》に之を記述《きじゆつ》するは無用《むよう》の業《げふ》たるのみならず繁《はん》に失《しつ》するの恐《おそ》れありと雖も切支丹《きりしたん》の法が如何《いか》なるものなるやを知《し》らしむる上《うへ》に於て必要《ひつえう》なりと信《しん》ずるを以て玆《こゝ》に之を記載《きさい》することゝなしたり

基督《きりすと》或《あ》る安息日《あんそくじつ》に徒弟《とてい》を引き連《つ》れて「ペテロ」の家に至りしに「ペテロ」の妻《つま》の母《はゝ》熱《ねつ》病《びやう》に罹《かゝ》りて病蓐《びやうじよく》に臥《ふ》し居《を》りしかば基督は其手《そのて》を執《とり》て靜《しづか》に之を起《た》たしむるに不思《ふし》議《ぎ》にも今迄《いまゝで》病蓐《びやうじよく》にありて煩悶《はんもん》苦痛《くつう》に堪《た》へざりし母は忽ち苦痛を忘《わす》れたる者の如く心身《しんしん》爽快《そうくわい》となりて治癒《ちゆ》せしにぞ之を聞《き》き傳《つた》へたる市内《しない》の人々は種々の難病重《なんびやうぢう》患者《くわんじや》を伴《ともな》ひ來りて其救治《きうち》を乞《こ》ひけるに基督は之に應《おう》じて或は病者の足《あし》を撫《ぶ》し或は手を撫《な》で呼氣《いき》を吹《ふ》き掛《か》くる等種々の奇術《きじゆつ》を施《ほどこ》して悉《こと〴〵》く之を救《すく》ひたりと云ふ
又或時一人の半身不隨《はんしんふずゐ》の病者《びやうしや》を舁《か》ぎ來《きた》りて治病《ちびやう》を乞《こ》ひけるが其病者は頗《すこぶ》る重症にて容易《ようい》に近づく事さへならざるにぞ釣臺《つりだい》の儘《まゝ》基督の前に下《おろし》ける基督つく〴〵其病者を見るに信仰面《しんかうおもて》に表《あらは》れて基督を見る事神《かみ》の如き狀あるにより基督は突然《とつぜん》聲《こゑ》を掛《か》けて子《し》よ汝《なんぢ》の罪《つみ》は赦《つる》されたりと云へり傍《かたはら》に居《を》りける數多の人は奇異《きい》なる面貌《おもゝち》にて基督の狀に目を集めける基督は其心を察し衆人《しゆうじん》に向ひて言けらく汝等余が言を聞《き》きて心に解《かい》せざる處あるべし然れども汝等心を靜《しづか》にして之を思《おも》へ今此病者に其罪赦《ゆる》されたりと云ふと又は其病者に向て汝起て其臥床《ぐわしやう》を携《たづさ》へ家に歸《かへ》

れと言ふと何れが易《やす》く何れが難《かた》しとするか予今汝等に人の子《こ》は地《ち》にありて罪を赦《ゆる》す權力《けんりよく》あることを示す可しとて更に病者に向て予《よ》汝《なんぢ》に告ん汝起て臥床《ぐわしやう》を携《たづさ》へ汝の家《いへ》に歸《かへ》れと言ひければ不《ふ》思《し》議《ぎ》なるかな今迄動《うご》く事《こと》能《あた》はざりし病者《びやうしや》は徐々《ぢよ〳〵》と起《き》立《りつ》し臥床《ぐわしやう》を手《て》に取《とり》て衆人《しゆうじん》の前《まへ》に立《た》ち出《い》でたり

又基督曾て「ナザレ」の北方「ナタナヘル」の故《こ》郷《きやう》「カナ」の小村に婚《こん》姻《いん》の祝筵《しゆくえん》ありける時《とき》其徒《そのと》弟《てい》と共《とも》に招《まね》かれたり彼《かの》婚《こん》姻《いん》の家《いへ》にては基督に斯《か》く多《おほ》くの徒《と》弟《てい》ありし事を知らざりしが故に豫《かね》て準備《じゆんび》し置《お》ける葡萄酒は筵《えん》未《いま》だ酣《たけな》はならざるに已《すで》に盡《つき》んとせり此時「マリヤ」は基督に耳《し》語《ご》して汝の能力《のうりよく》を以て一時の困《こん》難《なん》を救《すく》ふ事能はずやと言ひければ基督曰く汝婦《なんぢよ》人《じん》よ汝と吾と何の關係《くわんけい》やある加之《しかのみならず》時《じ》機《き》未だ至《いた》らざるなりと云へり「マリヤ」は基督の言を聞きて其家《そのいへ》の下奴《かど》に向て若《も》し基督命《めい》ずる事あらば何事《なにごと》をも其命に從《したが》へよと云ひ置《お》きたり此時代《このじだい》には「ユタヤ」の風俗《ふうぞく》として入口《いりぐち》に水甕《みづかめ》を備《そなへ》へ來客《らいきやく》の手《て》足《あし》を洗《あら》ふに供《きよう》するを常《つね》とせり此家にも件《くだん》の水甕《みづかめ》六個ありて水各《おの〳〵》四五斗を入る可し然《しか》るに時過《す》ぎて酒全《さけまつた》く盡《つ》きたる時基督奴《やつこ》に命《めい》

じて之に水を注《つ》がしめ水溢《あふ》れんとするの後《のち》基督自ら汲《く》み取《と》りて之を主人《しゆじん》に交附《かうふ》せり主人受《う》けて之を嘗《な》むるに芳烈醇良《はうれつじゆんりやう》なる葡萄酒なりしかば大に驚《おどろ》き且つ喜で衆賓《しゆうひん》に給《きよ》したりと云ふ

以上の奇行《きかう》が即ち魔法《まはふ》切支丹《きりしたん》なるものにして必竟催眠術《ひつきやうさいみんじゆつ》なる語《ご》の未《いま》た之れあらざりし以前《いぜん》及び化學《くわがく》の進歩《しんぽ》せざりしときに於て基督《きりすと》は既に之を知《し》りて而して此《こゝ》法《はふ》を行ひたるに外《ほか》ならず故に世人《せじん》若《も》し此法を行《おこな》はんと欲せは先づ心力《しんりよく》の應用《おうよう》を悟《さと》り化學の研究《けんきう》と相俟《あひま》つときは實に易々《いゝ》たるのみ然り而して心力《しんりよく》應用《おうよう》の機能《きのう》は幽玄靈活《ゆうげんれいくわつ》にして言《い》ふ事難《ことがた》し故《ゆゑ》に心力《しんりよく》の起動感通《きどうかんつう》の作用《さよう》は之れを他《た》に求《もと》めんよりは寧《むし》ろ之れを内《うち》に捉《とら》ふるの易《やす》きに如《し》かざるなり何《なん》となれば心力《しんりよく》の靈能《れいのう》を固信《こしん》し巧《たくみ》に之を應用《おうよう》するの能力《のうりよく》は人類《じんるゐ》寧《むし》ろ動物《どうぶつ》天禀《てんりん》固有《こいう》の能力《のうりよく》なれば何人《なんぴと》も克《よ》く此靈《このれい》光《くわう》を闡發《せんはつ》するを得《う》るものなればなり人《ひと》若《も》し一度《ひとたび》彼《か》の天秘《てんぴ》の府庫《ふこ》を開《ひら》くことを得《え》ば必す神哭《しんこく》し鬼《き》笑《わら》ひ枯骨《ここつ》躍《おど》り枯木《こぼく》春《はる》を迎《むか》へ人をして驚殺《きやうさつ》せしめ快殺せしむる底の奇觀《きくわん》あらん事《こと》必《ひつ》せり然りと雖も懷疑《くわいぎ》の心は此の靈光《れいくわう》を蔽《お》ふの陰雲《いんうん》なるが故《ゆゑ》

に固《と》信《しん》の人《ひと》にして初《はじめ》て能《よ》く之を行《おこな》ふ事を得《う》るものなり讀者《どくしや》宜《よろ》しく此意《このい》を諒《りやう》せよ

○神術諸病釘責の秘法

諸病釘責《しよびやうくぎせめ》の法《はふ》は神術の秘法《ひはふ》にして決《けつ》して忽《ゆるがせ》にすべからざるものなり今左《いまさ》に其責《せめ》樣《やう》及び釘責の法式《はふしき》を詳細《しやうさい》に述《のべ》て一目瞭《れう》然《せん》何人《なんびと》も之れを解《かい》し得《う》る樣指示《しじ》すべし宜しく愼んで之れを修すべし

先　責板《せめいた》を供《そな》へ之れに文字《もんじ》を書《しよ》す

文字の書方《かきかた》は圖《づ》に示すが如くなすべし

次　釘を持ちて打《う》つ但し釘十二本　長さ五寸と知るべし

先づ十二支《し》を釘にて順《じゆん》に打《う》ち亥《ゐ》に至りて釘盡《くきつ》きたるときは子《ね》に打《う》ちたる釘を抜《ぬ》き天地人及び日月と順《じゆん》に釘を打《う》ちて責込《せめこ》むべし

次　呪文

呪文《じゆもん》曰

ヲンバダロシヤ、キバの吹《ふ》く息突《いきつ》く息《いき》地吹く風天《そら》吹く風に千里《せんり》はえたる

つたが一本生《い》きて根《ね》を斷《た》ち葉《よ》を枯《から》す下には不動の火炎《くわえん》あり上には五色《ごしき》の雲《くも》ありて早吹込《はやふきこん》だぞ伊勢《いせ》の神風《かみかぜ》

右の咒文《じゆ》を唱《とな》へ一心に責込《せめこ》み終《おはつ》て之れを川《かは》に流《なが》し棄《すつ》べし

今左に文字の書方《かきかた》を示《しめ》す

板は桑《くわ》の木にて厚《あつ》さ三寸五分に造《つく》るべし

上圖の如《ごと》く書《しよ》すべし

責方《せめかた》は前述《せんじゆつ》の如《ごと》くす

⊙神術諸病除蔭針の秘法

此秘法は諸病を治するは勿論《もちろん》なれども就中《なかんづく》腹痛《ふくつう》を治《ち》し癪《しやく》を治し狐《きつね》の付《つ》きたるを落し瘧《おこり》を落《おと》す等《とう》最も効顯《かうけん》のある法《はふ》なれば決《けつ》して忽《ゆるがせ》にすべからず左《さ》に其《そ》の法式《はふしき》を示《しめ》すべし

男　左の足

女　右の足

右白紙に足《あし》の形《かたち》の寸法を取りて圖《づ》に書《しよ》し針《はり》をさすべし針のさし方は左の圖によりて行《おこな》ふべし夢忽《ゆめゆるが》せにすべきにあらず愼《つゝ》しむべし針《はり》の持《も》ち様《やう》は右手の母指《おやゆび》を内《うち》にし人指《ひとさし》と高指《たかゆび》とは外に無名指《ひとさしゆび》と小指《こゆび》とを外に刎《は》ね離《はな》して持つべし而して持ちたる針の針先《はりさき》は天《てん》へ向《む》け十種《とくさ》の祝詞《のりと》を唱《とな》へ一心《いつしん》に祈念《きねん》しさすべし

針さし方の圖

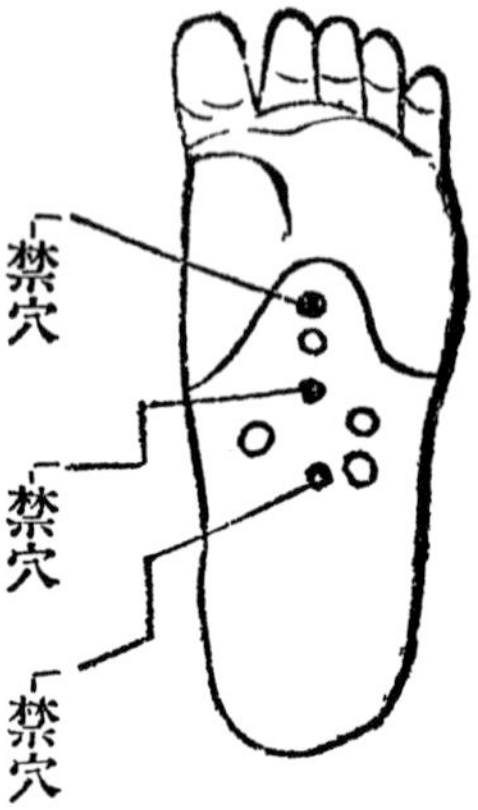

右の圖中白《しろ》き場《ば》所《しよ》にさすべし●禁穴《きんけつ》とてさすべからざる所《ところ》を示《しめ》したるものなれば能《よ》く〳〵注意《ちうい》して行《おこな》はるべし

○易術射覆の妙法秘傳書

射覆《ふきふ》とは當物《あてもの》と云《いふ》の義《ぎ》なり易を講《かう》するもの〻普《あまね》く知る所にして易術の妙味《めうみ》亦大《またおほひ》に存《そん》す人若し此術に長《ちやう》ぜんか天地《てんち》人間《にんかん》の一大消息《せつそく》を傳《つた》へ造化《ぞうくわ》の機微《きび》を破《やぶ》り人事の萬《ばん》變《へん》を穿《うが》ち榮《えい》枯《こ》盛《せい》衰《すゐ》進《しん》退《たい》離《り》合《がふ》明《めい》暗《あん》緩《くわん》急《きふ》死《し》生《せい》出《しつ》入《にふ》一として掌《たなごゝろ》を指《さ》すが如くなら

ざるはなし而して其の之を試みんと欲せば先づ八原子《はちげんし》即ち（乾天《けんてん》）（兌澤《だたく》）（離火《りくわ》）（震雷《しんらい》）（巽風《そんふう》）（坎水《かんすゐ》）（艮山《ごんざん》）（坤地《こんち》）の象義《しやうぎ》に審《つまびら》かならざれば能《あた》はず故に其象義の大意を左《さ》に示《しめ》し併《あは》せて射覆の妙用能く暗裡《あんり》に物を探《さぐ》りたるの實例《じつれい》を示すべし

八卦分類

△乾《けん》

天時《てんじ》　天《てん》　水《みづ》　霰《あられ》　雹《へう》　晴天《せいてん》

地理《ちり》　戌亥の方　都府《とふ》　大縣《たいけん》　勝地《しやうち》　高臺《たかだい》

人物《じんぶつ》　君《きみ》　父《ちゝ》　貴人《きじん》　君子《くんし》　名人《めいじん》　長者《ちやうじや》　老翁《らうおう》

人事《じんじ》　剛健《がうけん》　武勇《ぶゆう》　果斷《くわだん》　高名《かうめい》　大膽《だいたん》　剛情《がうじやう》

身体《しんたい》　首《くび》　頭《かしら》　骨《ほね》　肺臓《はいざう》

性情《せいじやう》　工夫《くふう》心勞《しんらう》あり　自慢心《じまんしん》あり

時候《じこう》　九十月の間《あひだ》　寒氣《かんき》の候《こう》　戌亥の年月日

動物《どうぶつ》　龍《りやう》　馬《うま》　獅子《しゝ》　象《ぞう》

器物《きぶつ》　金《きん》　珠玉《たま》　寶《たから》　丸《まろ》き物《もの》　冠《かむり》　剛《つよ》き物《もの》　鏡《かゞみ》　果物《くだもの》　貴《たつと》き物《もの》

家宅《かたく》　役所《やくしよ》　樓閣《ろうかく》　大家《たいか》　驛舍《えきしや》　戌亥向の居宅

食物《しよくもつ》　馬肉《ばにく》　乾《かは》きたる物　辛《から》き物　珍《めづ》らしき物　果物《くだもの》　海《うみ》の物

官職《くわんしよく》　宮内官《くないくわん》　刑官《けいくわん》　武官《ぶくわん》　使者《ししや》　監督《かんとく》　長官《ちやうくわん》

疾病《しつぺい》　肺《はい》　頭《かしら》　顔瘡《がんそう》　筋骨《きんこつ》　上焦《のぼせ》　逆熱《ぎやくねつ》

方位《はうゐ》數目《すうもく》　西北《せいほく》の方　數《かず》は一四九

△兌《だ》

天時　雨《あめ》　星月夜《ほしつきよ》　新月《しんげつ》　陰雨《ゐんう》

地理　澤《さは》　水邊《するへん》　古井戸《ふるゐど》　海邊《かいへん》　欠《か》けたる所《ところ》

人物　少女《せうぢよ》　妾《めかけ》　藝者《げいしや》　伶人《れいじん》　世話人《せわにん》　口寄《くちよ》せ

人事　喜悅《きえつ》　口舌《くぜつ》　誹謗《ひばう》　讒言《ざんげん》　飲食《ゐんしよく》　口輕《くちかる》き人《ひと》

身体　舌《した》　口《くち》　肺《はい》　痰《たん》　涎《よだれ》　疾《やまひ》

性情　心落付《こゝろおちつ》かぬ人　虚名心《きよめいしん》ある人

時候　秋《あき》　八月《はちぐわつ》　酉《とり》の年月日　金性《きんせい》の年

器物　金物《かなもの》　刄《やへば》　樂器《がくき》　缺《か》けたるもの　敗《やぶ》れたるもの

動物　羊《ひつじ》　柔順《じゆうじゆん》なる物　双角《さうかく》ある物　色白《いろしろ》き物

家宅　西向《にしむき》の居宅《きよたく》　澤邊《さはべ》の家《いへ》　門戸《もんこ》の壞《こは》れたる家

飲食　羊の肉《にく》　湖水《こすゐ》又は沼等《ぬまとう》の物　辛《から》き物

官職　法律家《はうりつか》　辯護士《べんごし》　軍人《ぐんじん》　音樂師《おんがくし》

疾病　口《くち》舌《した》　咽喉《いんかう》　逆氣《ぎやくき》　喘息《ぜんそく》　飲食停滯《いんしよくていたい》　溜飲《りういん》

方位數目　西《にし》の方　數は二四九

△離《り》

天時　日《ひ》　電《いなづま》　虹《にじ》　霞《かすみ》

地理　南の方　日向《ひなた》むきの地　高《たか》き日當《ひあた》りよき所

人物　中女《ちうぢよ》　文學者《ぶんがくしや》　大腹《おほはら》の人《ひと》　軍裝《ぐんさう》の人《ひと》

人事　文書《ぶんしよ》　聰明《そうめい》　虛心誠實《きよしんせいじつ》に相見《あひみ》ゆる象《しやう》

身体　目《め》　心《こゝろ》　魂魄《こんぱく》　熱《ねつ》

性情　短慮《たんりよ》　輕卒《けいそつ》　虚飾《きよしよく》　華美《くわび》を好《この》む

時候　夏《なつ》　五月　午《うま》の年月日　火性《くわせい》の年日月

器物　火《ひ》を入《い》る物《もの》　文書《ぶんしよ》　武器《ぶき》　中《なか》の虚《きよ》なる物

動物　雉子《きじ》　龜《かめ》　鼈《すつぽん》　蟹《かに》　蛤《はまぐり》　螺《さゞゐ》

家宅　南向《みなみむき》の暖《あたゝか》き居宅　日當りよき陽氣《やうき》の家

官職　文官《ぶんくわん》　鍛冶《かぢ》　鑛山業《くわうざんげふ》　畫家《ぐわか》

疾病　眼病《がんびやう》　心臓《しんざう》　逆上《ぎやくじやう》　熱病《ねつびやう》　疫病《えきびやう》

方位數目　南方　數は三二七

△震《しん》

天時　雷電《らいでん》　大風《たいふう》　震動《しんどう》

地理　東方《とうはう》　樹木多《じゆもくおほ》き所《ところ》　繁昌《はんじやう》の土地《とち》　廣《ひろ》き道《みち》　竹林《たけばやし》ある所　陽氣《やうき》の場所《ばしよ》

人物　長男《ちやうなん》　威嚴《ゐげん》ある人《ひと》　活潑《くわつぱつ》の人　決斷《けつだん》の人

人事　忿怒《ふんど》　驚愕《きやうがく》　輕躁《けいそう》　動止《どうし》落付《おちつ》かぬ象

身体　足《あし》　肝臓《かんざう》　髮《かみ》　聲音《せいおん》大なる義

性情　輕躁《けいそう》　外出《そとで》を好む　空想《くうさう》に驅《か》らるゝ人

時候　春《はる》　三月　卯《う》の年月日　木性《もくせい》の年

器物　木《き》　竹《たけ》　茸《きのこ》　木にて作りたる樂器《がくき》　搖《ゆ》れる物　本《もと》細《ほそ》く頭大《あたまだい》なる物　据《すは》り惡《あ》しき物

動物　蛇《へび》　虎《とら》　豹《ひやう》　龍《りゆう》

家宅　東向きの居宅　山林《さんりん》の處　樓臺《ろうだい》

飲物　新《あたら》しき肉《にく》　山林《さんりん》の野味《やみ》　菜蔬《さいそ》　味柑《みかん》

官職　獄《ごく》を司《つかさど》る官《くわん》　發令《はつれい》を司る官　市町村長《しちやうそんちやう》　税務官《ぜいむくわん》　市場《いちば》の理事《りじ》

疾病　脚氣《かつけ》　肝臓《かんざう》　驚風《きやうふう》　發狂《はつきやう》　癲癇《てんかん》

方位數目　東方　數は四八三

△巽《そん》

天時　雲《くも》　雨《あめ》　陰鬱《いんうつ》

地理　東南　の地　草木繁茂《さうもくはんも》の所　畑地《はたち》　花園《くわえん》

人物　長女《ちやうぢよ》　秀士《しうし》　山林の人　寡髪《くわはつ》の人

人事　柔和《じゆうわ》　不決斷《ふけつだん》　進退《しんたい》　鼓舞《こぶ》　市利三倍《しりさんばい》

身体　肱《ひぢ》　股《もゝ》　内股《うちもゝ》

性情　鎮静《ちんせい》　心労《しんらう》　迷信《めいしん》　大望《たいばう》ある者

時候　春夏《しゆんか》の間三月　四月　辰巳《たつみ》の年月日

器物　木《き》　香《にほひ》あるもの　臭《くさ》みあるもの　蠅《はい》　直《すぐ》なる物　長《なが》き物　細工《さいく》したる
物　竹木《ちくぼく》の器物《きぶつ》

動物　鷄《にはとり》　鳥類《とりるゐ》　蟲《むし》　蛇《へび》

家宅　東南向《とうなんむき》の居宅　寺院《じゐん》　山林の居　樓園《ろうえん》

飲食　鷄肉《けいにく》　山林に産《さん》する者　野菜《やさい》　果物《くだもの》　酸味《さんみ》あるもの

官職　文官《ぶんくわん》　風紀法憲《ふうきはふけん》の官　税務官《ぜいむくわん》　港務官《こうむくわん》

疾病　股肱《ここう》等の痛《いたみ》　風邪《ふうじや》　中風《ちうふう》　氣《き》の病《やまひ》

方位數目　東南方《とうなんはう》　數は五三八

△坎《かん》

天時　雨《あめ》　雪《ゆき》　月《つき》　霜《しも》　露《つゆ》

地理　北方《ほくはう》　江湖《かうこ》　溪澗《けいかん》　泉《いづみ》　井戸《ゐど》　池沼《いけぬま》　水邊《すゐへん》　溝堀《みぞほり》　溫氣《をんき》ある所

人物　中男《ちうなん》　舟人《ふなびと》　盗賊《たうぞく》　貧乏人《びんばふにん》　苦勞《くらう》ある人

人事　險陷《けんかん》　卑下《ひげ》　腹黑《はらくろ》く　剛情《ごうじやう》　流浪《るらう》

身体　耳《みゝ》　血《ち》　冷《ひ》へる　毒《どく》あり

性情　色慾《しきよく》　迷《まよひ》　恒心《かうしん》なし　屈托《くつたく》　歎恨《たんこん》

時候　冬《ふゆ》　十一月　子《ね》の年月日　陰欝《いんうつ》

器物　水晶《すゐしやう》　水中《すゐちう》の物　黑色《こくしよく》の物　鐵《てつ》にて製《せい》した物　墨《すみ》　硯《すゞり》　弓《ゆみ》

動物　豕《ゐのこ》　魚《さかな》　膃臍《おつとせい》

家宅　北向《きたむき》の居宅　水道《すゐだう》　江樓《かうろう》　藥酒店《やくしゆてん》　濕氣《しつき》の宅

飲食　豕肉《とんにく》　酒《さけ》　冷《ひ》へたる物　海産物《かいさんぶつ》　煮物《にもの》　酸味《さんみ》骨《ほね》多き物　核《たね》ある物　水

中の物　鹽物《しほもつ》　漬物《つけもの》

官職　水上取締《とりしまり》　酒類《しゆるゐ》を司とる官

疾病　耳《みゝ》の病　心臟《しんざう》　感冒《かんばう》　腎臟《じんざう》　痼疾《こしつ》　血《ち》の道　下痢症《げりしやう》

方位數目　北方　數は一と六なり

△艮《ごん》

天時　雲《くも》　霧《きり》　嵐《あらし》

地理　山路《やまじ》　丘陵《きうりやう》　墳墓《ふんぼ》　塚《つか》　險道《けんだう》

人物　少男《せうなん》　閑暇人《かんかにん》　進退不決《しんたいふけつ》　背反《はいはん》する人　働《はたら》かざる人

人事　停滞《ていたい》　難事《なんじ》　守静《しゆせい》　叛逆《はんぎやく》　篤實《とくじつ》

身体　手《て》　手の指《ゆび》　骨《ほね》　鼻《はな》　背《せ》　脾《ひ》　胃《ゐ》

性情　躁急《そうきふ》　浮薄《ふはく》　巧言《こうげん》　色情《しきじやう》

時候　冬春《ふゆはる》の間　十二月　丑寅《うしとら》の年月日　土性《どせい》の年

器物　土石《どせき》　瓜《うり》　菓物《くだもの》　黄《き》なる物　土中《どちう》の物
動物　虎《とら》　狗《いぬ》　鼠《ねずみ》　鳥類《とりるゐ》　嘴《くちばし》にて喙《ついば》む鳥獸《ちやうじゆう》
家宅　東北向の居宅　山石に近き宅　道路に近き家
飲食　畑《はた》の物　芋類《いもるゐ》　獸肉《じゆうにく》　墓邊《はかべ》の筍類《たけのこるゐ》　野菜《やさい》
疾病　手の病　手指《しゆし》の痛《いたみ》　脾胃《ひゐ》の病
方位數目　東北方　數は五と七と十とす

△坤《こん》

天時　曇天《どんてん》　霧《きり》　陰晴《いんせい》
地理　田野《でんや》　鄉里《きやうり》　平《たひら》なる地　郊擴《こうかく》の地
人物　后《きさき》　母《はゝ》　老婦《らうふ》　農民《のうみん》　樂人《がくじん》　大腹《だいふく》大量《たいりやう》の人
人事　吝嗇《りんしよく》　利己《りこ》主義《しゆぎ》　順柔《じゆんじう》　溫和《おんわ》　柔弱《じうじやく》　衆人《しうじん》
身体　腹《はら》　脾《ひ》　骨《ほね》　肉《にく》
性情　眞情《しんじやう》あり　俠氣《きやうき》あり　愛憐《あいれん》あり

時候　辰戌丑未の月　未申の年　初寒　十月

動物　牛《うし》　牝馬《ひんば》　獸類《じゆうるゐ》

器物　四角《しかく》の物　土中の物　柔《やはらか》き物　布帛《ふはく》　絲《いと》　綿《わた》　穀物《こくもつ》　瓦《かはら》にて製したる物　釜《かま》

家宅　西南向の家　村家《むらいへ》　田舍《いなか》　矮屋《わいおく》　土橋《どばし》　倉庫《さうこ》　暗《くら》き家　陰氣《いんき》の家

飲食　野味　牛肉　土中の物　甘味《かんみ》　薯《いも》　筍《たけのこ》

官廳　農務官吏《のうむくわんり》　縣郡の役人　敎師

疾病　腹《はら》　脾《ひ》　胃《ゐ》　胃膓《ゐちやう》　不消化《ふせうくわ》

方位數目　西南方　數は八と五と十なり

以上を易八卦分類《はつくわぶんるゐ》とす之を能く暗誦記憶《あんしようきおく》するを肝要《かんえう》とす而して亦以下に人の意中を知り應對肯服背叛《おうたいこうふくはいはん》を知るの秘訣《ひけつ》を易象《えきしやう》により解釋《かいしやく》すべし易六十四卦の中五十二卦を以て之れが秘訣の象とするなり即ち左に列記《れつき》するものに就て鑑《かんが》むべし

損《そん》

我《われ》より唱《とな》ふれば彼《かれ》は勇《いさ》みて我に與《く》みし彼より勸《すゝ》め來るときは我之を承諾《しやうだく》して服《ふく》する象《しやう》

益《えき》

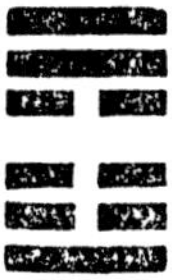

我より勇みて勸むれば彼は承諾して服し彼より言ひ掛くれば我進で力を協はする象

中孚《ちうふ》

我より云ひ掛《か》くれば彼承諾《しやうだく》して我に與《くみ》し彼より云ひ掛《か》くれば我も背いて彼《かれ》に與す

小過《せうくわ》

彼は我に背《そむ》きて逃《のが》れんとし我は彼に背むきて退《しりぞ》かんとす相《さう》互《ご》承諾《しやうたく》せざるの象なり

臨《りん》

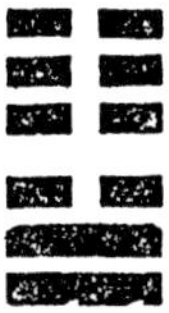

我《われ》より言掛《いひか》くるときは彼は柔弱《にうじやく》にして辭《じ》する事《こと》能《あた》はず與《く》みするも事を果《はた》さゞるの象なり

観《くわん》

彼より云ひ掛けらるれば我は柔弱《にうじやく》にして辭することを能はず心ならずも從《したが》ふの象なり

巽《そん》

彼《かれ》より依頼《いらい》することあるも我《われ》は其《そ》の意《い》を斷りて應《おう》ぜず與《く》みせざるの象《しやう》にして意相合《いあひあ》はず

兌《だ》

我より依頼することあるも彼は其の意を拒《こば》みて承諾せず應《おう》對《たい》ならざるの卦象《くわしやう》とす

大過《たいくわ》

我彼に背《そむ》き彼は我に背きて相互反目《さうごはんもく》意相通《いあひつう》せず事ならざるの象とす

頤《い》

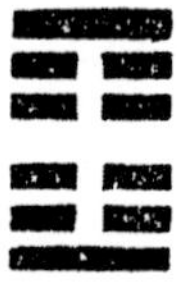

我より進《すゝ》んで唱《とな》ふれば彼も進み來《きた》りて力《ちから》を協《あは》せ彼より勸《すゝ》むれば我も進《すゝ》みて與《く》みするの象

漸《ぜん》

彼より依《い》頼《らい》し來るも我は之れを拒絶《きよぜつ》して逃《のが》れ我よりは固《もと》より物を言《い》はざるの象なり

皈妹《きまい》

我より勸《すゝ》むれども彼は之れを拒《こば》みて與《く》みせず彼は固《もと》より物の言《い》はざるの象なり

咸《かん》 ䷞

我は彼の意を拒みて逃《のが》れ去《さ》らんとし彼は我に背《そむ》きて承諾《しようだく》せず事調《ことゝの》はざるの象なり

恒《こう》 ䷟

我は彼の意《い》に背《そむ》き拒《こば》み彼は我の意を絶《ぜつ》体《たい》的《てき》拒絶《きよぜつ》して事調《ことゝの》はざるの象なり

履《り》 ䷉

我より言を盡《つく》して云ひ勸《すゝ》むるも彼は剛強《がうきやう》にして斷然《だんぜん》之を絶拒し耳《みゝ》を貸《かさ》さゞるの象なり

小畜《せうちく》 ䷈

彼より巧言《こうげん》以て我に説《と》くも我は嚴然《げんぜん》として之れを拒絶し更《さら》に取合《とりあは》ざるの象なり

夬《くわい》 ䷪

彼は我に背反《はいはん》して承諾せず彼は剛強《がうきやう》にして取合《とりあは》ず事《こと》圓《えん》滑《かつ》に運《はこ》ばざるの象意《しやうい》なり

姤《こう》 ䷫

我は彼の意に背反して承諾せず彼は頑強《ぐわんきやう》にして我が意を迎《むか》へず事調《ことゝの》はざるの象なり

升《しやう》

我は彼に背いて肯《うけ》がはざるも彼は柔弱《にうじやく》にして我が意を迎《むか》へ順《したが》ひ來るの象なり

萃《すい》

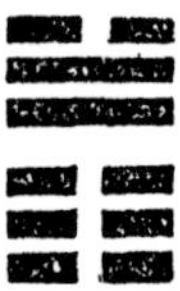

彼我に背《そむ》きて従《したが》はざるも我は柔弱にして彼の意《い》を迎《むか》へ順《したが》ふ故《ゆゑ》に事果《はた》さゞるの象なり

節《せつ》

我より云ひ勸《すゝ》むると雖ども彼は困難《こんなん》の位置《ゐち》にありて承諾せず大に苦心《くしん》するの象なり

渙《くわん》

我より言ひ掛《か》けらるゝも我困難の時に際《さい》して爲《た》めに辭《じ》して受合《うけあ》はざるの象意とす

井《せい》

我は彼に背いて肯服せざるの象あり又彼は困難《こんなん》の位置《ゐち》にありて辭《じ》して受合《うけあ》はざるの象

困《こん》

彼は我に背きて肯《うけが》はずして事理《じり》通《つう》ぜず又我は困難の位置にありて承諾《しようだく》せざるの象なり

剝《はく》

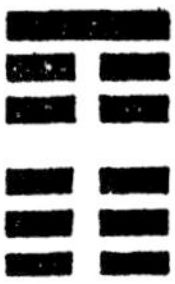

彼は進《すゝ》み來《きた》りて勸《すゝ》め我は柔弱《にうじやく》にして辭《じ》すること能はずして盲從《もうじゆう》するの象とす

復《ふく》

我より進み行《おこな》ひて勸《すゝ》むるときは彼は陰柔《いんじゆう》にして辭《じ》すること能《あた》はず盲從《もうじゆう》する故に事《こと》不果《はたさず》

遯《とん》

彼は剛强頑固《がうきやうぐわんこ》にして取合《とりあ》はず我は背《そむ》いて逃《のが》れ去《さ》り彼我《ひが》の意《い》相背《あひそむ》き事調《ととの》はざるの象なり

大壯《たいさう》

彼逃れ我は頑固《ぐわんこ》剛强《がうきやう》にして取合はざるの象にして遯《とん》の卦と同一《どういつ》義理《ぎり》なりと知るべし

无妄《むまう》

我非常《ひじやう》に進《すゝ》みて勸むるも彼剛强頑然《ぐわんぜん》として取合はず爲めに事破裂《はれつ》するの象とす

大畜《だいちく》

彼より進み來りて勸《すゝ》むると雖《いへど》も我は剛强にして斷然《だんぜん》として之を拒絶《きよぜつ》するの象なり

蠱《こ》 ䷑

彼より進《すゝ》み來りて大に勸むることあるも我は承諾《しようだく》せずして談判《だんぱん》其他《そのた》皆成《みなな》らざる象とす

隨《ずゐ》 ䷐

我より進み行《ゆ》いて大に勸むることあるも彼は首肯《しゆこう》せずして萬事《ばんじ》成就せざること蠱の如し

屯《ちゆん》 ䷂

我より勸むること急《きふ》なるも彼は困難《こんなん》の事《じ》情《じやう》ありて決《けつ》して承諾して受引《うけひ》くことなき象なり

蒙《もう》 ䷃

彼より勸むること非常に熱心《ねつしん》なるも我れは困難の位置《ゐち》にありて受引《うけひ》くこと能はざる象なり

噬嗑《ぜいかう》 ䷔

我より大に進んで勸誘《くわんゆう》することあるも彼は明察《めいさつ》にして之れを聞入《きゝい》れざるの象《しやう》なり

賁《ひ》 ䷕

彼より大に進《すゝ》んで依賴《いらい》することあるも我は明察《めいさつ》にして之れを聽入《きゝい》れざるの象義《しやうぎ》とす

震《しん》

䷲

我より進んで勸誘するも彼は之れを拒《こば》んで承諾《しようだく》せざるのみならず逃《のが》れて去《さ》るの象とす

艮《ごん》

䷳

彼より大に進んで依頼《いらい》することあるも我は之れを拒絶《きよせつ》して逃《のが》れ去《さ》るの象《しやう》と知るべし

解《かい》

䷧

彼は我が要求《えうきう》を拒絶《きよせつ》して逃《のが》れ去《さ》らんとし我は困難の事情《じじやう》ありて人の依頼《いらい》を辭《じ》する象なり

蹇《けん》

䷦

彼は困難《こんなん》の事情ありて我の依頼《いらい》を辭《じ》し我は彼の要求《えうきう》を拒絶《きよせつ》して逃《のが》れ去《さ》るの象なり

泰《たい》

䷊

我は剛强《がうきやう》にして與《あづ》からざるも彼は柔弱《にうじやく》にして力足《ちからた》らず來《きた》りて我に順《したが》ふの象なり

否《ひ》

䷋

彼は剛健《がうけん》にして取合《とりあ》はざるも我は柔弱にして力足《ちからた》らざるが故に彼に順《したが》ひ事《こと》を成《な》すの象

明夷《めいゐ》 ䷣

彼は柔弱《にうじやく》にして力足らず來りて我に順ふの象又我は明察《めいさつ》を以て彼を拒《こば》むの象とす

晋《しん》 ䷢

彼は柔弱《にうじやく》のために力足《ちからた》らずして進みて彼に順《したが》はんとするも彼は明察《めいさつ》にして拒《こば》む象なり

豊《はう》 ䷶

我は明察《めいさつ》にして取合《とりあ》はざるが故に彼は我を拒《こば》みて逃《のが》れて去《さ》らんとするの象と知るべし

旅《りよ》 ䷷

我は彼を拒《こば》んで逃れて去らんとするが故に彼も亦明察《めいさつ》にして取合《とりあ》はざるの象なり

睽《けい》 ䷥

我より言《い》ひ掛《か》け事《こと》を勸誘《くわんゆう》することあるも彼は明察《めいさつ》にして取《とり》合《あ》はず故に談判調《だんぱんとゝの》はざる象

家人《かじん》 ䷤

彼より言《い》ひ掛《か》けて非常《ひじやう》に勸誘《くわんゆう》することあるも我は明察《めいさつ》にして取合《とりあ》はず事成《ことな》らざる象

鼎《てい》 ䷱

我は彼の意《い》に背《そむ》きて承諾《しようだく》することなく彼も亦《また》明察《めいさつ》を以て我《わが》言《げん》を聴入《きゝい》れざるの象なり

革《かく》 ䷰

彼は我の意《い》に背《そむ》きて承諾《しようだく》することなく我《われ》も亦《また》明察《めいさつ》を以て彼の言《げん》を取上《とりあ》げざる象なり

離《り》 ䷝

彼は明察《めいさつ》にして聴入《きゝい》れず我も亦《また》明察にして彼の言《げん》を聴《き》かず事成《ことな》らざること明《あきら》かなり

坎《かん》 ䷜

彼は困難《こんなん》の位置《ゐち》にありて我が依頼《いらい》を辭《じ》し我も亦困難《こんなん》の事情《じじやう》ありて彼が依頼《いら》を辭《じ》する象なり

右五十二卦《くわ》の圖訣《づけつ》を能く熟覽記臆《じゆくらんきおく》し而して能く融通應用《ゆうづうおうよう》するときは應對《おうたい》の成否《せいひ》訴訟《そしよう》の勝敗落着人情《しようはいらくちやくにんじやう》の眞僞《しんぎ》等《とう》皆な掌《たなごころ》を指《さ》すが如く適中《てきちう》するものなれば人の心中を知らんと欲《ほつ》するには最も徑捷《けいしよう》にして亦最も簡便確實《かんべんかくじつ》に之れを確《たしか》むることを得るなり故に暗中《あんちう》に物を探《さぐ》り相對《あひたい》する人の意志《いし》を知らんと欲せば宜《よろ》しく此法を熟《じゆく》覽記臆《らんきおく》して之を融通應用《ゆうづうおうよう》することに務《つと》むべし

今《いま》左《さ》に故人《こじん》が時《とき》に觸《ふ》れ物に接《せつ》して射覆《せきふ》の妙術《めうじゆつ》によりて皆な奇中《きちう》を得られし實驗《じつけん》談《だん》の二三を掲《かゝ》げて射覆の妙味《めうみ》の存《そん》する所を知らしむるの一班《いつはん》となすべし

或人塚本白圭先生に一つの箱《はこ》を示《しめ》し問《と》ふて曰く此中に一物あり其名狀如何《そのめいじやういかん》と云ふ先生徐《おもむ》ろに揲筮《てつせい》して左の卦を得たり

地山謙之　坤爲地

先生斷じて曰く精義《せいぎ》に因《よ》りて考《かんが》ふるに謙《けん》は卦象《くわしやう》自ら男子《だんし》の裸体《らたい》の姿《すがた》と見るべく之《し》卦《くわ》の坤《こん》に柔懦《じゆうだ》の意《い》あれは箱中の物は必ず是れ男子《だんし》裸体《らたい》の人形《にんぎやう》なるべしと占《せん》す蓋《ふた》を開《ひら》きて檢《けん》するに果《はた》して奇中《きちう》せり之を問《と》ひ試《こゝろ》みし人易の神妙《しんめう》なるに感《かん》じ一語《いちご》を發せず只呆然たりしと

或人山本詠子氏に向つて曰く余支体《よしたい》の或所《あるところ》に一の黑點《こくてん》を附《ふ》したり乞《こ》ふ其場所《そのばしよ》を易《えき》に問《と》ふて告げらるべしと先生笑《わら》ふて答《こた》へず或人再三之を望んで止まず故に先生筮《せい》を揲《と》りて左の卦を得られたり

澤山咸之　水山蹇

斷じて曰く口鼻《こうび》定め難《がた》し然れども本卦《ほんくわ》を五体四肢《しし》に見るとして變爻《へんかう》は腹《はら》に當《あた》りて一穴《けつ》を生ずるの象とす而して本卦の咸《かん》は人の始めにして之卦の蹇は難《なや》みにして胎中《たいちう》の意《い》あり而して上卦兌《じやうくわだ》の白《しろ》きもの變《へん》じて坎《かん》の黒色《こくしよく》となる是れ必ず臍《へそ》に墨《すみ》を塗《ぬ》りたるならんと占《せん》す或人其奇中《きちう》せしに驚《おどろ》き一語の發する所《ところ》を知らざりしとなり

或人芥川彦章氏に一幅《ふく》の掛物《かけもの》を示《しめ》し此中に畫《えが》けるものは如何《いか》なる物《もの》なるか但し古人二人《こじんににん》の風情なりと云ふ彦章氏筮《ぜい》を揲《と》り左の卦を得たり

火山旅之　火地晋

斷じて曰く離は甲《かふ》の象《かたち》なり艮《ごん》は手《て》にして又止《とゞ》むるの意あり是《こ》れ手《て》を以てシユロを取りて引《ひ》くの象《かたち》あり三の陽爻變《やうかうへん》して坤《こん》となる坤は糸《いと》なり引《ひ》くの象あり故に此古人《こじん》は三保谷十郎《みはのやしうらう》に景清《かげきよ》なるべしと占《せん》す果《はた》して然《しか》り

又釋沖阿も同じく古人二人の風情《ふせい》に就《つい》て揲筮《てうせい》して左の卦を得たり

風澤中孚之　天澤履

斷して曰く此《この》二人相《あひ》向《むか》ひ相争《あひあらそ》ひ何れも頭《あたま》に物《もの》を着するの象なり一人は逃《のが》れるの象又變《へん》卦《くわ》履《り》の卦面《くわめん》を見るに後よりつかむが如き象あり然れども履の彖《たん》に虎《とら》の尾《を》を履《ふ》みて人《ひと》を咥《くら》はずとあるより推《お》すに敵《てき》と敵と相對すれども勝負なく死《し》に及ばざるの意あり而して其塲《ば》所《しよ》は海邊《かいへん》なるを以て三保谷十郎と景清との錣《しころ》引《び》きならんと占するに果して奇中《きちう》せりと云ふ

易《えき》の理《り》の廣《ひろ》き事各々得る所の卦相異《くわあひこと》なると雖も象義を究《きは》めて占《せん》するときは各其歸《き》する所一となる易の妙味《めうみ》亦《また》此邊《このへん》に存するものならんか

河合子善先生の隣人《りんじん》一日先生を訪《と》ふ既《すで》に客あり談《だん》易の事に及ぶ隣人易《えき》を信《しん》ぜず嘲《あざけ》りて偶々《たま〱》持《も》ち來《きた》りし所の軸《ぢく》を示して曰く此中に畫《えが》けるものは古《こ》人《じん》と植物《しよくぶつ》と動《どう》物《ぶつ》なり試《こゝろみ》に之を中《ちう》せよと先生微笑《びせう》して徐《おもむ》ろに占筮《せんぜい》して左の卦を得たり

澤天夬之　大壯

斷して曰く古《こ》人《じん》は位《くらゐ》あり文華《ぶんくわ》文章《ぶんしやう》辯《べん》舌巧《ぜつたくみ》にして面容《めんよう》猛威《まうゐ》あり頂《いたゞき》に何《なん》ぞ冠《かぶ》れり植物は能く生《お》ひ伸《の》ひ茂《しげ》り葉《は》に切《き》れ込《こみ》あり人の珍美《ちんみ》する文華《ぶんくわ》文章《ぶんしやう》の物にて木《き》なり動

物は勢《いきほ》ひ強《つち》く色情《しきじやう》ありて聲《こゑ》に感《かん》ずる意《い》あり身《み》に地紋《ちもん》ありて耳長《みゝなが》きか角《つの》あるか何れ頭異《かしらこゝ》なりたる獸なりと判《はん》ず傍人《はうじん》曰《いは》く之《これ》を推《する》せり試《こゝろみ》に名を云ふべし即ち忠則《たゞのり》に櫻《さくら》に馬《うま》ならんと云ふ先生曰く是れ當《あた》らず必らず幅中《ふくちう》畫《えが》く所のものは猿丸太夫《さるまるたいふ》に紅葉《もみぢ》と鹿《しか》なるべしと即ち軸《ぢく》を開《ひら》けば果《はた》して然り隣人《りんじん》驚いて易の妙なるに感《かん》じ深く嘲《ちざけ》りたる罪《つみ》を謝《しや》して先生の門《もん》に入りしと云ふ奇談《きだん》ならずや

桑路子は西村白鳥氏の友《とも》なり一日桑路子白鳥先生を訪《とふ》て曰く僕《ぼく》近頃《ちかごろ》遺失《ゐしつ》したるものあり乞《こ》ふ之れを貴下《きか》の占筮《せんせい》に問《と》ふて其《その》ある所を知らんと白鳥先生則《すなは》ち筮《せい》を揲《と》りて左の卦《くわ》を得たり

乾爲天之　澤天夬

先生斷じて曰く精義《せいぎ》に因《より》て考《かんが》ふるに此物甚だ賤《いや》しく包《つゝ》み覆《おほ》ふの意あり此卦《このくわ》の夬《くわい》は羝羊觸《ふ》るゝを喜《よろこ》ぶの意《い》なれば是れ同《おな》じきもの二つにして上《うへ》の方《はう》に口《くち》あり衣類《いるゐ》に屬するものにして必ず足袋《たび》ならんと曰ふ桑路手《て》を拍《うつ》て歎賞《たんしやう》して曰く實《じつ》に中《あた》れり數十日以前より何れに行《ゆ》きしやを知らず先生《せんせい》乞《こ》ふ尙ほ其《その》ある所を知らせよと

茲《こゝ》に於て白鳥曰く右の卦象《くわしやう》によりて考《かんが》ふるに丸《まる》き物《もの》に入れ蓋《ふた》をしてあるべし兌《だ》は口《くち》に屬《ぞく》し悅《よろこ》ぶの意《い》あり今日口を開き女《をんな》之を尋《たづ》ね出すべしと云ふ暫《しばら》くありて家《か》婦《ふ》茶壺《ちやつぼ》の中より見出《みいだ》したりと實《じつ》に足袋《たび》茶壺《ちやつぼ》の中にありとは意想外《いさうぐわい》の占《せん》ならずや

又或人一軸《ぢく》を塚本白圭先生に示して曰く畫《ぐわ》は東武英一蝶の筆なり其畫する所の物如何《いかん》を問《と》ふ先生占筮《せんぜい》して左の卦を得たり

離爲火之　火雷噬嗑

先生斷じて曰く離《り》を火とし爐《ろ》とし又方形に取り透《すか》しある物《もの》に取る離《り》の卦《くわ》重《かさな》り合ふたるは自然《しぜん》に火燵《こたつ》にやぐらの象をなす又之《またし》卦《くわ》の噬嗑《せいかう》は是れ動物《どうぶつ》にして獸《けもの》なるべし身に文彩《ぶんさい》ありて眼《め》他《た》に異《こと》なり尾《を》長《なが》くして足《あし》より動《うご》き鳴聲《なきごゑ》ありて人《ひと》に馴《な》るゝと雖も其性《そのせい》ほこり且つ恨《うら》み怒《いか》るの象あり故に此の獸必ず猫《ねこ》なるべし又震《しん》は物に乘《の》るとす此の象によりて判《はん》ずるに此畫《このぐわ》火燵《こたつ》の上《うへ》に三色毛《みいろげ》の猫《ねこ》あるを畫《ゑが》けるなるべしと占《せん》す即ち之を開《ひら》くに果《はた》して中《あた》れり易の妙《めう》皆《みな》此の如し

或日大澤白泉先生の門《もん》を叩《たゝ》く一僧《そう》あり先生招《しやう》して來意《らいい》を問《と》ふ僧《そう》曰く我《わが》檀家《だんか》に十

八歳の女子妊娠《にんしん》せり吉凶《きつきよう》如何《いかん》又男女何《いづ》れなるや乞《こ》ふ之《これ》を占《うらな》はれんことを先生占《せん》して左の卦を得たり

艮爲山之　不變

斷に曰く此産《さん》甚だ難《なや》みあり既《すで》に今迄《いままで》に生《うま》れんとせしこと一二度《ど》も有るべし然れども母子共に障《さは》りなし而して生兒《せいじ》は必《かなら》ず女子《ぢよし》にして今日出産《しゆつさん》あるべしと云ふ僧曰く臨月《りんげつ》は尚ほ一ヶ月の後《のち》なり何んぞ今日生《うま》れんやと大に笑《わら》ふ先生曰く假令《たとひ》臨《りん》月《げつ》は尚《な》ほ一ヶ月の後なりと雖も生《うま》るゝを必ず今日《こんにち》にありと云ふ僧《そう》笑つて歸《かへ》りしが翌日《よくじつ》彼《かの》僧《そう》來《きた》り大《おほひ》に歎賞《たんしやう》して其の罪《つみ》を謝《しや》して曰く奇《き》なる哉《かな》昨日《さくじつ》女子を生めりと告《つ》ぐ易の秘傳《ひでん》實に驚《おどろ》くべし

待人來るや否やの占筮《せんせい》

澤火革之　澤雷隨を得たり

斷じて曰く革《かく》は改《あらたむ》るなり隨《ずゐ》は隨《したが》ふなり待人必ず隨從《ずゐじゆう》の人ありて物《もの》に乘《の》りて即日《そくじつ》夕景《ゆふけい》に來るべし卦象《くわしやう》革《かく》は物革《ものあらた》まるの象あり三爻變《さんかうへん》して震《しん》となり隨《ずゐ》の卦《くわ》を得《え》たり

然れども途《と》中《ちう》異《い》變《へん》ありて隨從《ずゐじゆう》の人あるべし互《こ》卦《くわ》の姤は逢《あ》ふなり隨は我れ動《うご》き彼れ從《したが》ふ故に隨從の人二人連《つらな》り來るべし蓋し離《り》を日中《につちう》とし三爻の變《へん》は日の終《をは》りとす又兌《だ》を日暮《ひくれ》とし又悅《よろこ》ぶとす震《しん》を足《あし》とし動《うご》くとす又震《しん》は物《もの》に乘《の》るとす之を以て船《ふね》或は駕《かご》に乘《の》るの象《かたち》とす之れを以て此待《まち》人《びと》は即日夕《ゆふ》景《けい》に物に乘《の》りて必ず來るべしと占《せん》す果《はた》して其《その》夕《ゆふ》景《けい》に至《いた》りて駕《かご》に乘《の》り旅《りよ》宿《しゆく》に着《ちやく》したりと云ふ

以上記する所は皆な射《せき》覆《ふ》の妙《めう》實《じつ》にして暗《あん》中《ちう》に物を探《さぐ》り知らざるを當《あ》つることと神《しん》明《めい》の如し人若し事に當《あた》り或は人に接《せつ》して其成《せい》否《ひ》其諾《だく》否《ひ》を審《つまびら》かにせんと欲《はつ》せば前《せん》掲《けい》の八卦の象義と肯服背《はい》叛《はん》五十二卦の圖《づ》訣《けつ》を熟《じゆく》覽《らん》記《き》臆《おく》して機《き》に臨《のぞ》み時《とき》に應《おう》じて融《ゆう》通《づう》活《くわつ》用《よう》せば前《せん》途《と》を未《み》然《ぜん》に知りて過《あやま》ち少《すく》かるべし易術の妙《めう》味《み》一に此事に止《とゞ》まらざるべし

○神傳米價高低豫知循環表

一白水星宿値《はくすゐせいしゆくちよく》の年《とし》

○一月　天候は概《がい》して晴《はれ》多きも降雪《かうせつ》あり

當月《たうつき》は發開生直《はつかいうまれね》氣《き》鈍《にぶ》く活氣《くわつき》に乏《とぼ》し然れども四五日間は次第《しだい》に上進《じやうしん》すべし但し永く保《たも》たずして大に下押《したお》しすべし十二三日頃に至《いた》り再《ふたゝ》び強含《つよふく》みとなり持合《もちあひ》の氣勢《きせい》あれども大勢《たいせい》頭《つ》重《おも》き相場にして低落《ていらく》は免《まぬ》かれず月末《げつまつ》必ず安《やす》し

○二月　天候は曇《くも》り多く所《ところ》により風雪《ふうせつ》あり

此月は生直《うまれね》些《いさゝ》か上鞘《うはざや》に生《うま》ると雖《いへど》も其《その》鞘《さや》割合《わりあひ》に少《すくな》し發會《はつくわい》三四日目より低落《ていらく》して安《やす》含《ふく》み持合《もちあ》ふべし然れども中旬以後《ちうじゆんいご》は漸次《せんじ》上進《じやうしん》して月末《げつまつ》非常《ひじやう》の高直《たかね》を出すべし

○三月　天候は大略《たいりやく》晴天時に少雨《せうう》あり

此月は前月と無鞘《むさや》同様《どうやう》に生《うま》れて強氣《つよき》配《はい》にて二三日は非常《ひじやう》に上向くも大勢《たいせい》は氣《き》迷《まよ》ひありて低落《ていらく》するの月なれば月初め賣《うり》に利《り》あり中旬安直《やすね》あり押《お》し目《め》買《かひ》此月は相

場變《へん》動《どう》の別《わか》れあり注意すべし

○四月　天候は晴天《せいてん》少く多く曇天《どんてん》風吹《かぜふ》くべし

此月の生直《うまれね》は下鞘《したざや》なれども漸々《ぜんぜん》昻進《かうしん》すべし買方針《かひはうしん》宜《よろ》し然《しか》し中旬過ぎ弱氣《よはき》配《はい》にて一寸持合《もちあひ》相場行難《ゆきなや》みあるも漸次《ぜんじ》低落《ていらく》し安直《やすね》出《い》づべし但し亂高下《らんかうげ》ある月なれば賣《ばい》買注意《ばいちうい》を要《えう》すべき月と知るべし

○五月　天候晴天《せいてん》多きも時雨あり

此月は生聲《うぶごゑ》安含《やすふく》みなれども次第に上《あが》るべし故に此月は發會《はつくわい》二三日目《め》の安直《やすね》買《かひ》又押《お》して買廻《かひまは》しよろし然れども此月は兎角《とかく》相場に活氣《くわつき》なき月なれば利《り》あるときは利《り》喰《ぐひ》を行《おこな》ひ手仕舞《てじまひ》肝要《かんえう》の月なり

○六月　天候は雨天《うてん》多く風吹くべし

當月は急進《きふしん》の前兆《ぜんてう》を示《しめ》して發會生直《はつくわいうまれね》上鞘《うはざや》に生《うま》るゝも一寸下押《したお》しを見《み》せ又上《あが》るなり此月は激變《げきへん》ある月にして高直《たかね》中旬頃出づべし而して月末は下るも强含《つよふく》みを以て持合《もちあひ》にて終《おは》るべし

○七月　天候は大雨《たいう》ありて所《ところ》により出水《しゆつすゐ》あるべし

此月は生れ直下《ねした》鞘《ざや》に生《うま》るゝも次第に上《のぼ》る相場《さうば》なり故に發會《はつくわい》より買廻《かひまわ》しに利《り》あり

又此月は天災《てんさい》時機《じき》に際《さい》す故に時に各地《かくち》水害《するがい》の報ありて激動《げきどう》し高直《たかね》出《い》て天井《てんじやう》を打つことあり然れども高低《かうてい》定らざるときなれば注意すべし

○八月　天候《てんこう》は雨天《うてん》多く晴《は》れ少し

當月は發會弱氣配《はつくわいよはきはい》なれども變動《へんどう》甚しく此月天井《てんじやう》を打つことあり故に安直買《やすねが》ひ高《たか》直賣《ねうり》の月なり然れども能く其機《き》を狙《ねら》ひ掬ひ賣買せざれば失敗《しつぱい》多し故に年中の最《もつと》も賣買《ばいゞ》に注意を要《えう》すべき月なり

○九月　天候は雨氣《うき》多く陰晴《いんせい》なり

此月は生直《うまれね》上鞘《うはざや》に生《うま》るゝも二三日の後《の》ち低落《ていらく》して又上《のぼ》りて高直《たかね》出づべし此處賣るべし但し低落《ていらく》永く續《つゞ》かず其心《こゝろ》して從事《じゆうじ》すべし但し相場不時《ふじ》の變動《へんどう》あるの月なれば機《き》を見て賣買《ばいゞ》を仕掛《しか》くべし

○十月　天候は雨《あめ》多く風《かぜ》あり

此月は發會生聲《はつくわいうぶごゑ》を下鞘《したざや》に始《はじ》め氣迷《きまよひ》にて弱含《しよふく》みの氣勢《きせい》なれども少々《せう〳〵》上《のぼ》りて持合《もちあ》ふべし然れども此月は急《きふ》に上進《じやうしん》を見ることあり機《き》を見て高直《たかね》賣立《うりた》つべし月末は必ず安《やす》し

○十一月　天候は快晴《くわいせい》なれども寒冷《かんれい》なり

當月は發會《はつくわい》上鞘《うはざや》に生《うま》るゝも伸力《しんりよく》乏《とぼ》しく相場活氣《くわつき》なく三四日目《め》より下《さが》る十二三日頃の安直《やすね》を買《か》ふに利《り》あるべし月末迄次第に上進《じやうしん》する氣勢《きせい》なれば迷《まよ》ふべからず

○十二月　天候は晴天多けれども雪《ゆき》を見るべし

此月は發會《はつくわい》生《うま》れ直《ね》前月と鞘《さや》なし然れども上進《じやうしん》の氣配《きはい》なれば月初《はじ》め買《か》ひなり中旬頃は上《のぼ》りて或は天井《てんじやう》を打《う》つべし而して夫より下《さが》る月末安含《やすふく》み持合《もちあ》ふて此年の納會《なふくわい》を告《つ》ぐ此月は割合《わりあひ》に相場活氣《くわつき》ありて人氣引立《ひきた》つの月と知るべし

○二黒土星《じこくどせい》宿値の年

○一月　天候は雨天《うてん》多くして晴《はれ》少し

當月は生聲《うぶごゑ》は割合《わりあひ》に下鞘《したざや》にして活氣《くわつき》に乏《とぼ》しく意外《いぐわい》の下落《げらく》を見るべし然れども内《ない》

實《じつ》強氣《つよき》の相場《さうば》なれば中旬頃より強含《つよふく》み持合《もちあひ》にて漸次昂進《せんじこうしん》し月末高《たか》し故に月初めに於て見越買《みこしがひ》に利益《りえき》あるの月なり

○二月　天候は概《がい》して晴天《せいてん》雨なし

此月の相場は漸次《せんじ》低落《ていらく》して一旦《たん》戻《もど》し又夫《それ》より下《さが》る押《お》し目《め》買廻《かひまは》しよし急《きふ》に上進《じやうしん》することあり然れども時《とき》に不時《ふじ》あり反動《はんどう》非常《ひじやう》なるべし宜《よろ》しく警戒《けいかい》すべし

○三月　天候は晴天《せいてん》多きも時々《とき〳〵》雨あり

此月は生れ直《ね》上鞘《うはざや》なれども大勢《たいせい》下落《げらく》の趨勢《すうせい》なれば月初め賣《う》り中旬一寸控《ひか》へて更《さら》に買《かひ》に廻《ま》はるべし正米《せいまい》も此月は強含《つよふくみ》にて上向《うはむき》の氣勢《きせい》なり概《がい》して此月は活氣《くわつき》ある割《わり》には變動《へんどう》少し

○四月　天候は曇天《どんてん》又は陰晴《いんせい》の時多し

此月は生直《うまれね》無鞘《むざや》に生《うま》るべし而して安含《やすふく》み持合《もちあひ》多けれども自然《しぜん》に氣直《きなを》りありて次第に上昂《じやうこう》するの月なれば初めより買方針《かひはうしん》に利《り》あるべし大体《だいたい》此月は月末割合《つきずへわりあひ》に高《たか》直出《ねい》づべし

○五月　天候は陰晴勝《ゐんせいがち》なれども雨少し

此月は格外上放《かくぐわいうははなれ》に發會《はつくわい》し高下《かうげ》保合多く然れども大勢《たいせい》安含《やすふく》み勝《がち》にして低落《ていらく》あるの時なれば中旬頃買に廻《まは》るに利《り》あるべし此月は正米《せつまい》も割高相場《わりだかさつば》を示《しめ》し期米《きまい》は月末に至《いた》りて一入《ひとしほ》活氣《くわつき》出《い》で何んとなく賑《にぎは》ふべし

○六月　天候は大雨地震《たいうぢしん》等ありて風吹《ふ》く

此月の發會《はつくわい》は下鞘に生《うま》るゝも三四日目より意外《いぐわい》の高直《たかね》を出すも永《なが》く保《たも》たずして又非常《ひじやう》の低落《ていらく》を來《きた》すべし此月は槪《がい》して高低荒《あら》く油斷《ゆだん》ならざるの月なれども大勢は安直買に利あるの月と知るべし

○七月　天候は晴天勝《がち》にて風吹《ふ》くべし

此月は初《はじ》めより中旬頃迄下落一方《はう》なり然れども例年《れいねん》の如く不時天災《ふじてんさい》ある時なれば或は意外《いぐわい》の大暴騰《だいぼうとう》を來《きた》すの兆《てう》あり而して此月は當切中切《たうぎりなかぎり》高《たか》く先物《さきもの》は割合《わりあひ》に格安《かくやす》を示すべし賣買注意あるべし

○八月　天候は槪《がい》して晴天《せいてん》なれども雷雨《らいう》あるべし

此月は下放人氣《したはなれにんき》挫《くじ》けて相場に活氣《くわつき》なく動《うご》き少《すく》きも十日前後《ぜんご》に至《いた》りて少し高く夫より又下押《したを》しあるべし然れども大勢《たいせい》底強《そこつよ》きときなれば漸次上進するも概《がい》して相場變動薄《へんどううす》く月末强含《つよふくみ》持合にて此月を納《をさ》むべし

○九月　天候は雨天《うてん》多く又風吹くべし

當月は下鞘に生《うま》れ發會《はつくわい》より二三日目《め》より高し而して夫れより不活潑《ふくわつぱつ》にして低落《ていらく》すべし故に押《お》し目買《めかひ》に利《り》ありと雖ども高低薄《うす》く概《がい》して平穏《へいをん》の相場にて場面寂《ばめんさび》しくして月末一段《だん》の下直《したね》を見るべし

○十月　天候は晴少くして雨風多し

當月の生直下放《したはなれ》に始《はじ》まり相場衰頽《すいたい》を來《きた》すの前兆《ぜんてう》にして此月は意外《いぐわい》の下落《げらく》を見るべし故に月初め四五日の高直を狙《ねら》ひて賣方針《うりはうしん》に利ありて必ず月末は小堅《こがた》く少々上進あるべし

○十一月　天候快晴寒冷《くわいせいかんれい》にして霜《しも》を見る

此月は意外《いぐわい》の上放《うははなれ》に生れ前月と鞘《さや》多く多少上進することあるも此期《き》は收獲《しうかく》の時

にして存外《ぞんぐわい》の豊收《ほうしう》を見れば伸力鈍《しんりよくにぶ》く然れども底意《そこい》强含みとなる意あり但し高低變動薄《へんどううす》く月末は一段《せん》下落を來《きた》し弱氣配《よはきはい》となるべし

○十二月　天候は晴天《せいてん》多く時に雪《ゆき》あり又風吹く

此月は初め活潑《くはつぱつ》の氣配《きはい》にて漸次《ぜんじ》上進《じやうしん》し高直《たかね》出るなり夫より下押《したを》し又押すべし此時の安直を望《のぞ》み買に廻《ま》はるべし必ず上進して月末高直出で活潑の氣勢ありて本年の納會《のうくわい》を告《つ》ぐるに至るべし

○三碧木星《べきもくせい》宿値の年

○一月　天候は概《がい》して晴多し

當月發會《はつくはい》の生《うま》れ直《わ》は上放鞘《うははなれさや》開《ひら》き多きも兎角《とかく》相場の變動定《へんどうさだま》らず然れとも大勢は强含み人氣《にんき》活潑《くはつぱつ》に見《み》ゆるも低落の兆《しるし》あれば高直を望《のぞ》み賣方針《うりはうしん》に勝利《しようり》あるべし但し變動定らざること多きが故に見越《みこし》の賣買は見合《みあ》はすべし

○二月　天候陰晴雨《いんせいあめ》又は雪《ゆき》多し

此月は下鞘《したさや》に生れ中旬迄は次第〳〵に低落《ていらく》するも中頃より更に活氣《くわつき》を生《しやう》じ昂進《こうしん》

に向《むか》ふ故に此季《き》の安直を望《のぞ》み買に利《り》あるべし但《たゞ》し發會二三日にて安直止《とゞ》まるときは當分《たうぶん》上り相場にて後《のち》下ると知るべし

○三月　天候は概《がい》して快晴《くわいせい》多し

當月は生聲《うぶこゑ》高《たか》く人氣強《つよ》く見ゆるも二三日の後《のち》必らず低落《ていらく》あり然れども永《なが》く保《たも》たずして再《ふたゝ》び昂進《かうしん》の氣勢《きせい》あれば賣買とも注意概して再び上進の高直を望《のぞ》めば利ある月と知るべし月末は必ず安《やす》しとす

○四月　天候は多少の雨《あめ》あるも概《おほむ》ね晴《はれ》多し

此月は非常《ひじやう》の上放《うはばな》れにて月始め高直《たかね》出《いつ》るも方針《はうしん》は賣《うり》に利《り》ある月なり而して低落せし處《ところ》を再《ふたゝ》び賣るべし此月は所謂《いはゆる》押目賣《をしめうり》の月と心得べし然れども下足大なるときは反動《はんどう》も亦《ま》た大に急《きう》に昂進《かうしん》あるべし故に此月は賣買とも注意すべし

○五月　天候は概《おほむ》ね晴殊《こと》に快晴《くわいせい》多し

此月は强含《つよふく》みにて高人氣《たかにんき》なれども發會《はつくわい》二三日目《め》より下るべし之を以て賣《う》るべし但《たゞ》し少しく戻《もど》して上進《じやうしん》あるも永《なが》く保《たも》たず月末更《さら》に低落を見るべし然れども此月

の人氣は底意《そこい》強《つよ》き氣配《きはい》と知るべし

○六月　天候は陰晴《ゐんせい》風又は雨あり

當月は低落《ていらく》氣配《きはい》にして下放《したはなれ》に發會するも漸次《ぜんじ》上進する氣配なれば買方針に勝利あるべし故に買《かひ》立《たて》買越《かひこ》し見越買等皆吉《きつ》なり月末必ず高直《たかね》出づべし

○七月　天候は概ね夜雨《よあめ》多くして晝《ひる》は晴《はれ》

此月は月初め安く弱含《よはふく》みにして漸次《ぜんじ》上昇《じやうしやう》し中旬頃高直現《あら》はるべし故に買廻《かひまは》しに利《り》ある月中旬の高直は本月中の天井《てんじやう》なるべければ機《き》を失《うしな》はず高直を望《のぞ》みて賣方針に變《へん》ずべし此時期《じき》は天災時《てんさいじ》なるも此月は大抵無事《ぶじ》の月にして變動《へんどう》高低共に薄《うす》し

○八月　天候晴天《せいてん》なれども雷雨《らいう》時々《ときどき》あり又風吹く

此月は上鞘《うはさや》生《うま》れにして暫時《ざんじ》强氣にして高《たか》し然れども一寸下押《したおし》と低落《ていらく》を示す此時は押目《おしめ》買方針《かひはうしん》を取るべし而して此月は意外の高下あるも安直を狙《ねら》ひて買へば勝利あり又風害《ふうがい》の報《ほう》ありて大暴騰《だいぼうとう》あるべし

○九月　天候は雨多く風あり晴《は》れを見《み》るも陰鬱《いんうつ》なり

此月の生直案外《あんぐわい》に鞘《さや》なくして始《はじ》まるも二三日の中に高直出づるなり此處《ところ》賣り後必ず下《さが》る故に賣り押目買《おしめかひ》直巾《ねはゞ》を取るべし此月の安き處《ところ》は底となる買廻しに利あり不時《ふじ》に上騰《じやうとう》することあるべし

○十月　天候は陰雨《いんう》又は霧降《きりふ》り雨少し

此月は生直存外《ぞんぐわい》の下鞘《したざや》にて發會《はつくわい》すべし二三日の安直を望《のぞ》み買ふべし強含《つよふくみ》にて次第に高くなるべし此月は秋收《しうしう》の減額《げんがく》を見越《みこ》して中限及先物《さきもの》等は割合《わりあひ》に高直を出《いだ》すべし然れども中旬頃の小變動《せうへんどう》は免《まぬ》かれざるべし

○十一月　天候は雨多くして晴少し

此月は活氣《くわつき》ありて初《はじ》めより高く些《いさゝ》か低落《ていらく》あるも此月は秋獲《しうかく》著《いちじる》しく減收《げんしう》の形勢《けいせい》あるを以て非常《ひじやう》の上進《じやうしん》を見るべし故に低落《ていらく》の安直を狙《ねら》ひ買方針《かひはうしん》に勝利ある月にして或は此月高直天井《てんじやう》を打つことあるべし

○十二月　天候は晴雨《せいう》相半《あひなか》ばするも寒氣強《つよ》し

當月は下放《したばなれ》に生聲《うぶごゑ》を上《あぐ》るも其鞘《さや》多からず二三日の後少しく下押しあるべし此時に買立《かひたて》に利あり高直は中旬頃と知《し》るべし是より賣《うり》に廻《ま》はるべし月末迄段々《だん〳〵》と下《した》押《おし》して安氣配にて至つて不《ふ》活潑《くはつぱつ》に納會《のうくわい》すべし

○四緑木星《りよくもくせい》宿値の年

○一月　　天候は寒氣烈《はげ》しく快晴多し

當月は至《いた》つて活潑《くはつぱつ》に發會《はつくわい》し大に上放《うははな》れにて新年《しんねん》を迎《むか》ふべし然れども一寸下《した》押《お》しあり買《か》ふべし中旬迄に大上《おほあが》りありて夫《それ》より下《さが》る此機《き》に賣方針《うりはうしん》に變《へん》ずべし月末迄は必ず安《やす》し故に買《かひ》は無用《むよう》と知るべし

○二月　　天候は雨あれども晴易く寒氣《かんき》なり

此月は上鞘《うはさや》に生《しやう》じ其鞘多く四五日頃より低落《ていらく》し次第《しだい》に安《やす》くなる故に賣方針に利ありとす但し時ならず格外《かくぐわい》の上騰《じやうとう》を見《あら》はす氣勢《きせい》あるを以て油斷《ゆだん》すべからず然《しか》れども大勢は安氣配《やすきはい》にて弱含《よはふく》み月末持合相場となるべし

○三月　　天候は曇天《どんてん》時々《とき〳〵》に少雨《せうう》ありて陰欝《ゐんうつ》なり

此月は下放《したばなれ》に生れ意外の下直ある月なれば賣《うり》に利あるべし而して一度《たび》は一寸氣《き》迷《まよ》ひの姿《すがた》となり多少上進するも永く保《たも》たざるを以て此高直を賣《う》るべし月末迄は兎《と》角《かく》安《やす》含《ふく》みなれども時に保合《もちあひ》となるべし

○四月　天候は大《たい》雨《う》雷《らい》鳴《めい》あるも晴多し

此月は氣強《つよき》を示《しめ》し些《いさゝ》か上鞘《さや》に生るゝも底《そこ》意《い》安含みなれば段々《だん／＼》下落し此月の内に或は底《そこ》直《ね》を出すべし此處買なり然れども下《さげ》足《あし》急なるときは反《はん》動《どう》に注意せざれば大なる失《しつ》敗《ぱい》を招《まね》く事あるべし

○五月　天候は風雨あれども晴多し

此月は聊《いさゝ》か活《くわつ》氣《き》ありて上放《はな》れに發會し人氣強《つよ》く高氣《き》配《はい》なるも七日目《め》頃《ころ》より下《さが》り足《あし》となるべし此の月は新《しん》甫《ぽ》四五日の高直を望《のぞ》みて賣に仕《し》掛《か》くべし必ず利あり然れども當《たう》限《ぎり》は割《わり》合《あひ》に格《かく》高《たか》にて變動あるべし

○六月　天候は概ね晴なれども夕《ゆう》立《だち》あり氣候順なり

此月は下放《したばなれ》に始まり前月と鞘《さや》多けれども大体は強含《つよふくみ》にて人氣底《そこ》堅《かた》き時なれば或

は意外の暴騰《ぼうとう》あるの月なれば買方に利あり中頃《なかごろ》一寸下押しあり押し目買ふべし
但し多少《たせう》とも利《り》あるときは利喰《りぐひ》すべし

○七月　天候は晴天多く時々微震《びしん》あるべし

當月は生れ直少しく上鞘《うはざや》に生れ相場上昇《じやうしやう》の氣勢《きせい》を示《しめ》すものなれば買方針《かひはうしん》に利あり數日の後必ず高直見《あら》はるべし此高直を狙《ねら》ひ一寸賣《う》り試《ため》し塲面模様《ばめんもやう》によりて再び買立《かひた》つべし利あるなり而して此月各地《かくち》天災《てんさい》の報《はう》來るべし

○八月　天候は概して夜《よ》雨多く又風吹くべし

此月は大体買方針を取るべし漸次昂進《ぜんじこうしん》するの氣勢あり又此月は諸方《しよはう》より高直を報《はう》じ何れの塲所も一際上騰《きわじやうとう》すべし然れども見切手仕舞大切《みきりてじまひたいせつ》の月とす而して反動《はんどう》により底落《ていらく》したる安直は再び買《か》ふべし必ず利ありとす

○九月　天候は風雨多くして晴少し

此月は至つて不活潑《ふくわつぱつ》にして相場行難《ゆきなや》みの姿《すがた》あれども漸次上向《うはむ》き强含みとなる又時ありて一時急激《きふげき》の高直を出すことあるべし故に月始め買《か》ひなれども注意肝要《かんえう》

なり而して此月風害なければ月末に至りて必ず安直《やすね》あるべし

○十月　天候は曇天《どんてん》風雨多し

當月は前月に比《ひ》して聊《いさゝ》か上直に生るゝも發會二三日頃より低落し又少しく上進の氣勢《きせい》を示《しめ》すも大勢は低落すべし此底直《そこね》は買廻《かひまは》すべし大風雨ありて大上《おほあが》りあるべし然れども永く保《たも》たず

○十一月　天候は晴天勝《がち》にして雨なし

此月は初《はじ》めより買方針《かひはうしん》を取るべし但し發會意外《いぐわい》に高きも一時低落して安含みとなるなり此の底直を買ふべし七八日目より漸次《ぜんじ》上向《うはむ》くべし或は急進《きふしん》して天井直《ね》段《だん》を見《あら》はすの氣配《きはい》あり

○十二月　天候は概ね陰晴微風《びふう》なり

此月は生れ直下鞘《したさや》に始まり安含にて相場の衰兆《すゐてう》を示《しめ》すものにして月初め上向《うはむ》き氣配《きはい》にて强含みに見《み》ゆるも大勢は弱《よは》き方なれば初めの高直を賣《うる》に利《り》あるべし次《し》第《だい》に下落すべし亦人造直《じんぞうね》ありて少し戻《もど》すも買は無用《むよう》なり

○五黃土星《わうどせい》宿値の年

○一月　天候は晴多く寒氣強《つよ》くして時に雪降《ゆきふ》る
此月の發會生直は割合《わりあひ》に活氣《くわつき》に乏《とぼ》しく氣鈍《きにぶ》く始まるも四五日目《め》に上《あが》り又一寸下押《お》しありて中旬頃多少持合《もちあ》ふことあるべし而して夫《そ》れより賣方針なり月末安《やす》し但し變《へん》あれば相場に影響《えいきやう》ありて甚しく變動を來すべし

○二月　天候は概して晴少く雨又は雪あるべし
當月は前月納會《のうくわい》より少しく高直《たかね》に生ると雖も三四日頃より低落して安含《やすふく》み持合姿《すがた》となる此月中旬以後より活氣《くわつき》を生じ上進の氣勢《きせい》に進《すゝ》むを以て夫《それ》より買方針を取るべし必ず高くなりて利《り》あるべし

○三月　天候は概ね曇天《どんてん》多し
此月は生直《うまれね》により漸次《ぜんじ》低落の氣勢なれば始めより賣方針に利《り》あるべし而して中旬頃此月の底直《そこね》を出すべければ夫れより安直を望《のぞ》みて買方針に改《あらた》むべし月末迄は漸次に上《あ》がり五七十丁の高直《たかね》を見《あら》はすべし

○四月　天候は氣候不順陰晴にして少雨

此月は初め人氣弱《よは》みなれども次第《しだい》に上騰《じやうとう》の氣勢《きせい》あるを以て買方針に利あるべし然れども中旬頃は安含《やすふく》みにて持合ふことありて月末は安かるべし故に手仕舞肝要《てじまひかんえう》と知《し》るべし當月は意外《いぐわい》の亂高下《らんかうげ》あるの月なり

○五月　天候は概して晴多し

當月は生直安く人氣弱《よは》し而して發會《はつくわい》より三四日目《め》更《さら》に下押《したお》しあるなり方針は初めより買押《かひお》し目《め》を又買《か》ふべし必ず大勝利を得べし而して廿日前後《ぜんご》に天井を出《だ》すことあり但し當限物《たうぎりもの》は格外《かくぐわい》に高《たか》かるべし

○六月　天候は晴少く時雨屢々《しば〳〵》ありて陰欝《いんうつ》なり

此月は漸進《ぜんしん》の氣配を示《しめ》し大に上放《はな》れに生まるも發會四五日目より下《さが》る事あり然れども大勢《たいせい》は相場に往來《わうらい》ありて次第に上進《じやうしん》し意外の高直《たかね》出づることあれば安直買の月と知るべし月末は强含《つよふくみ》にて持合に終《おは》るべし

○七月　天候は概して雨天多し

當月は月初めに高直出づるも漸次相場に衰兆《すゐてう》を來《きた》し存外の低落《ていらく》を見るべし然れども天災時《てんさいじき》なれば賣買共に注意を要《えう》するときにして此月は直巾《ねはゞ》を考へ利喰《りくひ》する方萬全《ばんぜん》の月なり但し發會《はつくわい》より十日頃は賣方針《うりはうしん》と心得べし

○八月　天候は晴多く間々《まゝ》夕立《ゆふだち》あり

此月は相場の變動定らず大暴騰《だいばうとう》あり而して此反動《はんどう》として多少の低落《ていらく》あるも再び上進《じやうしん》すべし然れども大体《だいたい》此月は中旬高く月末は次第に安《やす》く人氣引立《ひきた》たずして持《もち》合《あひ》相場にて終《をは》るべし此年中《としちう》の高直出づべし

○九月　天候は晴雨相半《あひなか》はするも風吹くべし

此月は相場不活潑《ふくわつぱつ》に生れ月初め安含《やすふく》み持合《もちあひ》多けれども一寸下押《したお》しあるときは安《やす》直買《ねかひ》なり昴進《こうしん》あるべし然れども到底《たうてい》其價位を永く保《たも》ち難くして再び低落《ていらく》し月末氣崩《きくづれ》あるべし但し中物《なかもの》は格高《かくたか》の直を見《あら》はすべし

○十月　天候は晴多く降霜あり

當月は生れ直無鞘《むさや》に生ると雖も前月低落の衰勢《すゐせい》を受《う》け弱含《よはふく》み持合にて尚《な》ほ一寸

下《した》押すべし夫より買《かひ》廻《まは》し月末まで高し然れども例《れい》の利《り》喰《ぐひ》筋《すぢ》等の爲《た》めに低落する
ことあれば目《め》先《さき》手《て》仕《じ》舞《まひ》注意すべし

○十一月　天候は陰《いん》雨《う》勝《がち》にて寒《かん》冷《れい》なり

此月は格《かく》外《ぐわい》の上《うは》放《はなれ》に生れ寄《より》附《つ》くも此時《じ》機《き》たるや收《しう》獲《かく》の際《さい》にして伸《しん》力《りよく》鈍《によ》く活《くわつ》氣《き》に乏《とぼ》しきも大《だい》体《たい》上《うは》鞘《さや》生《うま》れの月なれば差《さ》したる低落もなく所《いは》謂《ゆる》持《もち》合《あひ》相場なれども大勢は强《つよ》含《ふく》みの時と知るべし

○十二月　天候は晴少く陰《いん》鬱《うつ》にして風多し

此月は一寸下《した》放安含みにて生《うま》るゝも發會三四日頃《ごろ》より昻《こう》進《しん》し又低《てい》落《らく》するも需《じゆ》用《よう》多き時《とき》にして正《せう》米《まい》の强含みに連《つ》れ再び昻進して月末迄次第〳〵に高くして持合相場にて本《ほん》年《ねん》を納《をさ》むべし

○六白金《きん》星《せい》宿値の年

○一月　天候は概ね晴れなれども所《ところ》により降《こう》雪《せつ》を見る

此月は發《はつ》會《くわい》生《うまれ》直《ね》は昨《さく》年《ねん》の納直よりは上《うは》放《はなれ》に生《うま》れ人氣强《つよ》く四五日間は續《つゞ》いて上進

するも大勢は伸力《しんりよく》鈍《にぶ》くして下押し十三四日頃《ごろ》よりは尚《な》ほ一寸强含の氣勢を示《しめ》し保合ふことゝなるも自然低落《ていらく》は免《まぬ》かれず月末安《やす》き時なり

○二月　天候は概して晴天雨少し

當月は月初め高く漸次《ぜんじ》低落して一旦戻《もど》し又夫《それ》より下《さが》る故に押《お》し目買《めがひ》に利ありとす急《きう》に上進《じやうしん》することあり但し上足《あげあし》四五十丁の棒上《ぼうあ》げあれば其の反動《はんどう》大にして七八十丁の低落《ていらく》を見《み》る故に注意して見切手仕舞肝要《みきりてしまひかんえう》なり

○三月　天候は概して快晴多し

當月は格外《かくぐわい》の上放《うはばなれ》にて生《うま》るべし二三日の後《の》ち一寸下押弱含《よはふく》みの氣勢《きせい》を現《あら》はすも再び活氣《くわつき》立ちて昂進《かうしん》すべし故に此月は發會《はつくわい》三四日後の安直を狙《ねら》ひ買《かひ》に利あるべし但し月末は安含《やすふく》みとなるを以て見越買《みこしかひ》は無用《むよう》なり

○四月　天候は多少雨あれども晴多し

此月は初め强人氣《にんき》にて塲面賑《ばめんにぎは》ふも四五日目《め》より低落《ていらく》するの月なり故に賣り方針《はうしん》に利《り》あり而して中頃《なかごろ》少しく上《のぼ》るも再《ふたゝ》び低落するを以て又賣《う》るべし月最末も安《やす》く

或は底直《そこね》となるべし然れども底意《そこい》強《つよ》氣配《きはい》なり

○五月　天候は陰晴にして曇天《どんてん》多し

此月は前月よりの天氣を搆《かま》へ生直は活氣なく下鞘《したざや》に始まり漸次《ぜんじ》低落の姿《すがた》あるも内實《ないじつ》上進するの氣配《きはい》なれば買方針に利あり故に見越買《みこしかひ》等よろし月末は必ず意外の高直《たかね》を現《あら》はすべし

○六月　天候晝《ひる》晴れて夜雨《よあめ》あり

當月は上鞘《うはざや》に生れ大勢強含にて人氣活潑《くわつぱつ》にして暴騰《ばうとう》ある月なれば買方針に利《り》ありとす而して中旬一寸下押《したお》し氣崩《きくづ》れの姿《すがた》現はるゝも底意強《そこいつよ》き時なるを以て押し目買廻《めかひま》はしに利《り》を得《う》べし月末必ず高し

○七月　天候は大雨《たいう》あり晴少く所により出水《しゆつする》あり

此月は發會《はつくわい》は意外《いぐわい》に弱含《よはふく》み安直に生《うま》るゝも次第に上る相場なり故に方針は買方《かひかた》なり又此時は天災時機《てんさいじき》に際し各地方出水《しゆつする》ありて稲作《いなさく》を氣遣ひ激動《げきどう》ありて高直出で天井を打《う》つことあり然れども兎角逆相場《とかくぎやくさうば》ある月故注意せらるべし

○八月　天候は雨天多くして陰晴風吹くべし

此月は生直《うまれね》の如何《いかん》に拘《かゝ》はらず買方針とす漸次昂進するの氣勢《きせい》あり又此月は諸方變動《へんどう》ありて急《きふ》に安直《やすね》より上る事あり相場變動《へんどう》の別《わか》れを打《う》つことあるも大足《あし》の低落は安直を望《のぞ》みて買に廻《ま》はるべし必《かなら》ず上るなり

○九月　天候は風あれども概して晴天なり

此月は至《いた》つて不《ふ》活潑《くわつぱつ》にして相場行《ゆ》き難《なや》みの姿《すがた》なれども漸次上《うは》向《むき》強含《つよふく》みとなる又時ありて一寸急激《きふげき》に高直を出《いだ》すべし故に月始《はじ》め買ひなれども注意せらるべし而して此月大風《たいふう》なければ相場安含《やすふく》みとなるべし

○十月　天候は晴《は》れ多けれども時に暴風《ぼうふう》あり

此月は生直下鞘《したさや》に生《うま》れて相場に衰兆《すゐてう》を來《きた》し意外の低落を見《み》るべし故に月初め四五日後の高直を望《のぞ》みて賣立つべし必ず利《り》あるべし但し月末は一寸小《こ》高《たか》くなるも此月は概して變動薄《うす》き月と知るべし

○十一月　天候は快晴《くわいせい》なれども寒氣《かんき》例年《れいねん》より強し

此月は生れ直大に上放《うはしなれ》にして買人氣あり昻進《こうしん》するも此期節《きせつ》は收獲《しうかく》の時《とき》にして豫《よ》想外《さうぐわい》の豐收《ほうしう》を見《み》れば伸力に乏《とぼ》しく急《きふ》に上昇することなく自然强含にて保合ひ格《かく》別《べつ》の高低《かうてい》變動《へんどう》はあらざるべし

○十二月　天候は晴天多く或は所《ところ》により雪《ゆき》あるべし

此月は下放安含《したはなれやすふくみ》にて始まるも人氣底意《そこい》强く上昇の氣配《きはい》ある月なれば月初め買《かひ》に利あるべし中頃迄は次第に上り氣配なり然れども夫《それ》より又漸次《せんじ》低落して安含み弱《よは》人氣《にんき》となり活氣立《た》たずして納會《なふくわい》すべし

○七赤《せき》金《きん》性《せい》宿値の年

○一月　天候は晴雨相《あひ》半ばし寒氣は烈し

當月の發會は活氣《くわつき》ありて大强氣に新年《しんねん》の生聲《うぶごゑ》を揚《あ》げ强含み保合《たもちあひ》となる然れども概《がい》して變動《へんどう》定らざる月なれば不時《ふじ》の高低《かうてい》あり大勢は先《ま》づ賣方針《うりはうしん》に利あるも見越《みこし》商内は危險《きけん》の月と知りて行ふべからず

○二月　天候は陰晴《いんせい》にして又風雪あるべし

當月の相場は下梢《したさや》に生れ中旬頃迄は次第に低落の一方《はう》なれども夫《それ》より昂進《かうしん》の氣《き》勢《せい》に向《むか》ふ故に此機《き》を失《しつ》せず安直を望《のぞ》みて買立《かひた》つべし必ず利益《りえき》を得《う》べし但し發會後三四日にて下足《さげあし》止《とゞま》るときは當分《たうぶん》上《あが》り相場《さうば》にて後下ると知るべし

○三月　天候は概《かい》して快晴多し

當月は生直《うまれね》前月よりも高《たか》く始《はじ》まり十日頃《ころ》より急《きふ》に低落し廿日前後に至りて再び昇《のぼ》るべし賣買《ばいく》共此趨勢《すうせい》を鑑《かんが》みて仕掛《しか》くべし月末は安《やす》くなる當切《たうきり》中切《なかきり》とも最も安直を現《あら》はすことあるべし

○四月　天候は多少雨あれども晴天勝《が》ちなり

當月は生直の如何に拘泥《こうでい》せず方針は賣方《うりかた》に利《り》あり而して發會四五日の後《の》ち一寸低落を見《み》る此時又賣《う》るべし所謂押《お》し目賣《めうり》の月なり然れども下足大《さげあしだい》なるときは必ず反動《はんどう》ありて急《きふ》に昂進《かうしん》す故に注意肝要《ちういかんえう》の時なり

○五月　天候は快晴多きも偶々《たまく》時雨《しぐれ》あり

當月は月初《つきはじ》め強含《つよふく》みの氣配《きはい》なれども三四日後《ご》より下《くだ》るべし故《ゆゑ》に賣《うり》に利ありて中旬

に至りて少しく上《あ》げ氣味《きみ》になるも大勢《たいせい》は低落《ていらく》するのみなり然れども底意《そこい》強くして大なる低落は見《み》ざるなり

○六月　天候は曇天勝にて陰晴風《いんせいかぜ》あり

當月の相場は弱氣配《よはきはい》にて生聲《うぶこゑ》は聊《いさゝ》か下放に始まるも大体《だいたい》底意強《そこいつよ》き時にして漸次《ぜんし》上進《じやうしん》する月なれば買方針に利あるべし然れども急《きふ》に暴騰《ばうとう》する等の事なく高低共直巾《ねはゞ》至つて少《すくな》く平穩《へいおん》の月なり

○七月　天候は概ね晴れ雨なきも風あり

此月は月始め安《やす》し故に買廻《かひまは》し中旬頃高直出づべし此時は人氣《にんき》の反對《はんたい》に高直を望《のぞ》みて賣立《うりた》つべし此月は天災時期《てんさいじき》なるに拘《かゝ》はらず變動《へんどう》少し大抵は相場沈靜《ちんせい》の方にて無事の月と知るべし故に賣買共に利益《りえき》少し

○八月　天候は晴天夜雨あり時に雷雨《らいう》あるべし

當月は始めより人氣《にんき》強く當分《たうぶん》高直なり然れども一寸下押《したお》し低落あり此機を失せず安直を望《のぞ》みて買方針を立《た》つべし此月は底直を現《あら》はすことあれば買立は最《もつと》も安

直を狙《ねら》ふべし勝利あり必ず風害《ふうがい》の報《ほう》ありて一大暴騰《ぼうとう》を來すの月と知るべし

○九月　天候は雨降り風ありて陰鬱《いんうつ》なり

當月は月始め二三日頃急《きふ》に高直を現《あら》はすべし此處《ところ》賣るべし後ち必ず下落《げらく》すべし故に此月は高直賣押《うりお》し目買《めか》ひ直巾《ねはゞ》を取るべし此月の安き處は底《そこ》となるべし買廻すべし必ず意外《いぐわい》の昂進《かうしん》ある月なり

○十月　天候は晴天なれども時に小風雨あり

當月は存外《ぞんぐわい》の安直にて發會寄附《よりつ》くべし三日目の安直を買ふべし漸次《ぜんじ》强含みにて上昂《じやうかう》し人氣《にんき》引立ち市場《しぢやう》活氣を來して一直線《ちよくせん》に上《のぼ》るべし此月は收穫の減收《げんしう》を見越《みこ》して中旬及び先物《さきもの》共に高直に出《い》で正米《せうまい》も亦《また》强含となる

○十一月　天候は陰雨又は霧降《きりふ》りて晴少し

當月は生直《うぶね》下鞘《さや》にて發會し少しく低落するも此時は秋穫減收《しうかくげんしう》の豫報《よほう》により著《いちじる》しく場面改《ばめんあらた》まりて急激《きふげき》に上進《じやうしん》するの氣構《かま》へあるを以て安直を狙《ねら》ひ買置《かひお》くに利あり此時或は高直天井を打つことあり

○十二月　天候は晴雨相半《あひ》ばするも雪《ゆき》降るべし

當月は格別《かくべつ》高低變動《へんどう》なく活氣《くわつき》に乏しき大勢なるも月始めは一寸氣強く引上《ひきあ》ぐべし然れども差《さ》したる高低《かうてい》なければ先づ平穩《へいおん》の月なり此月中の高直を出すは中旬頃《ころ》なれば此月は一寸賣《う》り試《こゝろ》むべし概《がい》して不活潑に納會《なふくわい》す

○八白土《ど》星《せい》宿値の年

○一月　天候は寒氣烈《はげ》しく快晴《くわいせい》なり

當月は發會生直《うぶね》は一寸高直《たかね》に始《はじ》まりて少しく下押《したお》しあり買ふべし中旬頃大上《おほあが》りありて夫《それ》より下落《げらく》一方《はう》に傾《かたむ》くなり此機《き》賣立《うりたて》に廻《ま》はるべし此月は賣買共に注意して機《き》を失《うしな》ふべからず又見越《みこし》賣買は共《とも》になすべからず

○二月　天候は雨あれども晴易く概《がい》して寒氣強し

當月は始めより活氣《くわつき》ありて高人氣《たかにんき》に寄附《よりつ》くべし然れども發會四五日頃《ころ》より低落して次第《しだい》に安《やす》くなるべし賣方針に利ある月なり但し此月は意外《いぐわい》の事《こと》により不意《ふい》に上昇することあれば油斷《ゆだん》ならざる月と知るべし

○三月天候は曇天《どんてん》勝ちなれども雨なし
當月は發會直《ね》段《だん》は安《やす》含《ふく》みにて相場に衰兆《すいてう》を見《み》はし意外に下押し低落ある月なればば初めより賣《うり》方《はう》針《しん》なり但《たゞ》し少しく戻《もど》すことあるも此時更《さら》に賣立つべし月末迄漸《ぜん》次《じ》に下落して弱《よは》人《にん》氣《き》安《やす》直《ね》にて保《もち》合《あひ》となるべし

○四月　天候は晴れ多けれども時に雷《らい》鳴《めい》あるべし
此月は强氣を示《しめ》し一寸上放に生《うま》るゝも底《そこ》意《い》安含みなれば段《だん》々《〳〵》低落して非《ひ》常《じやう》の安直を出《いだ》すなり此時買《かひ》に廻はるべし但し次第に低落せずして急《きふ》に下《さが》りたるときは暫《しばく》く保合ふて反《はん》動《どう》上《あげ》は遲かるべし

○五月　天候は多少風雨あるも概ね晴多し
當月は非常の上放に生れ意《い》想《さう》外《ぐわい》の相場出《で》るも永く保《たも》たず五六日頃《ころ》より下《さが》り足《あし》となる此月は初めより高直賣るべし必ず利《り》あり但《たゞ》し當《とう》切《きり》は割《わり》合《あひ》に高くして變《へん》動《どう》薄《うす》し大体は强《つよ》氣《き》に見《み》ゆるも買は無《む》用《よう》の時と知るべし

○六月　天快晴多く時に夕立あり

此月は生直の如何《いかん》に拘《かゝ》はらず大勢《たいせい》の方針は買《かひ》方針に利ある月なり強含《つよふくみ》にして活《くわつ》氣《き》ありて格外《かくぐわい》の暴騰《ぼうとう》を見るなり而して一寸下落し氣迷《きまよ》ひ相場となるも亦再び上るときなれば押し目《め》買に利あるべし

○七月　　天候概ね六月と同氣候なり

此月は生聲を上鞘二三十丁に初《はじ》まり昇騰《しようとう》の氣《き》勢《せい》を示《しめ》し人氣《にんき》強くなる故に買仕掛《かひしかけ》に利あり數日《すうじつ》の後ち必ず高直出づべし此高直は一寸賣試《うりこゝろ》み俗《ぞく》に云ふ揃ひに利《り》を得る様なすべし但し賣は永く見越《みこ》すべからず天災時季《てんさいじき》なれば見切肝要《みきりかんえう》なり

○八月　　天候は夜雨多く晝は概ね晴なれども風あり

當月は下鞘《さや》に生るゝも大勢は買方針を取るべし漸次《ぜんじ》昂進すべし此月は各地水害《するがい》又は風害《ふうがい》あるべし故に急《きふ》に上進あり然れども反動《はんどう》は免《まぬ》かれざれは低落の安直は再び買に廻《ま》はるべし必ず利あり

○九月　　天候は風雨多くして晴少し

此月は發會至つて不《ふ》活潑《くわつぱつ》にして下鞘に生れ相場行《ゆ》き難《なや》みの姿《すがた》あれども漸次《せんじ》上向《うはむき》

強含みとなる又不時《ふじ》の高直を出すべし故に月初め買ひなれども注意肝要《かんえう》なり此月は天候順なれば必ず中旬頃より安含《やすふく》みとなるべし

○十月　天候は曇天風雨多かるべし

此月は無《む》鞘《さや》に生《うま》れ發會《はつくわい》二三日頃《ころ》より低落し一寸戻《もど》して又低落すべし此處《ところ》を買ふべし大風雨あり大上りあるなり而して高直天井を打《う》つへし大体高低少き月なれども變《へん》ありて上る月と知るべし

○十一月　天候は晴天勝ちにて雨なし

此月は上《うは》鞘《さや》生《うまれ》にて人氣《にんき》強く寄附《よりつ》くも其の日の中に低落安含《やすふく》みとなるなり是れ最も注意すべき相場足なり七八日頃《ころ》より漸次《ぜんじ》上向《うはむき》きとなりて時《とき》に急進《きふしん》して意外の高直《たかね》を見《あら》はす概《がい》して此月は賣買注意の月なり

○十二月　天候は概ね陰晴微風なり

此月は生《うま》れ直《ね》下鞘《したざや》に生るべし是れ相場衰頽《すゐたい》の前兆にして油斷《ゆだん》ならざるときなり月初め強《つよ》く見《み》ゆるも大勢弱き方《かた》なれば注意すべし或は意外《いぐわい》の大下落《だいげらく》ありて場面《ばめん》

何となく荒《あれ》模《も》様《やう》にて納會《なふくわい》すべし

○九紫火星《くわせい》宿値の年

○一月　天候は雨天多くして晴少し

此月は生直《うまれね》は例年《れいねん》より割合《わりあひ》に安含弱《やすふくみよは》人氣《にんき》に始まり意外の下落《げらく》あるも内實《ないじつ》強氣の相場なれば中旬頃より強含み持合《もちあひ》にて漸次《ぜんじ》昂進《かうしん》し月末高くなる故に月初めに於て見越《みこし》買置《かひお》くときは必ず利益《りえき》あるべし

○二月　天候は概して晴天雨なく寒氣強し

此月は月初め非常《ひじやう》に高く始まるも段々《だんだん》低落して四五十丁開《ひら》くべし而して又其の時より少《すこ》しく上氣味《きみ》となりて又更《さら》に押《お》すべし此處の安直《やすね》買ひ押して又買立つべし必ず急《きふ》に上進することあるべし但し反動《はんどう》あり手仕舞《てじまひ》機を失はざるを期すべし

○三月　天候は晴天多く時々少雨あるなり

當月の氣配《けはい》は上放《うはばなれ》に生聲《うぶごゑ》を揚《あ》げ強氣《つよき》に見《み》ゆるも大勢は下落の趨勢《すうせい》なれば月初《はじ》めに於《おい》て賣《う》るべし而して中旬手仕舞《てじま》ふべし夫より一寸控《ひか》へて更《さら》に買《かひ》に廻《ま》はるべし

正米《せうまい》高《たか》に連《つ》れて強含みとなり上向《うはむき》の氣勢《きせい》となる

○四月　天候は曇天又陰晴なり

當月は前月納《おさ》め直とは無《む》鞘《さや》同様に發會《はつくわい》寄附《よりつ》くも大勢《たいせい》安含《やすふく》み保合《もちあひ》多し十日頃より氣《き》直《なほ》り場面《ばめん》一變《ぺん》して上進し大に強氣と變《か》はる然れども此月は高低變動薄き相場なれば先《ま》づ平穩《へいおん》にして賣買共に利《り》は少し

○五月　天候は陰晴勝にして雨多し

當月は高低《こうてい》持合《もちあひ》相場にして安含《やすふく》み人氣《にんき》弱《よは》く低落すべし中旬に至りて安直を望《のぞ》みて買方《かひかた》に廻はるべし正米《せうまい》は殊《こと》の外《ほか》高直《たかね》を出《いだ》し從《したが》つて期米《きまい》市場も何《な》んとなく賑《にぎ》ふに至るべし中旬以後は買一方なり

○六月　天候は大雨地屢々震ひ氣順調はず

當月は下鞘《したさや》安含に生《うま》るゝも麥作《むぎさく》の減收《げんしう》ありて發會《はつくわい》三四日頃より意外《いぐわい》の高直を出し夫より又非常の低落あり概《がい》して此月は高低定らずして相場氣迷《きまよ》ひある月なり賣買は控《ひか》へ目《め》にする方よろし

○七月　天候は晴天勝にして風吹く

當月は發會より中旬頃迄は下落《げらく》一方《はう》なり然れども天災期《てんさいき》に際《さい》するを以て各地《かくち》とも風害《ふうがい》或は水害《すいがい》を唱《とな》へて相場激變《げきへん》して一大暴騰《ばうとう》を來《きた》すの兆《てう》あれば宜しく注意して其機《き》を見《み》て賣買を仕《し》掛《か》くる様《やう》なすべし

○八月　天候は概して快晴なり但し時に風吹く

此月は下鞘《さや》に生《うま》れ發會二三日目《め》より高《たか》し而して夫より少し下押《したお》しありて更に段《だん》々《く》上進の氣勢《きせい》あり概《がい》して此月は相場變動《へんどう》薄《うす》きも不意《ふい》の逆相場《ぎやくさうば》を出《だ》すことあり月末は強含《つよふく》みとなるべし

○九月　天候は雨天勝にて風吹くことあるべし

此月は月初めは至極《しごく》不活潑にて人氣引立《ひきたゝ》ず相場沈靜《ちんせい》なり然れども後《の》ち必ず上《あが》るを以て初めの押《お》しは買ふべし十二三日頃より一變《ぺん》して高《たか》き方《かた》に向ふなり概《がい》して此月は平穩《へいおん》相場と心得べし

○十月　天候は晴多く雨は殊の外少し

此月は前月平穏沈静《ちんせ》の氣配《きはい》を受けて安含《やすふく》み少しく下鞘に生《うま》ると雖も多くは保合《もちあひ》にて變動《へんどう》薄《うす》く賣買とも差《さ》したる利益《りえき》はなけれども概《がい》して買方針に利《り》あるの月なり但し此月は掬《すく》ひ賣買をなして利喰《りぐひ》一方《ぱう》の方針よろし

○十一月　天候は陰雨《ゐんう》勝にして寒冷なり

此月は生直大上鞘なれば少しく昻進《こうしん》あるも大体《たいてい》頭重《おも》く正米《せうまい》入荷澤山《たくさん》によりて伸力鈍《にぶ》し固《もと》より上鞘生れの月なれば差《さ》したる低落《ていらく》もなく所謂《いはゆる》保合相場なれども大《たい》勢《せい》は強含みなり賣買共に利益《りえき》薄《うす》し

○十二月　天候は陰晴《ゐんせい》風多く又少雨あり

此月は一寸下放《したはなれ》に生聲《うぶこゑ》を揚《あぐ》るも發會三四日より昻進《こうしん》し又低落《ていらく》す然れども在米《ざいまい》不足《ふそく》を生じ再び上《しやう》進し人氣頓《とみ》に加《くは》はり強《つよ》みとなり又一寸行悶へあるも概《がい》して月初めより次第に上《のぼ》りて月末高《たか》くなるなり割合《わりあひ》に變動《へんどう》少くして納會《のうくわい》すべし

以上は東京取引所を標準《へうじゆん》として十數年の實驗《じつけん》平均《へいきん》より割出《わりだ》したる豫測《よそく》循環《じゆんくわん》表《へう》なり故に國所《こくしよ》によりて多少《たせう》の差違《さゐ》あるは免かれざるも此豫測《よそく》に準據《じゆんきよ》して

賣買に従事《じうじ》せば過《あやま》ち少きを得べし
又左に日々の高低賣買の秘訣《ひけつ》掛引《かけひき》を示《しめ》すべし

甲子	初め高く後安し	乙丑	高下あり高し急進なし
丙寅	人氣强含みなり	丁卯	高下あるも少し安し
戊辰	安氣配の日なり	己巳	朝持合午後高き日なり
庚午	高低少し保合	辛未	高下保合大引高し
壬申	人氣强くして高し	癸酉	人氣强く高き方なり
甲戌	朝高く午後安氣配なり	乙亥	高下あるも保合
丙子	寄付より次第に安し	丁丑	段々上る日なり
戊寅	高下ありて大引高し	己卯	朝强くして晝より安し
庚辰	高下あるも少し安し	辛巳	小變動にて安合なり
壬午	高下ありて高し	癸未	高低あるも安し
甲申	安人氣活氣なし	乙酉	保合變動なし

丙戌　段々上りて保合となる
丁亥　高低あるも安引なり
戊子　上る様なれとも後下る
己丑　强含なるも急進なし
庚寅　大高低あるも後安し
辛卯　朝より保合大引高し
壬辰　保合安含みなり
癸巳　始め高く後塲安し
甲午　保合人遣相塲あり
乙未　保合ひ安くなる
丙申　朝高くして晝より安し
丁酉　寄付高く大引安し
戊戌　朝高の後塲安なり
己亥　朝安くして後塲高直あり
庚子　朝强く晝より弱含となる
辛丑　保合少しつゝ上る
壬寅　寄附安く次第に上る
癸卯　安人氣の日なり
甲辰　朝高の後塲弱含の日
乙巳　保合にて次第に高し
丙午　高氣配なれども少〻安し
丁未　朝高く後安し
戊申　持合後少〻安し
己酉　朝安く後少〻高し
庚戌　高き日なり
辛亥　小高下にて少し安し
壬子　寄付よりぢり〳〵安し
癸丑　朝より段々高し

甲寅	小高下にて後高くなる	乙卯	安し雨降れば大下落す
丙辰	高下あり變動定らず	丁巳	朝安の後塲高なり
戊午	高下あり晩方高し	己未	寄付少し安く後高し
庚申	初安く後高し	辛酉	下る様に見ゆるも大引高し
壬戌	人氣定らず變動あり	癸亥	高下あり中直にて保合

右は日々の高低豫測《よそく》循環表なれば宜しく機《き》に臨み變《へん》に應《おう》じて活用《くわつよう》し失敗《しつぱい》を招《まね》かざる様にせらるべし

右は概要豫測表なれば期米賣買に從事《じうじ》せんと欲《ほつ》する人は本舘發行の期米《きまい》株《かぶ》式《しき》相《そう》場《ば》極《ごく》意《い》秘《ひ》藏《ぞう》書《しよ》を繙《ひもと》き其原理《げんり》を知悉して過ちを未然《みぜん》に防《ふせ》がるべし

○諸病難を封ずる秘傳

諸病《しよびやう》難《なん》を封《ふう》ずるときに勸請《くわんしやう》し奉《たてまつ》るべき神明《しんめい》は左の五柱《いつはしら》の大神《おほかみ》等《たち》とす

第一　大己貴《おほあなむちの》大神《おほかみ》

第二　少彦名《すくなひこなの》大神《おほかみ》

第三　天照大《あまてらすおほ》御《み》神《かみ》

第四　素盞嗚《すさのをの》大《おほ》神《かみ》

第五　猿《さる》田《た》彦《ひこの》大《おほ》神《かみ》

加《か》持《ぢ》は五《ご》臓《ぞう》の加持を為《な》す事

心神《しんのかみ》　天《あめの》合《あひ》魂命《むすびのみこと》

腎神《じんのかみ》　天《あめの》三降《みくだり》魂命《むすびのみこと》

肝神《かんのかみ》　天《あめの》八《や》百《は》日《ひ》魂命《むすびのみこと》

肺神《はいのかみ》　天《あめの》八十《やそ》萬《よろづ》魂命《むすびのみこと》

脾神《ひのかみ》　天《あめの》八降《やくだり》魂命《むすびのみこと》

右の神々《かみ〱》を勧請《くわんじやう》祈念するなり之れが封事《ふうじ》の通式《つうしき》を左に示して其順序《そのじゆんじよ》を知らしむ

先

行者《ぎやうじや》神前《しんぜん》病者《びやうじや》の斜面に着座《ちやくざ》し一揖して笏《しやく》を正《たゞ》して再拝拍手して容姿《ようし》端正《たんせい》にして心を鎮《しづ》むべし

但し笏《しやく》なきときは幣《ぬさ》を以て代《か》ゆるも妨《さまた》げなし

次　勸請《くわんじやう》

前記五柱《いつはしら》の大神等を勸請《くわんじやう》するなり此時に招神詞《しやうしんし》を誦上《よみあ》ぐべし

次　修祓

此時の祝詞《のりと》は行者《けうしや》適宜《てきぎ》に作文すべし

次　護身神法《ごしんしんはう》　如常《つねのごとし》

次　五臟の加持

之は前記の各神《かくしん》に就《つい》て御名《みな》を唱《とな》ふべし

次　縛《ばく》の印《いん》にて左の神歌《しんか》を誦《よ》むべし

歌に曰

天地《あめつち》ぼろをし爰《こゝ》にぼろをん今《いま》より始《はじめ》て物《もの》の怪《け》をしばり
搦《から》めたまへ四方《よも》の神《かみ》〳〵

秋果《あきはて》てゝ十月《とつき》の節《せつ》に入《い》る虫《むし》は
草木《くさき》も枯《か》るゝむしも納《おさ》まる

次　十種祓《とくさのはらひ》

祓詞《はらひのじ》は畧《りやく》して茲《こゝ》に記さず祓詞《はらひのじ》誦《よみ》終《をは》りたる後《のち》に

神《しん》通《つう》神《しん》妙《めう》神力《しんりよく》加《か》持《ぢ》十《じう》種《しゆ》圓《ゑん》滿《まん》寶《はう》十《じう》種《しゆ》成就命《じやうじゆめい》

十《じう》種《しゆ》感《かん》應《おう》靈《れい》神《しん》神《かみ》は我《われ》我《われ》は神《かみ》なり

安《あん》座《ざ》一《いつ》心《しん》神《しん》道《だう》修持《しゆうぢ》

神と我とは本一生也天地同根萬物一體

次　九字

臨《りん》兵《ぺい》闘《たう》者《しや》皆《かい》陣《ぢん》烈《れつ》在《ざい》前《ぜん》

此の切り方は前章《ぜんしやう》九字切の大事《だいじ》に於て熟知《じゆくち》せらるべし

次　人の形を切り作る事

人形の紙《かみ》數《かず》重《かさ》ぬるには

男は四枚
女は五枚

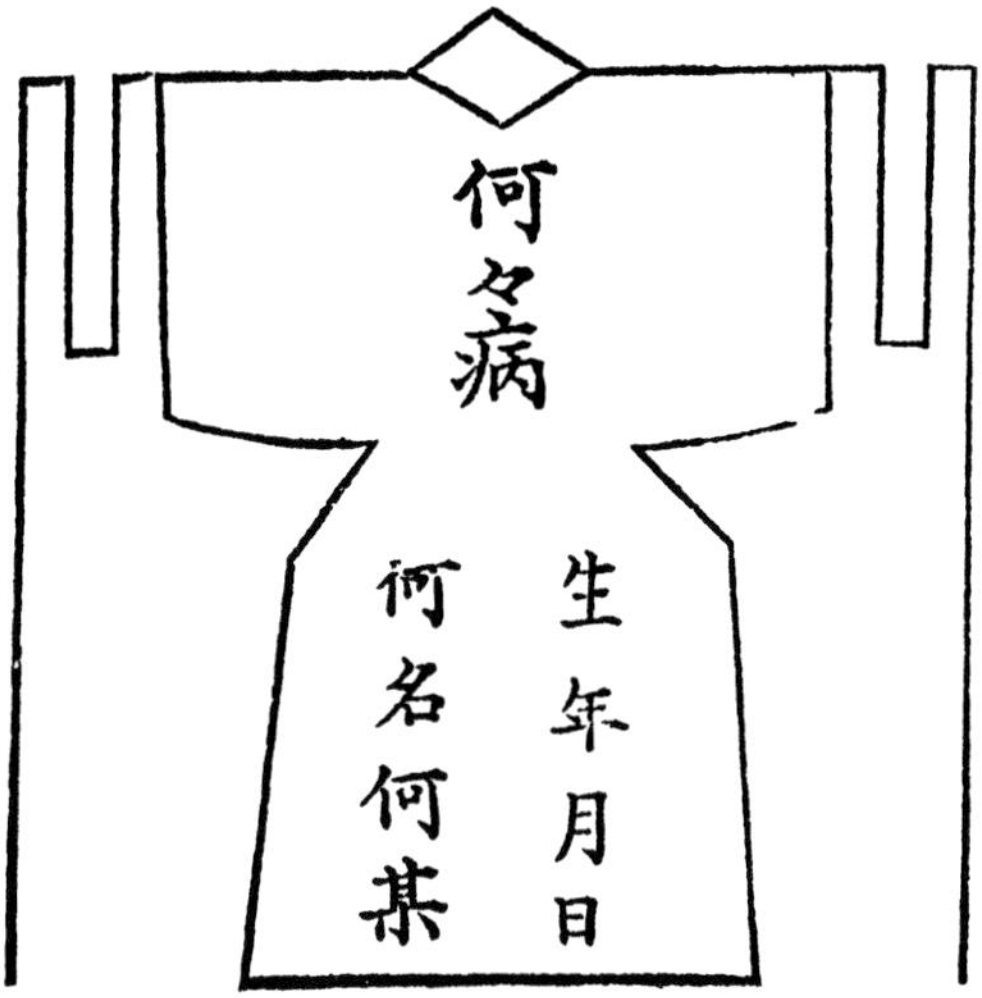

上圖《じやうづ》の如く人形《ひとかた》を切り作りて病者の身体《しんたい》を摩《ま》し之れを三つに縦《たて》に折《お》り青《あを》竹《たけ》を五寸に切り其内に之を納《おさ》め病者《べうしや》の息《いき》を吹込《ふきこ》ませ息出《いきい》でぬ様栓《やうせん》をなし表《おもて》に左の如く書《か》くべし

表書の書式

一二三四五
奉貴神少彦名神
六七八九十

次　祈念《きねん》
次　送神詞《そうしんし》
次　再拝　拍手《はくしゅ》　小大
次　退下《たいげ》

右の順序《じゅんじょ》によりて竹筒《たけつゝ》に納《おさ》めたるものは人の通行《つうかう》多き所か又は出入《でいり》繁き山に人《ひと》に知《し》られざる様埋《うづ》むべし埋《うづ》むるときは祓《はら》ひ給《たま》ひ清《きよ》め給《たま》ひ護《まも》り給《たま》ひ幸《さひは》ひ給《たま》へと唱《とな》へながら埋《うづ》むるなり

○呪咀返しの呪咀幷法式

○呪《のろ》はれたる時《とき》呪《のろ》ひ返《かへ》す秘符《ひふ》

若し人《ひと》に呪《のろ》はれたる時《とき》は左の秘符《ひふ》を呑《の》むべし

右の秘符《ひふ》を白紙に認《したゝ》めて清水《せいすゐ》にて呑《の》むときは却《かへつ》て先方《せんはう》を呪《のろ》ひ返《かへ》す事妙《ことめう》にして神秘中之靈符也《しんぴちうのれいふなり》

○呪咀に負《ま》けざる秘符《ひふ》

右の符を呑《の》み置《お》くときは呪咀《じゆそ》せらるゝも負《ま》ける事なく却て先方を呪返《のろひかへ》す事《こと》奇妙《きめう》にして其効《そのかう》顯《けん》前法《せんはう》の如く實に秘傳中《ひでんちう》の秘符《ひふ》なりとす

○又同しき時に四方へ貼る秘符

神メ神メ神
神メ神メ神
神メ神メ神
神メ神メ神

一喼急如律令

人に呪《のろ》はれたるときは右の靈符を四方の柱《はしら》に貼附《てうふ》すべし必ず鎭《しづ》まるものなり而して柱《はしら》に貼《は》るときは東南西北と順《じゆん》に貼《は》り廻《まは》るべし

○法　式

呪詛せられたる時之を修するときは必ず呪返《のろひかへ》して我身《わがみ》無事《ぶじ》なる事を得《う》るなり左に其《その》法式《はふしき》の最《もつと》も簡易《かんい》なるものを示して何人にも了解《れうかい》する様《やう》に記述《きじゆつ》すべし

今其法式を示すに先《さき》だちて其用具《そのようぐ》を知《し》らしむ

用　具　は左の各種《かくしゆ》とす

一針《はり》　十二本

一劒《けん》　但し小刀にても差支《さしつかへ》なし寸法適宜《てきぎ》

是れは奉書紙《ほうしよかみ》に包みて水引《みづひき》を掛《か》け表面には阿那鬼神三氣神功德寶劒惡敵退驅と書《しよ》し裏面《りめん》には道敷之一定國底立尊と書《しよ》すべし

一幣麻《ぬさ》　切り方紙八枚四垂《しで》に切《き》る串《くし》の長さは一尺二寸或ば八寸とすべし左に圖《づ》を示す

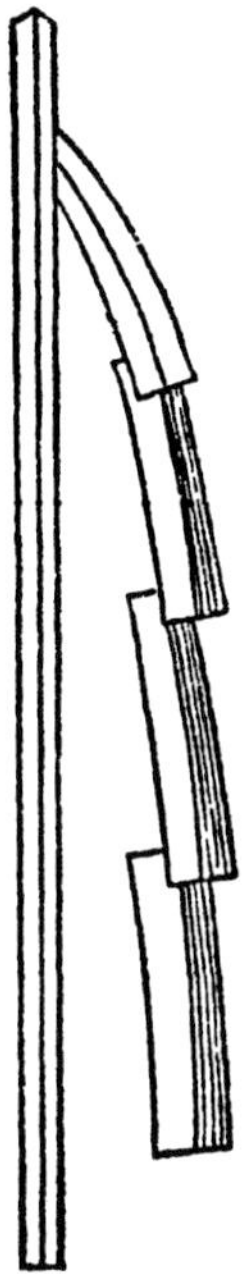

一人《ひと》形《かた》 切り方及包形は左の如し

上圖の如く切《き》る但し男は紙四枚女は五枚を重《かさね》て切《き》るなり

包み方

表

裏

右用具調《とゝの》ひたる後は左の法式《はふしき》を修《しう》すべし

先　用具を祭壇《さいだん》に飾《かざ》るべし

次　神拜式　如常

次　招神詞

次　獻供《けんぐ》

御酒《みき》　洗米《せんまい》　鮮魚《せんぎよ》　野菜《やさい》　菓子《くわし》等とす

次　修祓

中臣祓　三種祓等を誦上《よみあ》ぐべし

次　祈念《きねん》

此時は麻《ぬさ》を取りて東方元氣《げんき》木徳《もくとく》呪咀來神《じゆそらいしん》南方元氣火徳《くわとく》咀呪來神西方元氣金徳《きんとく》呪咀來神北方元氣水徳《すゐとく》呪咀來神中央元氣土徳《どとく》呪咀來神と唱へて麻を東南西北と打振《うちふ》るべし

次　送神詞《さうしんし》

次　再拜　拍手

次　退下《たいげ》

右《みぎ》修《しう》したる後《の》ち人形《ひとかた》を包《つゝ》みたるものを川に流《なが》すべし流《なが》れたる後《のち》は後《あと》を見《み》ずして歸《かへ》るべし

○辨財天十六童子畫像解

第一

印《いん》鑰《やく》童《どう》子《じ》　又麝《じや》香《かう》童《どう》子《じ》と名《な》づく

本地　釋《しや》迦《か》如《によ》來《らい》

印　通《つう》用《よう》金《こん》剛《がう》

第二

官帯童子《くわんたいどうじ》 又赤音童子《せきおんどうじ》と名《な》づく

本地 普賢菩薩《ふげんぼさつ》

印 金剛合掌《こんがうがつしやう》

第三

筆硯童子《ひつけんどうじ》 又香精童子《かうせいどうじ》と名《な》づく

本地 金剛手菩薩《こんがうしゆぼさつ》

印 普供養印《ふくやういん》

第四

金財童子《きんざいどうじ》 又召請童子《せうせいどうじ》と名《な》づく

本地 藥師如來《やくしによらい》

印 刀印《たうのいん》

第五

稲《とう》籾《ちう》童《どう》子《じ》　又大《たい》神《しん》童《どう》子《じ》と名《な》づく

本地　文《もん》珠《じゆ》菩《ぼ》薩《さつ》

印　劔印《けんのいん》

第六

計《けい》升《しよう》童《どう》子《じ》　又悪《あく》女《ぢよ》童《どう》子《じ》と名《な》づく

本地　地《ぢ》蔵《ざう》菩《ぼ》薩《さつ》

印　金《こん》剛《がう》印《いん》

第七

飯《はん》饋《き》童《どう》子《じ》　又質《しつ》月《げつ》童《どう》子《じ》と名《な》づく

本地　栴《せん》檀《だん》香《かう》佛《ぶつ》

印　普《ふ》利《り》衆生印《しゆじやういん》

第八

第九

第十

衣《い》裳《しやう》童《どう》子《じ》　又除《ちよ》饑《き》童《どう》子《じ》と名《な》づく

本地　摩《ま》利《り》支《し》天《てん》

印　内《ない》縛《ばく》印《いん》

蠶《さん》養《やう》童《どう》子《じ》　又悲《ひ》滿《まん》童《どう》子《じ》と名《な》づく

本地　勢《せい》至《し》菩《ぼ》薩《さつ》

印　外《げ》縛《ばく》印《いん》

酒《しゆ》泉《せん》童《どう》子《じ》　又蜜《みつ》跡《せき》童《どう》子《じ》と名《な》づく

本地　無《む》量《りやう》壽《じゆ》命《めう》

印　未《み》敷《しき》蓮《れん》華《げ》

第十一

第十二

第十三

愛《あい》敬《けい》童《どう》子《じ》　又施《せ》願《ぐわん》童《どう》子《じ》と名《な》づく

本地　観世《くわんぜ》音《おん》菩《ぼ》薩《さつ》

印　開《かい》敷《しき》蓮《れん》華《げ》

生《せい》命《めい》童《どう》子《じ》　又臍《せい》虚《こ》空《くう》童《どう》子《じ》と名《な》づく

本地　彌《み》勒《ろく》菩《ぼ》薩《さつ》也

印　内《ない》五《ご》古《こ》印《ゐん》

従《じゆふ》者《しや》童《どう》子《じ》　又施《せ》無《む》畏《ゐ》童《どう》子《じ》と名《な》づく

本地　龍《りう》樹《じゆ》菩《ぼ》薩《さつ》

印　外《ぐわい》五《ご》古《こ》印《ゐん》

第十四

牛《ぎう》馬《ば》童《どう》子《じ》　又随《ずい》令《れい》童《どう》子《じ》と名《な》づく

本地　薬《やく》王《わう》菩《ぼ》薩《さつ》

印　内《ない》五《ご》古《こ》印《ゐん》

第十五

船《せん》車《じや》童《どう》子《じ》　又光《かう》明《めい》童《どう》子《じ》と名《な》づく

本地　薬《やく》上《じやう》菩《ぼ》薩《さつ》

印　外獅《ぐわんし》子印《ゐん》

第十六

善財童子《ぜんざいどうじ》　又乙護童子《おつごどうじ》と名《な》づく

本地　十六童子と同《おな》じ

印　外獅子印《ぐわいしゝゐん》

右を辨財天《べんざいてん》の十六童子《どうじ》とす各々《おの〳〵》其守《そのまも》る所異《ところこと》なると雖《いへど》も其《そ》の靈顯《れいけん》に至りては差《さ》違《ゐ》あることとなし故に之れを信心《しんじん》して其願《そのねが》ふ所《ところ》に從《したが》ひて此符《このふ》を修《しう》し以て幸福《かうふく》を得《え》らるべし

但《たゞ》し之《これ》を修《しう》するには靈符調製《れいふてうせい》の秘法《ひはう》に從《したが》ひ吉日を撰定《せんてい》して信心祈念《しんじんきねん》し鎭《ちん》宅靈符《たくれいふ》七十二符の中に相當《さうたう》するものと同封《どうふう》せば効顯大《かうけんおほい》なりと知《し》るべし

○井戸を埋むる時の符幷法式

古井戸を埋《うづ》むるときは左《さ》の法式《はふしき》に依《よ》りて行《おこな》へば禍《わざはひ》又は祟等更《たゝりさら》になくして大吉となる人々心得置《こゝろえお》くべき事《こと》なり

金貴大徳

此四文字を板に認《したゝ》めて井戸《ゐど》の底《そこ》の中心《まんなか》に立《た》つべし

次に
青竹《あをだけ》を倒《さか》しまにして井戸《ゐど》の中に立《た》て埋《うづ》むるに随《したが》つて次第《しだい》に抜上《ぬきあ》ぐべし而して地上より一間の深《ふか》さの處《ところ》に左《さ》の符《ふ》を立《た》てゝ埋《うづ》め終《お》はるべし

表

裏

右の如くして埋《うづ》むるときは大吉なり而して埋めたる井戸の邊《へん》に桃木《もゝのき》を植《う》ゆることを戒《いまし》む必ず災害《さいがい》絶《た》へざるべし又他の樹木《じゆもく》も植《う》ゆることなかれ愼《つゝし》むべし

○井戸を埋むるの吉日

春は　甲　子の日　　乙　丑の日

夏は　丙　丑の日　　丁　卯の日

秋は　庚　申の日　　辛　丑の日

冬は　壬　子の日　　癸　丑の日

右何れも吉日とす

○竈の神祭る日の事

竈《かまど》の神《かみ》を祭《まつ》るには左の日を吉なりとす

甲子　甲申　甲戌　乙丑　戊寅　戊午

己卯　己未　己酉　己亥　庚辰　庚午

此日火を清《きよ》め竈《かまど》の神を祭《まつ》るときは惡鬼《あくき》去《さ》りて善神《ぜんしん》其の家に據《よ》り守護《しゆご》して幸福《かうふく》來《きた》ると云《い》へり

△竈《かまど》の神《かみ》の祝詞《のりと》

高天原《たかまのはら》爾《に》神留座須《かみとゞまりましますす》皇親神漏岐神漏美乃《すめみおやかむろぎかむろみの》命乎《みことを》以弖《もちて》澳津彦命《おきつひこみこと》澳津姫命止《おきつひめみことと》御名乎《みなを》申弖《まをして》稱辭竟奉《たゞへことおへまつる》國中乃《くになかの》萬民乃《おほしたからの》竈《かまど》常盤《ときはに》堅盤爾《かきはに》安良介久《やすらけく》朝氣《あさげ》夕氣爾《ゆふげに》豐饒久《にぎはしく》八十《やそ》連續乃《つゞきの》末爾《すゑに》至末弖《いたるまで》不易《かはらず》守幸給比弖《まもりさいはひたまひて》例令比《たとひ》天益人等我《あまのますひとらが》過弖《あやまちて》犯氣牟《おかしけん》雜々乃《くさ〲の》罪事《つみごと》咎《とが》祟利乎《たゝりを》毛《い》科戸乃《しなどの》風乃《かぜの》天八重雲乎《あめのやへぐもを》吹掃事乃《ふきはらふことの》如久《ごとく》遺禮留《のこれる》罪波《つみは》不在止《あらじと》宥恕祓比《なだめゆるしはらひ》給比《たまひ》清米《きよめ》給幣止《たまへと》申事乃《まをすことの》由乎《よしを》左男鹿乃《さをしかの》八耳振立弖《やつのみゝをふりたてゝ》所聞食止《きこしめせと》申壽《まをす》

了《をはり》

△荒神除の護符

荒神《くわうじん》の祟《たゝ》りを受《う》けたるときは右《みぎ》の護符《ごふ》を修《しう》して之を竈《かまど》の上《うへ》に貼《は》るべし　最も清浄《しやう〱》の筆硯《ひつけん》にて認《したゝ》むべし

○邪鬼靈鬼の祟りを除く符

山⿱穴鬼喼急如律令

右の符を修《しう》し次《つぎ》に東方千陀羅道《せんたらだう》　南方千陀羅道《せんだらだう》　西方千陀羅道《せんだらだう》　北方千陀羅《せんだら》道《だう》　中央千陀羅道《せんだらだう》　此文を唱《とな》へて不動《ふどう》の眞言《しんごん》にて加持《かぢ》し此符《このふ》を呑《の》むべし

不動眞言に曰く

曩莫三曼多《なうまくさんまんだ》　縛日羅多《ばさらだ》　仙多《せんだ》　摩訶盧舎多《まかろしやだ》　蘇婆多耶《そはだや》　吽多羅多《うんたらた》　唅《かん》　⿰口㒼《まん》

○死靈蛇となりて付纒を除く呪咀

竹《たけ》の皮《かわ》を蛇《へび》の長《なが》さに切《き》り二つに割《わ》り其一《そのいつ》に光明眞言《くわうめうしんごん》を十一遍書《しよ》し又外の一切《ひときれ》に全眞言《しんごん》を十返書《じつへんしよ》して此竹の皮にて蛇《へび》を包《つゝ》み左《ひだ》り繩《なは》にて三箇所《さんかしよ》くゝるべし而して

次に光明眞言二十一返唱《とな》へ又次に訶利帝《わくてい》の眞言二十一返唱へ包《つゝ》みたる蛇《へび》を家《いへ》の巳《み》の方《かた》に當《あた》る場所《ばしよ》に逆《さかし》まに埋《うづ》め置《お》くべし二度來《ふたたびきた》らざる事奇妙《ことぎめう》にして神傳秘法《しんでんひはふ》の一なり

光明眞言《くわうめうしんごん》に曰《いはく》

おん　あぼきや　べいろしやなふ　まかぼだらまに　はんどま　じんばら　はらはりたやうん

訶利帝眞言《わくていしんごん》に曰《いはく》

とゝまり　ぎやてい　そわか

○呪咀禁厭修行者の事蹟

古今東西本術《ここんとうざいほんじゆつ》（呪咀禁厭《しゆそきんえん》）の修行者《しうげふじや》として先達《せんだつ》の士少《しすくな》からず其奇行往々《そのきかうわうわう》人をして想像《さうざう》の外《ほか》に遊《あそ》ばしむ今茲《いまこゝ》に其事蹟《そのじせき》を載《の》するは一に靈妙不可思議《れいめうふかしぎ》にして爭《あらそ》ふべからざる呪咀禁厭《じゆそきんえん》の効顯《かうけん》を知《し》らしむるの一班《いつぱん》となるを信《しん》ずるを以て二三修業者《しうげふじや》の

實驗《じつけん》せし奇行《きかう》を左に掲《かゝ》ぐるものなり

○役《えん》の行者《げうじや》

役の行者は小角《せうかく》と稱《しやう》し大和國《やまとのくに》葛城上《かつらぎかみ》の郡茹原《こほりしげはら》の人《ひと》にして幼時《いとけなき》より穎敏《えいびん》博《ひろ》く學業《がくげふ》を修《おさ》め兼《かね》て佛乘《ぶつじやう》を習《なら》ふ年齢《とし》三十二にして家《いへ》を出《い》で葛城山《かつらぎやま》に入り仙術《せんじゆつ》を講《かう》ず峨《が》々たる山巒《さんらん》寂《せき》々たる巉巖《ざんがん》は實《じつ》に其《そ》の住《ぢう》する所《ところ》にして松子《まつのみ》を食《くら》ひ藤葛《ふぢづる》を編《あ》み之を衣《き》て精進苦行《しやうじんくげう》幾多《いくた》の艱難《かんなん》を嘗《な》めて始《はじ》めて其仙術《そのせんじゆつ》を得《え》たりと云ふ行者《げうじや》は常《つね》に角帽子《かくぼうし》を戴《いたゞ》き身《み》に九條の袈裟《けさ》を懸《か》け手には錫杖《しやくぢやう》を持ち口に仙術《せんじゆつ》の秘呪《ひじゆ》を誦《しやう》して雲《くも》に駕《の》り大空《たいくう》を翔《かけ》り又鬼神《きじん》を驅《か》りて之を使《し》役《えき》し水を汲《く》ましめ薪《たきゞ》を拾《ひろ》はしむ鬼神《きじん》若し命《めい》に背《そむ》くときは直《たゞち》に咒文《じゆもん》を唱《とな》へ以て之れを繫縛《けいばく》せしと云ふ

行者が此の如《ごと》く奇怪《きくわい》なる行《おこな》ひありしを以て官使《くわんし》を遣《つかは》し之を訊問《じんもん》せんとしけるに雲《くも》に乘《の》りて大空《たいくう》に翔《かけ》り去りければ止む事を得ずして其母《そのはゝ》を拘禁《こうきん》す行者《げうじや》大に悲《かなし》み悔《く》ひ來《きた》りて自《みづか》ら縛《ばく》に付《つ》く故《ゆゑ》に之《これ》を伊豆《いづ》の大島《おほしま》に流《なが》したり居《を》る事《こと》三歳にして許《ゆる》し還《かへ》さる行者大島《おほしま》にありしとき夜《よ》は雲《くも》に駕《が》し大空《たいくう》を飛《と》び以《もつ》て其法《そのはふ》を究《きは》め又或時《またあるとき》は

富士《ふじ》の高峯《たかね》に遊び或時は海上《かいじやう》に飛翔《ひしやう》迅走《じんそう》して法術《はふじゆつ》の奥義《おくぎ》を極《きは》めたりと云ふ是れ咒咀《じゆそ》の法《はふ》にあらずんば能《よ》く之《こ》れをなし能はず實に道《みち》を極《きは》め法《はふ》の深《ふか》きに至《いた》らば如《かくの》此《ごとき》の奇《き》行《かう》も亦實《じつ》に容易《ようい》になし得《う》べきなり

○弘法大師《こうぼふたいし》

大師は讃岐國《さぬきのくに》多度郡《たどこほり》に生る姓《せい》は佐伯《さへき》氏父を田公《でんこう》と云ふ幼にして穎悟《えいご》長《ちやう》ずるに及びて博覧《はくらん》高識《かうしき》氣宇《きう》一世を呑《の》む壯年《さうねん》にして家《いへ》を出《い》で佛門《ぶつもん》に歸依《きえい》し勒揮法師の徒弟《とてい》となり石淵寺《せきえんじ》に入りて精意《せいい》佛乘《ぶつじやう》を研究《けんきう》す唐《たう》の徳宗《とくそう》の貞元《ていげん》二十年長安《ちやうあん》に遊《あそ》び遍《あまね》く名僧《めいそう》智識《ちしき》に見《まみ》へて佛門《ぶつもん》の奥義《おくぎ》を極む阿闍梨《あじやり》慧果《けいくわ》授《さず》くるに華嚴《けごん》六波羅密經《ろくはらみつけう》の奥義《おくぎ》を以てす歸朝《きちやう》の後《の》ち傳敎《でんけう》の爲《た》めに種々《しゆく》の不思議《ふしぎ》を現《あら》はして諸人を歸依《きえ》せしむ祈《き》禱《たう》加持《かぢ》等最も其妙《そのめう》を極む天長元年の大旱《たいかん》に　勅命《ちよくめい》を奉じて雨乞《あまこひ》の祈禱《きたう》を修せしに一天俄《には》かに曇《くも》り墨《すみ》を流《なが》すが如く須臾《しゆゆ》にして大雨《たいう》車軸《しやぢく》を流《なが》すが如く濕潤《しつじゆん》三日田《た》畑《はた》始めて蘇生《そせい》せるの思《おも》ひありしと云ふ又或時に不動《ふどう》の法《はふ》を修するに滿身《まんしん》炎々《えんく》として火焔《くわえん》を放《はな》つ人皆其奇靈《きれい》に感ぜりと云ふ或は水の緣《えん》を結《むす》べば炎々《えんく》たる火《ひ》忽《たちま》ち

滅《めつ》して跡《あと》なく又或は空中《くうちう》に向つて揮毫《きかう》すれば字体歷々《じたいれき〳〵》として妙書《めうしよ》を現《あら》はす等神《しん》變奇瑞《へんきずゐ》一として人を感《かん》ぜしめざるはなし天台宗中《てんだいしゆうちう》今に傳《つた》ふる加持祈禱《かじきたう》の法は一に空海《くうかい》の遺法《ゐはふ》なり惜《をし》むべし其式傳《そのしきつた》はると雖も今の術者至誠《じゆつしやしせい》なきか爲《た》めに人間獨得《にんげんどくとく》の妙術《めうじゆつ》も時として其効《かう》を見《み》ざることあるを宜しく今の術者《じゆつしや》能く先達の遺法《ゐはふ》を繼《つ》いて之を凡《すべ》てに應用《おうやう》するを得《え》ば其効《そのかう》も亦《また》大なるべし其斯《それこれ》を究《きは》むるに務《つと》むべし

○安部晴明《あべのせいめい》

安部《あべ》の晴明《せいめい》は博學多才《はくがくたさい》天文推歩《てんもんするは》の術を究《きは》め從四位に叙《じよ》せられ播摩守《はりまのかみ》に累進《るゐしん》す晴明職神《せいめいしよくしん》を使ひ陰陽推算占卜《するさんせんぼく》の術を行《おこな》ふ奇中《きちう》すること神《かみ》の如し蓋《けだ》し我國《わがくに》の天文大博士《てんもんだいはかせ》と稱《しやう》するも敢《あへ》て誣言《よげん》にあらざるなり晴明《せいめい》事物の豫言《よげん》に妙《めう》を得《え》たるのみならず災禍《さいくわ》を未然《みぜん》に防ぎ世人に幸福を與へたる例《ためし》は數《かぞ》ふべからず今其一二を擧《あ》ぐれば實に左の如き奇術《きじゆつ》あり

左大臣藤原道長《ふぢはらのみちなが》の家に飼《か》へる犬《いぬ》あり出行《いでゆ》くときは必ず此犬を伴《ともな》ふ或時《あるとき》法成寺《はふじやうじ》に行かんとて其門前《もんぜん》に至りし時犬道長《いぬみちなが》の裾《すそ》を喰《くは》へて其内に入《い》らしめず道長怪訝《くわいが》に

堪《た》へず直に邸《てい》に歸《かへ》りて晴明《せいめい》を招《まね》き其由を告《つ》げ何《なん》の兆《てう》ぞやと問ふ晴明默考《もくかう》すると少時《せうじ》徐《おもむ》ろに答へて曰く是れ必ず閣下《かくか》を呪咀《じゆそ》するものありて厭物《えんぶつ》を彼《か》の所に埋《うづ》めたるなるべしと其箇所《そのかしよ》を示《しめ》し道長に其所《そのところ》を掘《ほら》しめ改めしに一の土器《どき》ありて内《うち》に何《なに》をか朱書《しゆがき》しありたり晴明之を見て曰く當時此法《このはふ》を知るものは道滿法師《だうまんはふし》の外になし必ず彼僧《かのそう》の所爲《しよゐ》ならん今之《いまこれ》を確《たしか》むべしと紙を折《を》りて鳥《とり》の形《かたち》を作《つく》り之に向《むか》つて呪文《じゆもん》を唱して放《はな》ちしに鳥の形は空中《くうちう》に向《むか》つて飛行《ひかう》す即《すなは》ち人《ひと》を遣《つか》はし鳥《とり》の跡《あと》を追《お》はしめしに萬里小路《までのこうぢ》河原院《かはらゐん》の傍《かたは》らなる一の民家の屋上《をくじやう》に止まる故に就《つい》て尋《たづ》ねしに果《はた》して道滿法師在《あ》りければ捕《とら》へて之れを詰問《きつもん》し其實を得《え》災禍《さいくわ》を免《まぬか》れたりと又園城寺《えんじやうじ》の僧某病危篤《やまひきとく》の時其弟子《そのでし》晴明に乞ふて治療《ちりやう》の祈禱《きたう》をなさしむ晴明曰く病癒《やまひい》へざるべし若し之を癒《いや》さんと欲せば宜しく他人之《これ》に代《かは》りて死するより外なしと弟子之を聞《き》き大に驚《おどろ》き某なるものをして代《か》はらしむ晴明即ち秘密《ひみつ》の符《ふ》を書して之を僧に與へしに病忽《やまひたちま》ち全癒して之れに代はりし弟子亦病を得《え》て終《つひ》に死《し》したりと云ふ實に秘密靈符《ひみつれいふ》の効顯著大《かうけんちよだい》なるものと謂《い》ふべし

又呪文を唱へて蛙《かへる》を殺《ころ》し廣澤《くわうたく》僧正《そうじやう》の徒弟を驚《おどろ》かしめ又途上《とじやう》に藏人《くらんど》少將《せうしやう》に遇《あ》ひ烏糞を以て其正裝《そのせいさう》を汚《けが》したるを見て危難《きなん》あるを示《しめ》し之れを救《すく》ひたる等の事蹟《じせき》其他種々《しゆく》なる奇行《きかう》あるも玆《こゝ》には單《たん》に呪咀《じゆそ》の爭《あらそ》ふべからざるを知らしむるが爲《た》めなるを以て之を略す

○日蓮上人《にちれんしやうにん》

日蓮《にちれん》は安房《あは》の人なり貞應元年二月十六日長狹郡小《こ》湊浦《みなとうら》に生る幼名《えうめい》を善《せん》日《にち》丸《まる》又藥《やく》王丸《わうまる》と云ふ年十二にして清澄寺《せいちようじ》に入り道善法師《だうぜんほふし》の徒弟《とてい》となりて密乘《みつじやう》を受《う》く十六歳の時薙髮《ていはつ》して蓮長《れんちやう》と稱し後ち日蓮《にちれん》と改む十七歳にして鎌倉《かまくら》に遊《あそ》び又比叡山《ひえいざん》に登《のぼ》りて東塔《とうたう》の圓頓坊《ゑんとんばう》に住す日蓮妙法《めうほふ》の秘術《ひじゆつ》を修《しう》して克《よ》く種々の靈現《れいげん》を示したり就中《なかんづく》龍《たつ》ノ口《くち》の難《なん》と稱《しよう》するものは實に日蓮が終生《しうせい》の大厄《たいやく》にして人口に嘖々《さくく》たるものなり今之《いまこれ》を述ぶれば時の執權《しつけん》北條時賴日蓮事《こと》を佛法《ぶつぽふ》に托《たく》して國法を賊《ぞく》するとなし文永八年九月平賴綱《たひらのよりつな》に命して之を松葉谷《まつばだに》に捕《とら》へ刑場龍《たつ》ノ口《くち》に於て斬首《ざんしゆ》せしめんとせし時日蓮《にちれん》口に呪文《じゆもん》を誦《しやう》し從容《しようよう》として死《し》に就《つ》きしに不思議《ふしぎ》にも一天俄《にはか》

に曇《くも》りて墨《すみ》を流すが如く雷電轟《らいでんとゞろ》きて凄《すさま》しき事限《ことかぎ》りなく刑手《けいしゆ》が振《ふ》りかざせし斷頭《だんとう》の鋭刀《えいたう》は折《を》れて用《よう》をなさず如此《かくのごと》き不可思議《ふかしぎ》の有樣《ありさま》を眼前《がんせん》に見たる刑手を始め臨《りん》檢《けん》の諸《しよ》士も日蓮の威徳《ゐとく》に恐れて終《つゐ》に之れを斬《き》ることは能はざりしと云ふ時頼《ときより》も亦之を聞《き》きて許《ゆる》したりと云ふ其他日蓮が奇怪靈妙《きくわいれいめう》なる行爲《かうゐ》ありしことは擧《あげ》て數《かぞ》ふべからず又日蓮の徒弟《とてい》は多く其法術《そのはふじゆつ》を傳《つた》へて奇異《きゐ》の妙法《めうはふ》を行ひ今に至りて呪法《じゆはふ》加持《かぢ》等の秘傳妙法日蓮宗《ひでんめうはふにちれんしう》に殘《のこ》るもの少《すくな》からず

○都《つ》藍《らん》尼《に》

都藍尼《つらんに》は和泉《いづみ》の人なり其性《そのせい》勇猛《ゆうまう》にして精進苦行《しやうじんくぎやう》して佛法《ぶつはふ》を修《しう》し又兼《またかね》て仙術《せんじゆつ》を行ふ嘗《かつ》て吉野山の麓《ふもと》に栖《す》みけるとき都藍尼《つらんに》謂《い》へらく金峰山《きんぶさん》は藏王菩薩《ざわうぼさつ》の守護《しゆご》し玉へる所にして昔より女人の登山《とざん》を禁《きん》じたるも我は心身苦行精進《しんしんくぎやうしやうじん》して神靈《しんれい》の感應《かんおう》あれば尋常《じんじやう》の女とは同じからずして登山《とざん》して苦行《くぎやう》の程《ほど》を試《こゝろ》みんと心強《こゝろつよ》くも金峰《きんぶ》山《さん》に登りしに其時一天俄《にはか》に曇《くも》り雷電《らいでん》頻《しき》りに轟《とゞろ》き山谷《さんこく》爲めに鳴動《めいどう》し悽愴《せいさう》たる事《こと》限《かぎ》りなし都藍尼更に屈《くつ》する色なく是れ菩薩《ぼさつ》の我苦行《くぎやう》の程を試《ため》さるゝならんと一

層勇氣《ゆうき》を皷《こ》して進まんとすれども道暗《みちくら》くして行先《ゆくさき》分明《ぶんめい》ならず都藍尼此に於て携《たづさ》ふる所の杖《つえ》に祈念《きねん》を籠《こ》めて大地に擲《なげう》ちければ其杖《そのつえ》自然《しぜん》に地上に生立《おひたち》て見る〳〵大木《たいぼく》となりしと云ふ又呪文《じゆもん》を唱へて龍《りやう》を呼《よ》び之れに乘《の》りて登《のぼ》らんと欲せしも山上に大川《たいせん》出來《でき》て又上る事能《ことあた》はず都藍尼本意《ほんい》なく山を踏《ふ》み巖《いはほ》を踏《ふ》みて尙ほ登《のぼ》らんとするに山巖《さんがん》所々《しよ〳〵》に穿《うが》ちを生じ如何《いかん》ともすること能はず玆《こゝ》に於て始めて己《おの》れの苦行の足《た》らざるを知りて更に精進苦行《しやうじんくぎやう》して終《つゐ》に神仙《しんせん》の秘術《ひじゆつ》を得《え》て其本意《そのほんい》を達《たつ》し又種々《しゆ〴〵》の奇行《きかう》ありしと云ふ後《の》ち去《さり》て其終《そのおは》る所《ところ》を知《し》らず

○法道仙人《はふだうせんにん》

法道仙人は印度《いんど》の人なり古《いにし》へ靈鷲山《れいしよざん》と云へる山中に數多の仙人住《すみ》ける所ありて玆に五百人の神通無碍《じんつうむげ》の仙人あり金剛摩尼法《こんがうまにはふ》を修して皆悉《こと〴〵》く神妙の仙術《せんじゆつ》を得《え》或は瞬間《しゆんかん》に萬里《ばんり》の異境《るきやう》に進行《しんかう》する等種々の異行《るぎやう》をなしけるが法道仙人《はふだうせんにん》も亦た其內の一人なり或時法道仙人雲に乘《の》りて栖家《すみか》を出《い》で〻遙《はる》かに東方を指《さ》して飛行《ひかう》し我國に來りて播州印南郡法華山の溪間《けいかん》に住す盖し法華山の靑嶂翠巖《せいしやうすいがん》俗境《ぞくきやう》を離《はな》れて

仙術を修《しう》するに適當《てきたう》なるを以てなり此地茂《も》松修《しようしう》竹《ちく》洞門《どうもん》ありて石室《せきしつ》ある所雲《くも》起《おこ》り霧《きり》深《ふか》く常に法華經を讀誦《とくしやう》して秘密《ひみつ》の觀法《くわんはふ》を修し或は長風《ちやうふう》に駕《が》して大空に翔《かけ》り又或時《あるとき》は法術を弄《ろう》して鬼神《きじん》を友として遊《あそ》び其他種々《しゆぐ》奇行《きかう》を修し災を未然《みぜん》に防《ふせ》ぎ大に世人《せじん》を利《り》したる等の事蹟《じせき》は擧《あ》げて數《かぞ》ふべからず此仙人も亦飄然《ひやうぜん》去《さり》て其行く所を審《つまびら》かにせすと云ふ

以上は皆《み》な實跡《じつせき》にして呪咀《じゆそ》禁厭《きんえん》其妙密《そのめうみつ》に達し之を行ひたるの事蹟《じせき》とす故に吾人《ごじん》も能く其妙《そのめう》を得《う》るに至《いた》らば以て鬼神《きじん》を友《とも》とする等亦容易《ようゐ》たるべし

○健康長壽の法

健康《けんかう》と云ひ長壽《ちやうじゆ》と云ひ人皆《ひとみ》な一日も齢《よはひ》の長からんことを望《のぞ》み年《ねん》一年死《し》に近《ちか》づき死の遂《つひ》に免《まぬか》るべからざるを知ると雖も尚ほ汲々《きふく》として無味枯燥《むみこさう》の殘年《ざんねん》をさへ惜《をし》むは蓋《けだ》し人情の免かれざる所なり然り而して健康《けんかう》を守《まも》り長壽を保《たも》つ可きの道《みち》を守るもの少し豈《あ》に矛盾《むじゆん》の甚しき限《かぎ》りならずや夫れ人の長壽を欲《ほつ》するは啻《たゞ》に命を

惜《おし》むの私情《しじやう》に非らず各人皆天與《てんよ》の職業を全《まつた》ふせんと欲するの然《しか》らしむる所とす抑々《そも〳〵》人の短命《たんめい》なるは啻に各人《かくじん》一身の不幸のみにあらず社會《しやくわい》に及ぼすの影響《えいきやう》實に大なるものあり試《こゝろみ》に之を數字上に見《み》んか左の如き大差《たいさ》を見《み》るべし夫れ性質《せいしつ》虛弱《きよじやく》にして且つ不養生なる者の最長年者《さいちやうねんしや》の平均年間を五十とするときは其《その》發《はつ》育《いく》教育《けふいく》に費《つひ》やす二十年を控除《かうぢよ》するときは社會の事業《じげふ》に從事《じゆうじ》する年間は三十年に過《す》ぎざるなり又養生を守り健全《けんぜん》にして且つ長壽者の平均年間を八十とするときは其發《そのはつ》育《いく》教育《けういく》に費《つひ》やす年限は依然《いぜん》前者《ぜんしや》の如く二十年なるが故に事業年間《じげふねんかん》は六十年即ち虛弱者《きよじやくしや》に比し一倍の年月を有す而《しか》して虛弱なる人は充分《じゆうぶん》の腦力体力《のうりよくたいりよく》等競爭《きやうそう》社會に最大必要《さいだいひつえう》なる能力《のうりよく》を使用すること難《かた》きを以て虛弱者三十年間の事務《じむ》は健全者《けんぜんしや》の十年間の事務《じむ》に及ばざるの道理《だうり》なり果《はた》して此の如きの比例《ひれい》なりとせば健康《けんかう》なる八十年の人は虛弱《きよじやく》なる五十年の人の六倍に相當《さうたう》するの大差《たいさ》を生ずべし社會《しやくわい》に及ぼすの影響實《えいきやうじつ》に大なるものならずや各人宜しく一身《しん》の爲めのみならず社會《しやくわい》の爲めに大に長命《ちやうめい》の法を講《かう》ぜざるべからず而して世間《せけん》此法を說《と》く書少《しよすくな》しとせずと

雖も皆な大氣《たいき》土地《とち》食物等《しよくもつとう》に分《わか》ち記述したるもののみなれば各自の位置《ゐち》境遇《きやうぐう》によりて之れを實踐《じつせん》すること能はざるの恨《うら》みあり今左《いまさ》に紹介《せうかい》する所の法は簡便《かんべん》にして而かも正確如何《せいかくいか》なる人にても實踐《じつせん》し得らるゝの法にして効力《かうりよく》の顯著《けんちよ》なるものとす

△健康長壽《けんかうちやうじゆ》の奇術《きじゆつ》　其法式

毎夜寢所《しんしよ》に入り未だ眠《ねむり》に就《つ》かざる以前《いぜん》に仰臥《ぎやうぐわ》して兩脚《りやうきやく》を揃《そろ》へ強《つよ》く踏《ふ》み延《の》ばし總《そう》身《しん》の元氣《げんき》を胸《むね》の邊《へん》より氣海丹田《きかいたんでん》の穴《けつ》及び腰脚足《えうきやくそく》の裏《うら》までに充《み》たして然《しか》る後《の》ち凡ての忘想《もうぞう》を去り呼吸《こきふ》を徐《しづ》かにし指を折《を》り息《いき》を算《かぞ》ふること百にして其踏《そのふ》み締《し》めたる力を緩《くわん》にし暫《しばら》くにして再《ふたゝ》び此の如くすること毎夜四五度程《たびほど》之を行ふときは元《げん》氣總身《きそうしん》に充《み》ち腹内の積塊皆消釋《せきくわいみなしようしやく》して健康《けんかう》を保《たも》ち長壽を保《たも》つこと如何《いか》なる良法良藥も此健康長壽法《このけんかうちやうじゆはふ》を越《こ》すものなし是實に奇術《きじゆつ》にして最も簡易《かんい》なる良法《りやうはふ》なりとす

茲に此法を紹介《せうかい》して普《あまね》く世人の幸福《かうふく》を大ならしめんと欲《ほつ》するものなり健康《けんかう》長壽《ちやうじゆ》を欲する人は幸に試《こゝろ》みて健康《けんかう》を保《たも》ち競爭社會《きやうそうしやくわい》に立ち永《なが》く無病にして最《さい》

大《だい》の勝利《しようり》を得《う》る事に務《つと》めらるべし

○死蘇を知るの秘法

氣絶《きせつ》して一見死人《しにん》の如きものゝ死蘇《しそ》を知るには氣絶《きせつ》したるものゝ手の爪先《つめさき》を押《おさ》へ見るべし爪《つめ》の色《いろ》變色《へんしよく》せざるものは又は下口唇《したくちびる》を開《ひら》き見《み》て少しにても元《もと》の如くに返《かへ》らざるもの又は眼球《めのたま》を爪先《つめさき》にて障《さは》り見《み》て上マブタに聊《いさゝ》かも感《かん》じなきものは皆《みな》蘇生《そせい》の見込《みこみ》なく死《し》に至るものと知るべし

又氣絶者の救助法

氣絶者を救助《きうちよ》するには最も迅速《じんそく》を要す而して左の法に據《よ》るべし

昏倒者《こんたふしや》を抱起《だきおこ》し左の手にて昏倒者《こんたふしや》の半身《はんしん》を抱《かゝ》へ右手の拳《こぶし》にて誘活《ゆふくわつ》の處（背の大骨より五つ目の骨）をヱーイと云ふ氣合《きあひ》と共に打《う》つべし蘇生《そせい》したるときは胸《むね》　水落《みづおち》　背部《せな》等を按撫《あんぶ》すべし

又縊死《えつし》したるもの蘇生《そせい》したるときは手拭《てぬぐひ》を冷水《れいすい》に浸《ひた》し頭部面部《とうぶめんぶ》を冷《ひや》し乾《かは》き

たる毛布《もうふ》を以て足《あし》の裏《うら》及び手《て》の掌《ひら》を摩擦《まさつ》すべし又水死者《すゐししや》には藁火《わらび》を以《もつ》て之を温《あたゝ》むべし

○鎮宅靈符極意の秘傳集

鎮宅靈符《ちんたくれいふ》の緣起《えんぎ》は天既《てんすで》に開闢《ひらけたる》の時其中《そのうち》に一點の圓《まどか》なる物現《あら》はれ之を神道《しんたう》に於ては國常立《くにとこたち》の尊《みこと》と申す即ち天の御神《おんかみ》にして鎮宅靈符《ちんたくれいふ》を修《しう》する時は北辰尊星《ほくしんそんせい》と號す而して此星陰陽《このほしいんやう》を産給《うみたま》ふ日月是なり又五を生して五星と化《くわ》し五行《ごぎやう》と成る之を神道に地神《ちじん》五代と申す五行生《しやう》して人間生《にんげんしやう》し此星又七を生じ七星と成る人間の生《しやう》ずる所は五星化《くわ》し來《きた》つて人と成る根元《こんげん》は太一《たいいつ》の靈光天降《れいくわうあまくだ》りて人に命ず孔子之を說《と》いて命ㇾ天謂ㇾ性《てんのめいせるせいといふ》と云へり此の星人に命じて一身を守り玉ふを運《うん》と云ふ又一身の主《しゆ》なるものを心《こゝろ》と云ふなり其根元太一《こんげんたいいつ》の靈光《れいくわう》に五星を列《れつ》して一身に備《そな》はる故に一心に五常を含《ふく》む之を仁義禮智信《じんぎれいちしん》と云ふ儒者《じゆしや》之を明德《めいとく》となし佛家《ぶつか》には之を佛性《ぶつしやう》と云ふなり

又鎮《ちん》宅《たく》靈《れい》符《ふ》の基《き》源《げん》は漢《かん》の孝文皇帝《こうぶんくわうてい》弘農縣《こうのうけん》の劉進平《りゆうしんぺい》と云ふ者より傳授《でんじゆ》し玉ふて即ち勅《ちよく》して世に廣《ひろ》く行はせ給《たま》ふ四海靜《しづ》かに治《おさ》まり萬民迄《と》も富み榮《さか》へし妙法《めうはう》なり其後世《よゝ》々に相傳はり吾朝　推古女帝（人王十四代）の御宇《ぎよう》に百濟國《くだらのくに》定居《ていきよ》元辛未年《ぐわんしんびのとし》　聖明王《せいめいわう》第三の御子琳聖《りんせう》太子《たいし》吾朝に渡《わた》り給《たま》ひて此の法を專《もつぱ》ら弘《ひろ》め玉ふ其後儒佛神《じゆぶつしん》とも執行《しつかう》しけるに始まると云ふ

（備考）　琳聖太子渡來之地《りんせうたいしとらいのち》は肥後國八代郡白木山神宮寺《ひごのくにやつしろごほりはくさんじんぐうじ》是《これ》なり

又吾朝に靈符の板を彫《ほ》ることは人王四十五代　聖武天皇之御宇《ぎよう》天平《てんぴやう》十二庚辰の年に肥後國八代郡白木山神宮寺に於て是を梓《あづさ》に上《のぼ》せしを始めとす

○鎮宅靈符七十二の圖解

圖畫《づくわく》に七十二の符《ふ》形《ぎやう》あり先天《せんてん》の八卦に後天の六十四卦を加へて建立《こんりふ》すと云へり是れ儒者《じゆしや》の傳なり或《あるひ》は又七十二候を象《かた》とるとも云へり是れ即ち天に九天あり地に九州あり人に九竅《きうけう》あり三九積《つ》りて二十七と成る是れ天の二十七宿又三を倍し

て八十一となる天の九宮を除《のぞ》きて七十二となる是れ即ち天の七十二候運《はこ》んで一歳となる人は如《によ》影《えい》隨《ずゐ》形《けい》の七十二神也皆是天地人ともに靈符《れいふ》神《しん》にあらずと云ふてとなし然れども花實《くわじつ》は枝葉《しえふ》の生ずる所枝葉《しえふ》は即ち根《ね》の生ずる所なり根本《こんぽん》は一靈の生養《せいやう》なり一靈は即ち太極《たいきよく》の元《げん》北斗《ほくと》尊星《そんせい》是れなり北斗《ほくと》元靈經《げんれいきやう》日《にいはく》眞者《しんは》神《しん》也《なり》正《せい》也《なり》直《ちよく》也《なり》化《くわ》也《なり》聖《せい》也《なり》靈通《れいつう》而《の》妙明《めうめいなる》謂二之《これを》眞一《しんと》者也《いふなり》天《てんに》無レ眞《しんなければ》萬物《ばんぶつ》不《はる》レ春《ならず》地《ちに》無レ眞《しんなければ》草木《さうもく》不レ根《みのらず》人《ひとに》無レ眞《しんなければ》不レ能レ御レ神《かみをぎよするあたはず》と自他《じた》互《たがひ》に意《い》を以て理《り》を成《な》し意《い》を以て言《げん》をなし意を以て手足《しゆそく》を成《な》す皆是れ心神《しんじん》の所爲《しよゐ》なり一切《いつさい》含靈《がんれい》鎭宅《ちんたく》靈符《れいふ》尊星《そんせい》の進退《しんたい》なり皆是れ三業清淨《しやうぐ》の密法《みつはふ》なれば靈符《れいふ》秘法《ひはふ》と云《い》ふなり今左《いまさ》に此の七十二符の圖《づ》を示《しめ》す

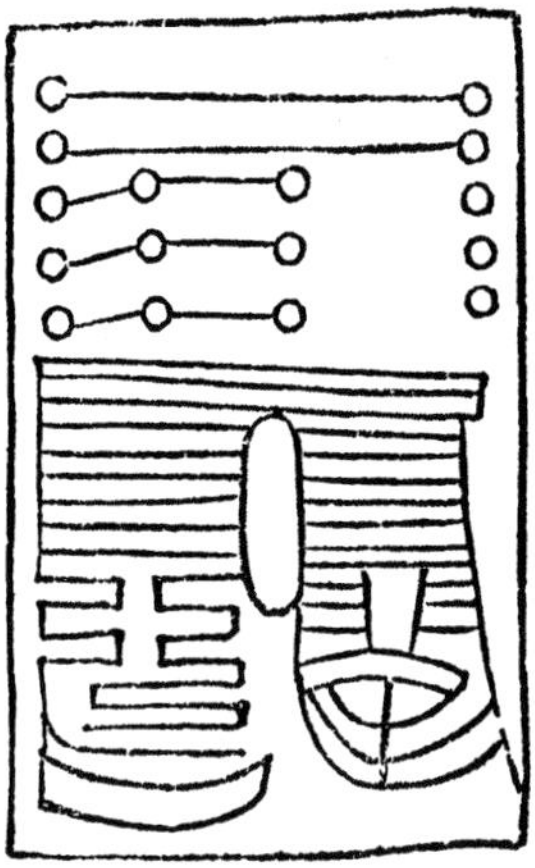

此符《このふ》は釜鳴動《かまめいどう》し家人に疾病《しつぺい》起《おこ》るか又は口舌《くぜつ》火難《くわなん》等起り種々《しゆぐ》凶事《きようじ》來《きた》るを消散《せうさん》し一切の邪鬼《じやき》を除《のぞ》くの靈符《れいふ》なり

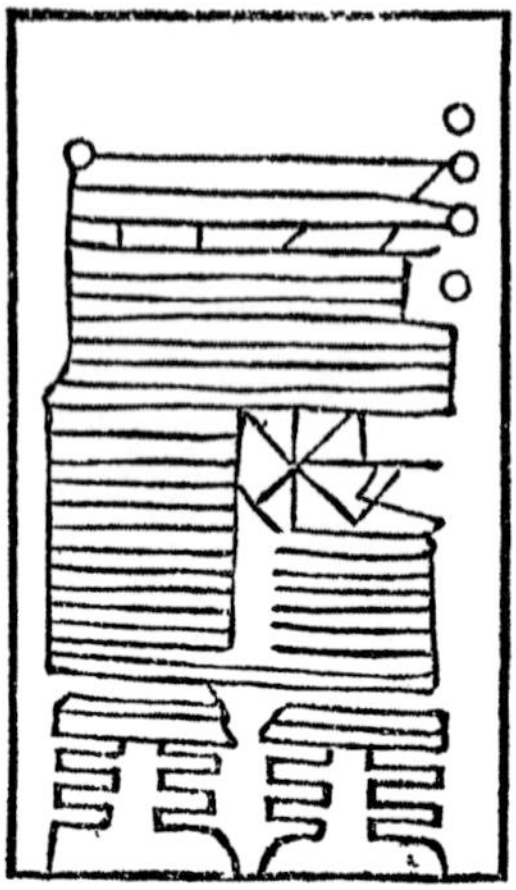

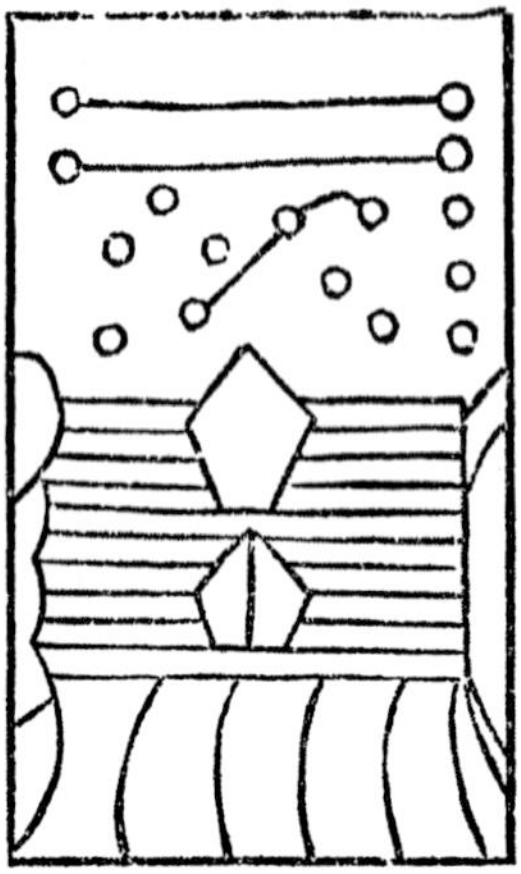

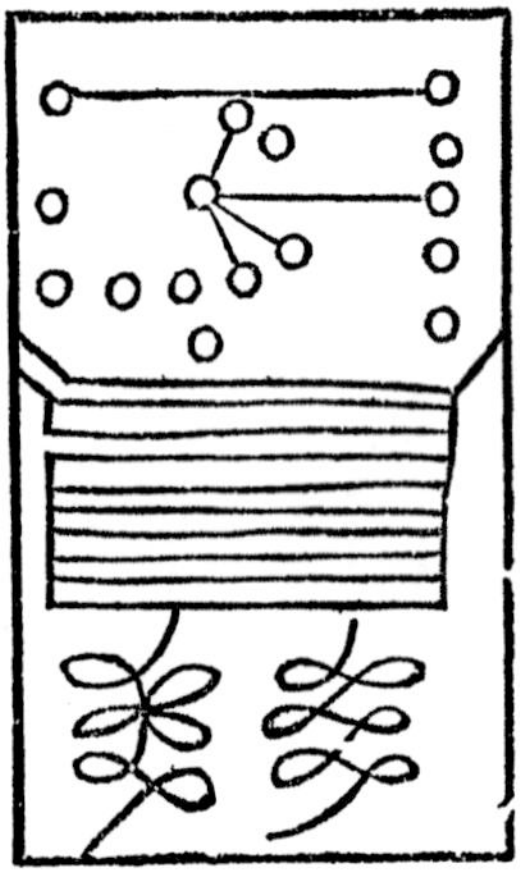

此符は猫《ねこ》、犬《いぬ》、其他一切の獣祟《けものたゝ》りをなし子供に疾病《しつぺい》起《おこ》り家内に種《しゆ》々怪事《くわいじ》の起るを除《のぞ》く靈符《れいふ》にして秘中《ひちう》の秘《ひ》なり

此符《このふ》は口舌《くぜつ》絶《た》へず又人に害《がい》せられたる人の怨靈《おんれい》又は自害《じがい》したる人の靈鬼《れいき》家に祟《たゝ》りをなし凶災《きようさい》來るを除《のぞ》く靈符《れいふ》なり

此符《このふ》は戰役軍陣《せんえきぐんぢん》に於て討死《うちじに》したる人の游魂《ゆうこん》又は不作《ふさく》によりて餓死《がし》したる人の怨魂《えんこん》祟《たゝ》りを爲《な》すを除《のぞ》く靈符《れいふ》なり

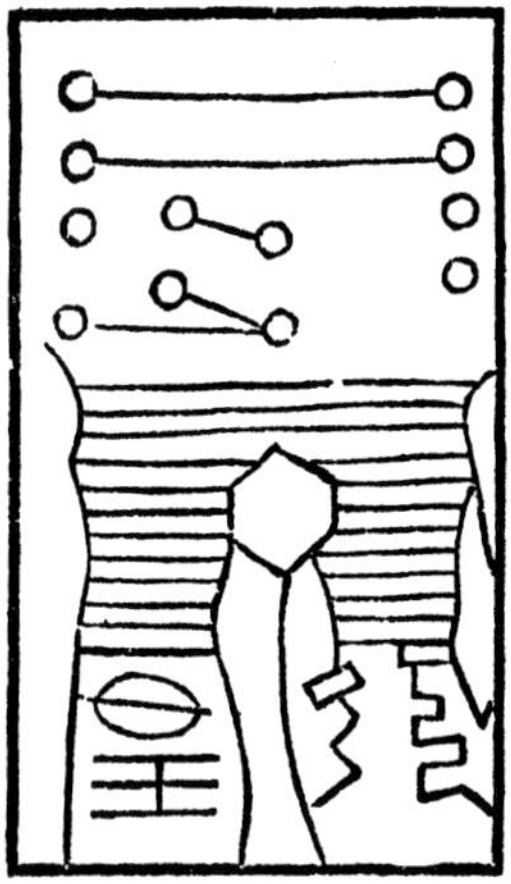

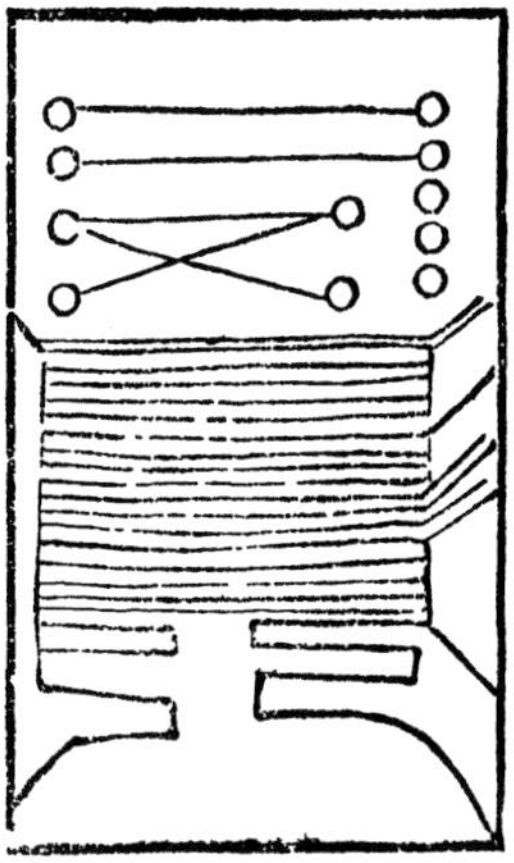

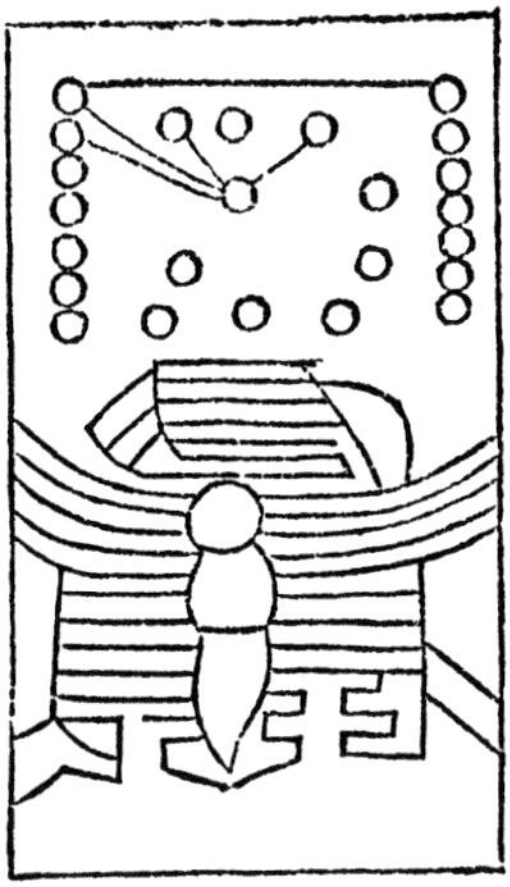

此符は牛馬《ぎうば》六畜《りくちく》死して其靈鬼《れいき》祟りをなし種々《しゆぐ》の怪事《くわいじ》ありて災《わざはひ》を起《おこ》し家内不和《かないふわ》を生《しやう》ずるを除くの靈符《れいふ》なり

此符は風神《ふうじん》怒《いか》りをなし土石《どせき》を飛《と》ばし家《や》鳴震動《なりしんどう》し又火明《ひあか》りを失《しつ》し怪事《くわいじ》ありて災害《さいがい》の來るを除《のぞ》くの靈符《れいふ》なり

此符は水急《みづきふ》に混濁《こんだく》し穢《けが》れて飮食《いんしよく》の用を爲さず又惡臭《あくしう》ありて其用《そのよう》を爲さず又火の光《ひかり》怪《あや》しく怪事《くわいじ》起《おこ》るを除《のぞ》くの符《ふ》なり

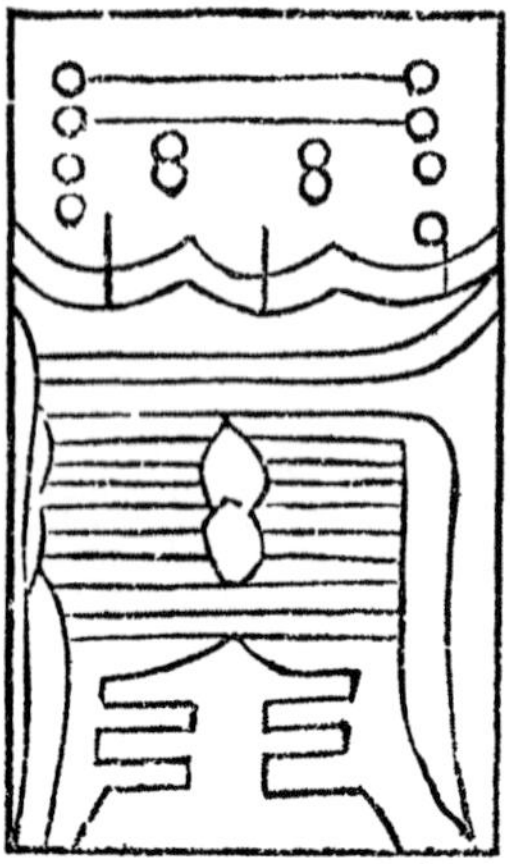

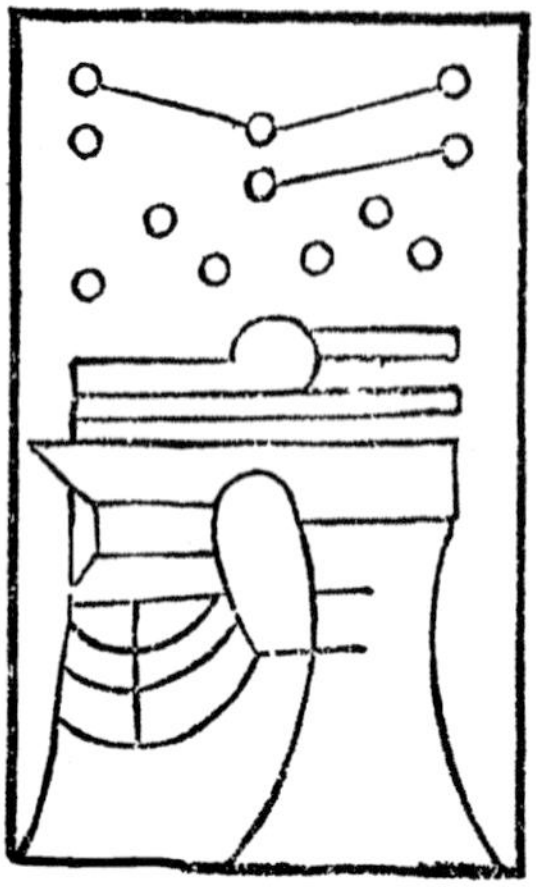

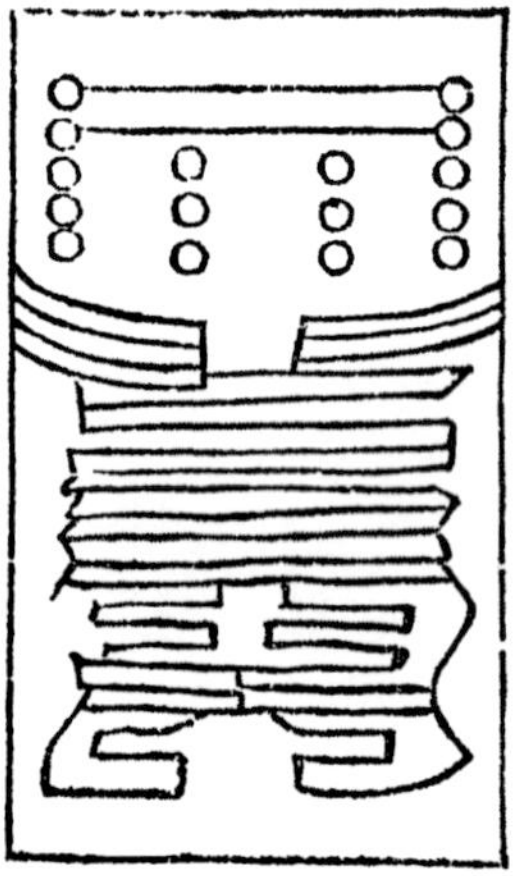

此符は女子及男子共夭死《わかじに》して長命なら
ざるを除《のぞ》き人命《じんめい》を長壽《ちやうじゆ》にし人世最大《さいだい》の
幸福《かうふく》を與《あた》ふる靈符《れいふ》中《ちう》の秘法《ひほふ》なり

此符は不慮《ふりよ》の詐僞《さぎ》等に遇《あ》ふことを防《ふせ》ぎ
不測《ふそく》の損財《そんざい》を免れ又人の爲めに詐《いつ》はら
れ口舌《くぜつ》災難《さいなん》起るを除《のぞ》く靈符《れいふ》なり

此《この》符《ふ》は怨靈《おんれい》邪鬼《じやき》ありて祟《たゝ》りをなして種
種の怪事《くわいじ》凶變《きようへん》ありて災難《さいなん》の絕《た》へざるを
除き防《ふせ》ぎ安全ならしむるの符《ふ》なり

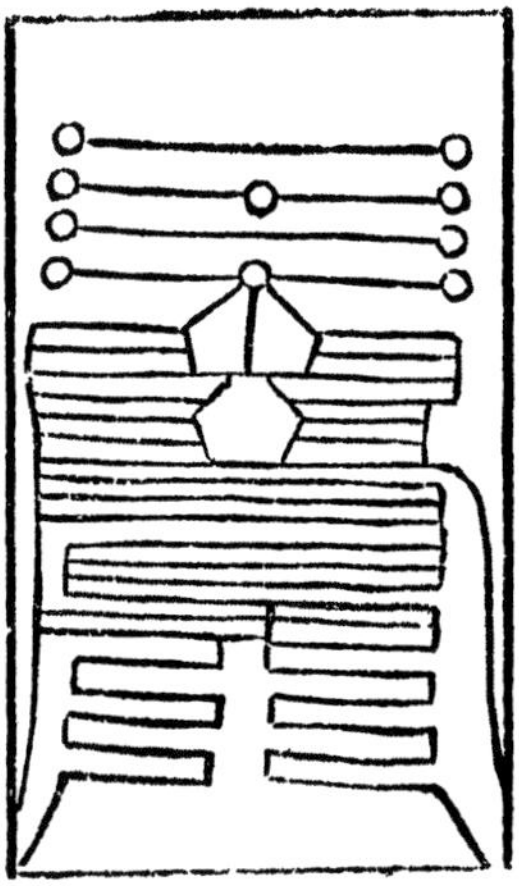

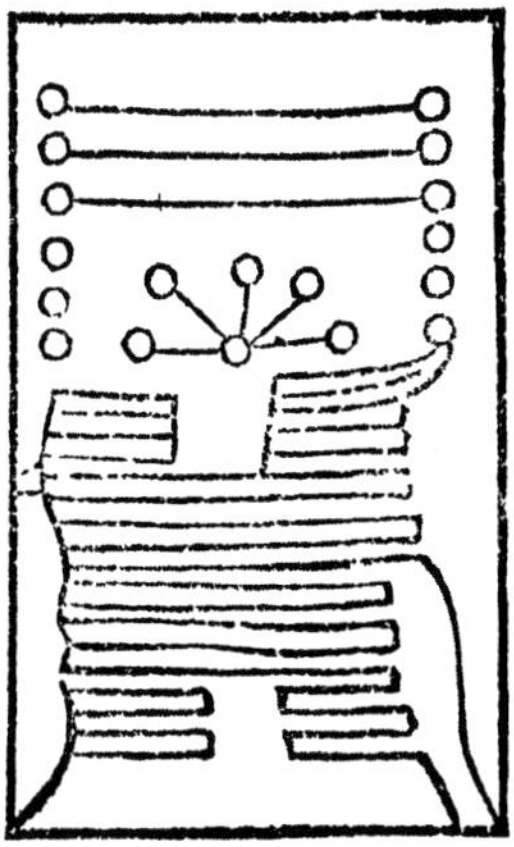

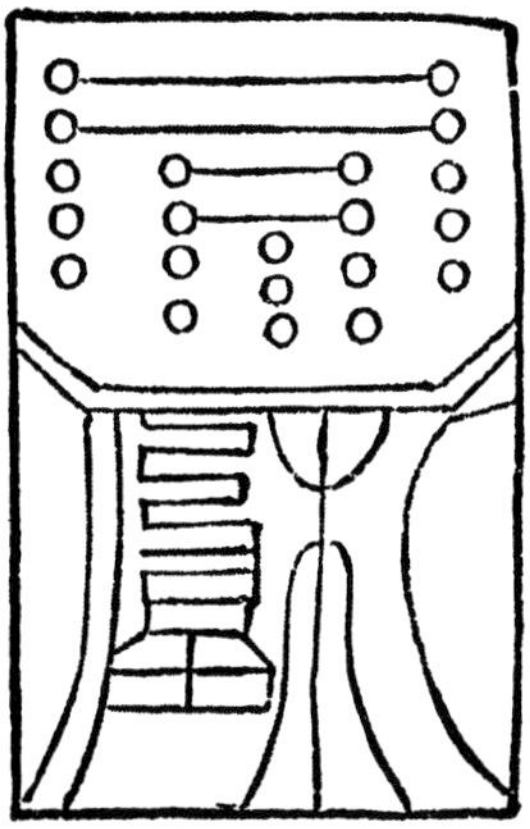

此符は天氣降《くだ》らず地精昇《のぼ》らず氣候順を失《しつ》し大雨又は旱魃《かんばつ》などありて五穀《ごこく》不作《ふさく》の恐れあるを除く秘中の秘符《ひふ》なり

此符は口舌《くぜつ》起《おこ》り又凶變《きやうへん》に遭遇《さうぐう》し人の爲めに災に陷《おとしい》れらるゝが如きを防き吉事を來《きた》らしむるの微妙《びめう》なる符なり

此符は凶變《きやうへん》の爲めに死せし人の怨鬼《おんき》又は人に殺害《せつがい》されたるものゝ靈等《れいとう》祟《たゝ》りをなし家內《かない》に災を來すを除く靈符《れいふ》なり

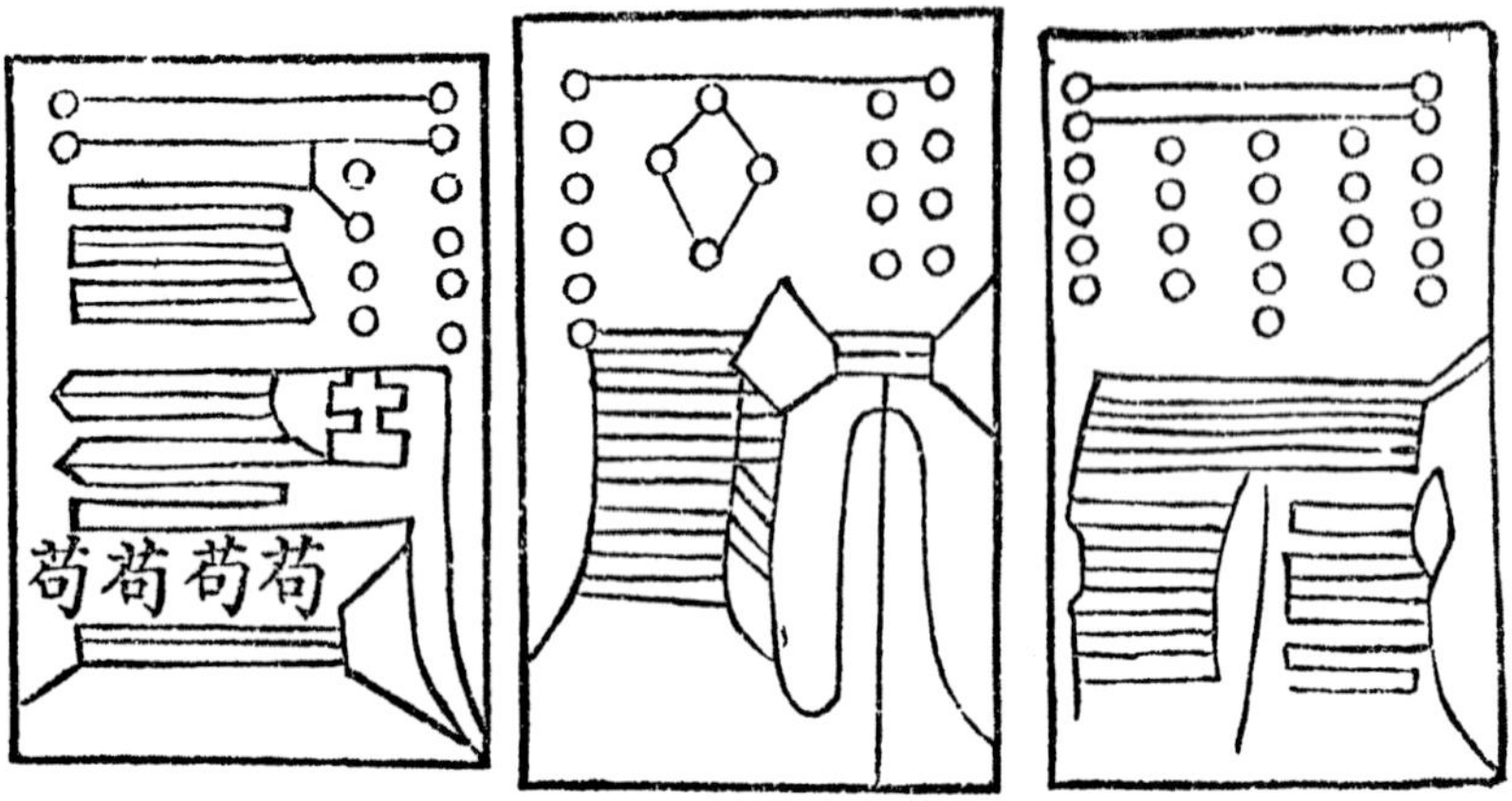

此符も前符《せんふ》と大同小異の効顯《かうけん》ある符にして殊《こと》に邪氣《じやき》惡靈《あくれう》を防ぎ除き疾病《しつぺい》又は災害《さいがい》に遭《あ》はざるの靈符《れいふ》にして秘法なり

此符は金銀《きんぎん》を招《まね》き入れ家富貴《いへふうき》に成りて禍ひ起《おこ》らず家内安全子孫《しそん》顯榮《けんえい》益々繁昌《はんじやう》に赴《おもむ》くの靈符にして秘符《ひふ》中の秘符《ひふ》なり

此符は盜難《たうなん》を除き又は口舌《くせつ》爭論《そうろん》より生ずる一切の災《わざはひ》を防《ふせ》ぎ之れが祟《たゝ》りをなすの靈鬼《れいき》を蕩滅《たうめつ》するの秘符中の靈符なり

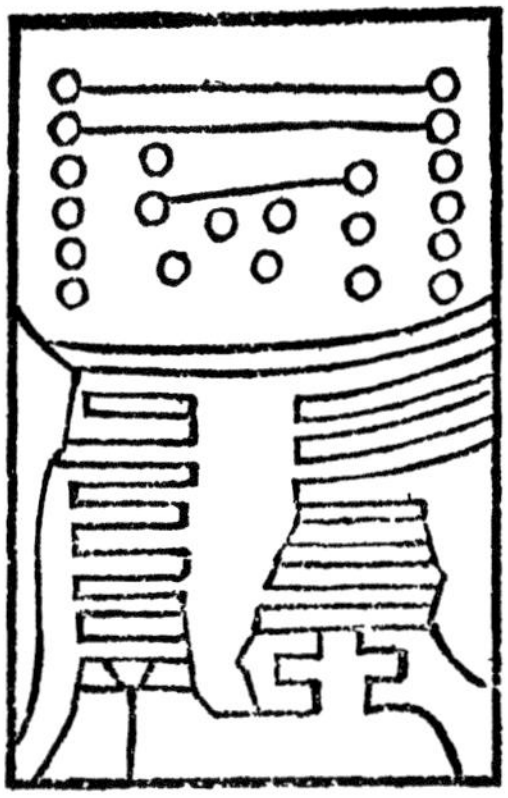

此符は鶏時《にはとりとき》を違《たが》へて鳴《な》き病氣《びやうき》火難《くわなん》損失《そんしつ》等の種々の憂事《いうじ》起り又色々《いろ〳〵》の怪事《くわいじ》ありて不運《ふうん》打續《うちつゞ》くを防ぎ除《のぞ》くの靈符《れいふ》なり

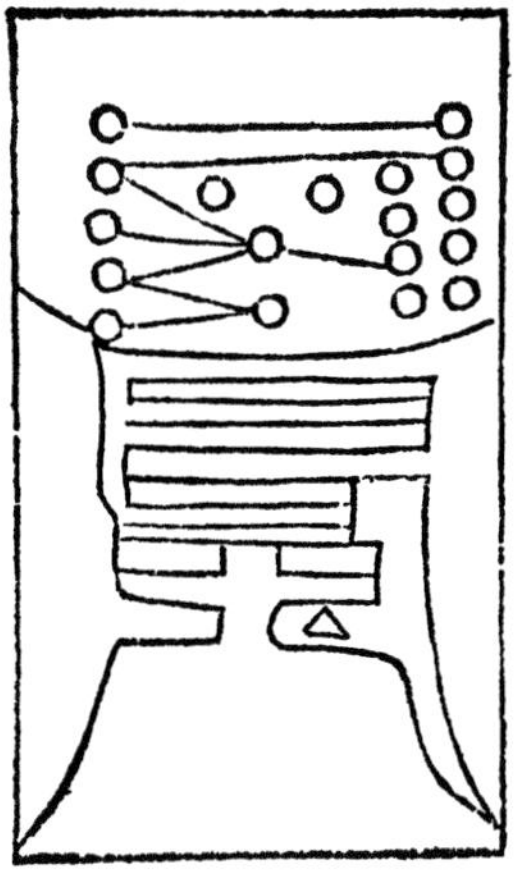

此符は四季《しき》の寒暖序《かんだんじよ》を失ひ疫病《えきびやう》流行し又は一切の惡事災難《さいなん》を除滅《ぢよめつ》し瘟疫《をんえき》流行の時之に罹《かゝ》らざる符なり

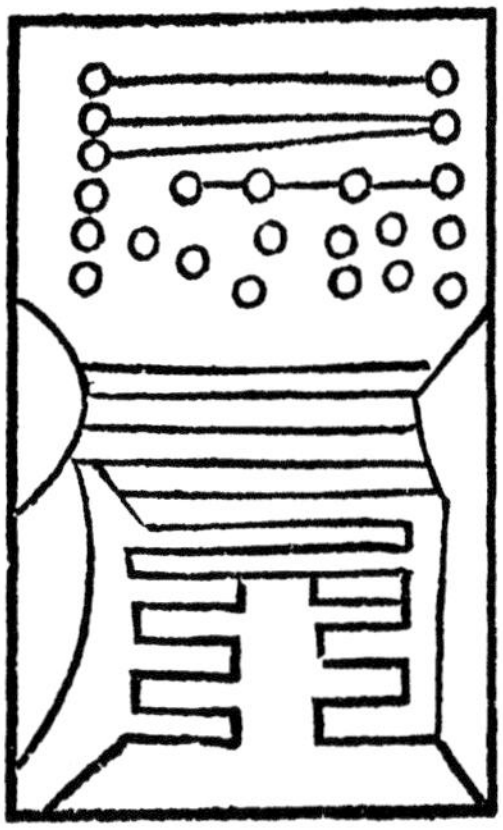

此符は國家《こくか》亂《みだ》れ上下の意隔絶《いかくぜつ》し人心收《をさ》まらず戰爭起り多數の人を尅殺《こくさつ》し種々なる怪事を除《のぞ》き國家安泰《あんたい》の符なり

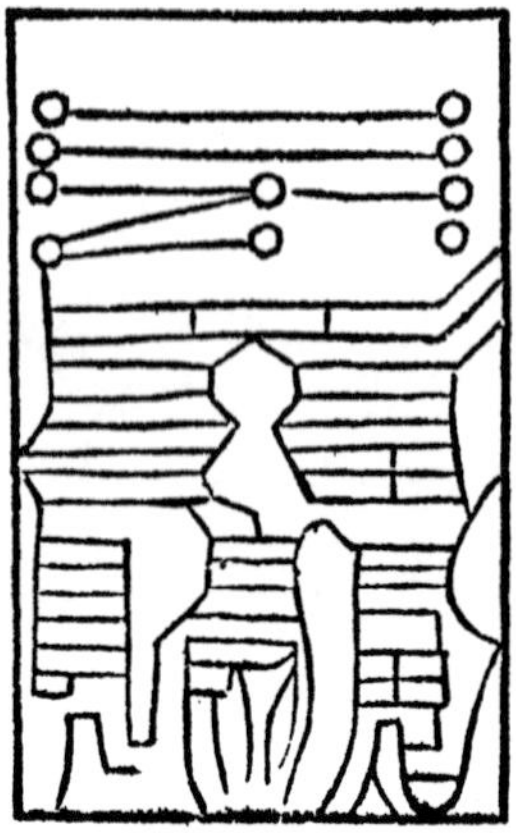

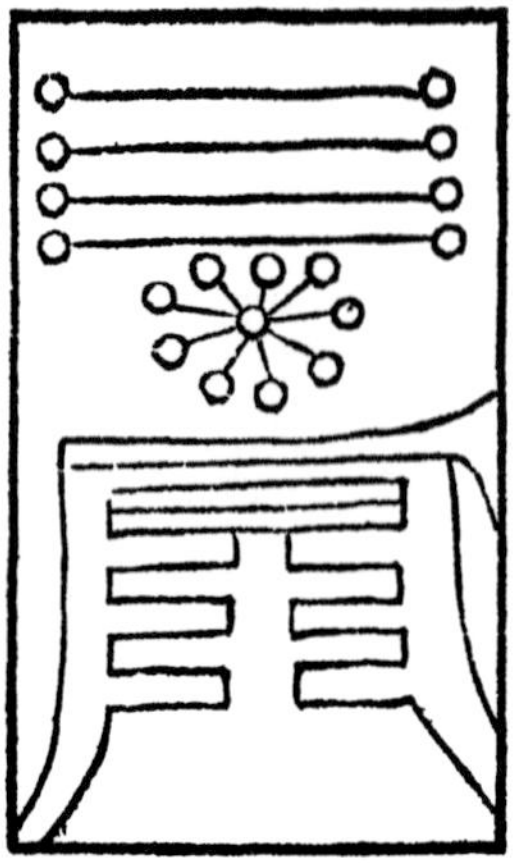

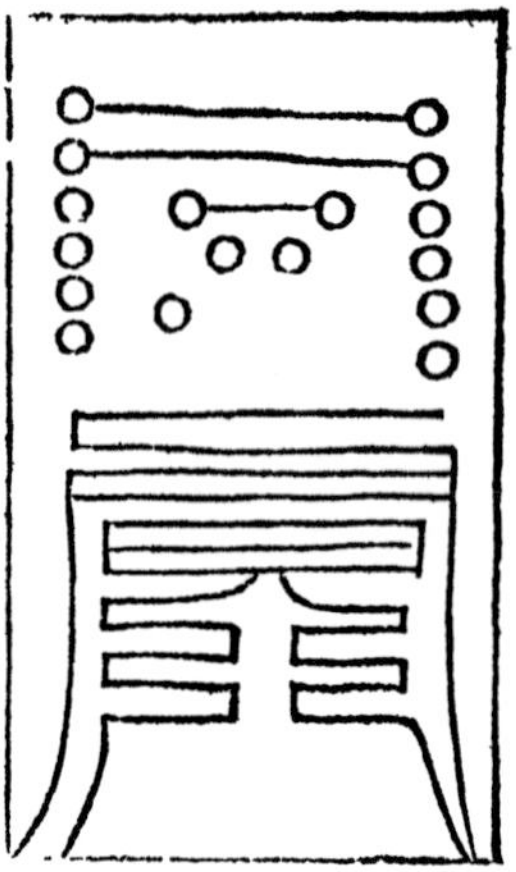

此符は養蠶《やうさん》中種々の障《さは》りありて好果《かうくわ》なく病蠶《びやうさん》多く出で大に損毛《そんもう》を招《まね》くを除く靈符《れいふ》にして養蠶家《やうさんか》必要《ひつえう》の秘符《ひふ》なり

此符は猛獸《まうじゆう》等の暴《あ》れ廻《まは》り人を損《そこな》し田畝《でんぽ》を荒《あら》し大に災害《さいがい》するを除くの符にして深山僻村《しんざんへきそん》に土地を有《いう》する人《ひと》必要《ひつえう》なり

此符は惡夢《あくむ》を變《へん》し吉事《きちじ》を來《きた》し又は營業《えいげふ》して利益《りえき》少く收支《しうし》償《つぐな》はざるを變《かへ》じ必ず利益《りえき》を得《う》るの靈符《れいふ》なり

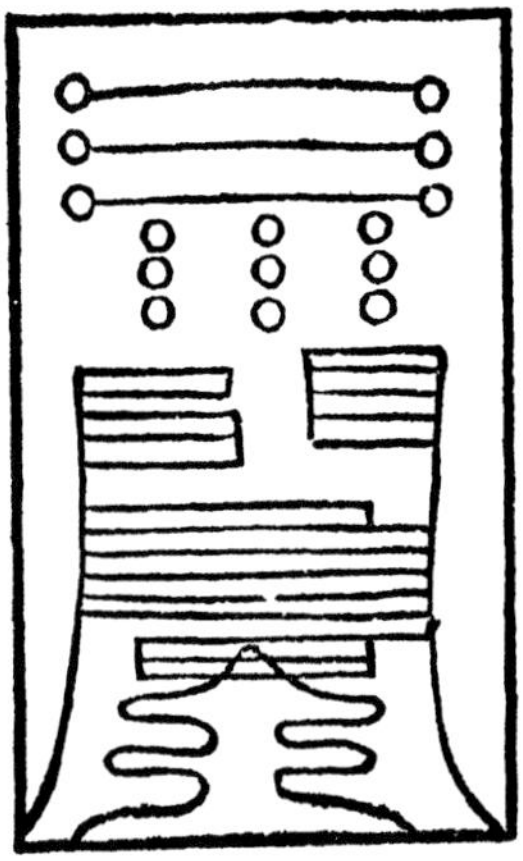

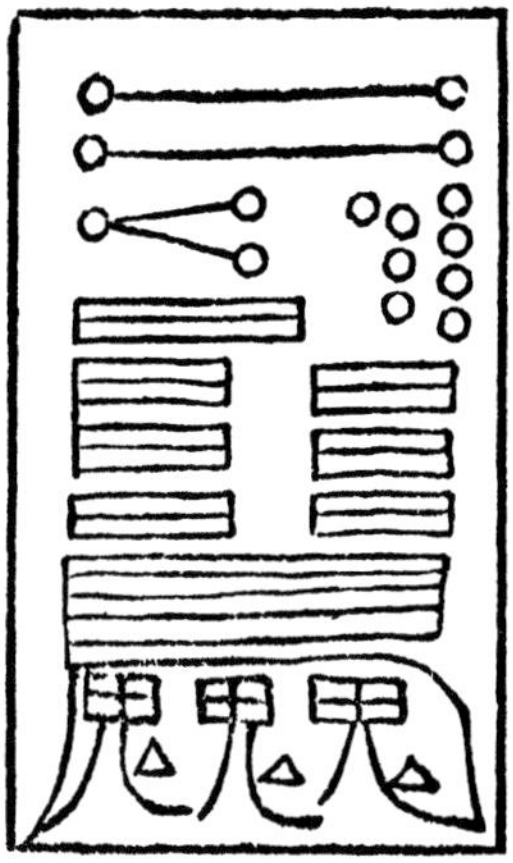

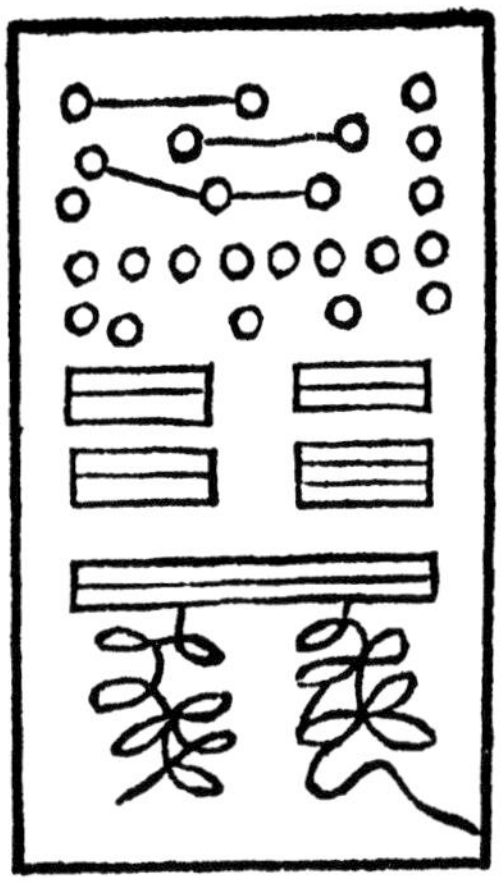

此符は西の方の土《ど》神《しん》の氣《き》崇《た》りをなし種々の災害《さいがい》來《きた》り又は雇人《やとひにん》居《ゐ》附《つ》かざるを變し幸福《かうふく》を得《え》せしむるの靈符なり

此符は北方土神の氣《き》崇《たゝ》りて財《ざい》寶《はう》を耗《へら》し營《えい》業《げふ》意《い》の如くならず損《そん》失《しつ》多きを除《のぞ》くの靈《れい》符《ふ》にして極《ごく》秘《ひ》の秘符なり

此符は南の方の土神の氣崇《たゝ》り下《げ》人《にん》家《か》僕《ぼく》を害《がい》し又種々流《りう》言《げん》に遭《あ》ひ迷《めい》惑《わく》するを除《のぞ》き變して吉となすの靈《れい》符《ふ》なり

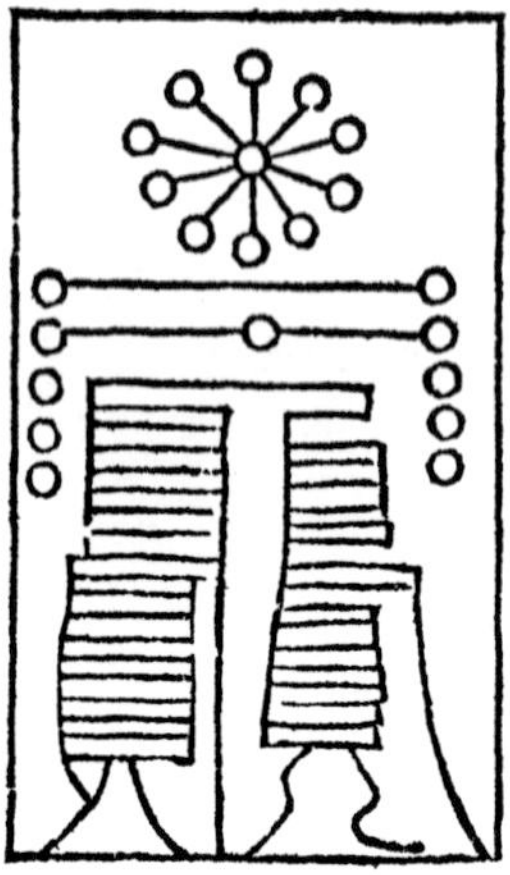

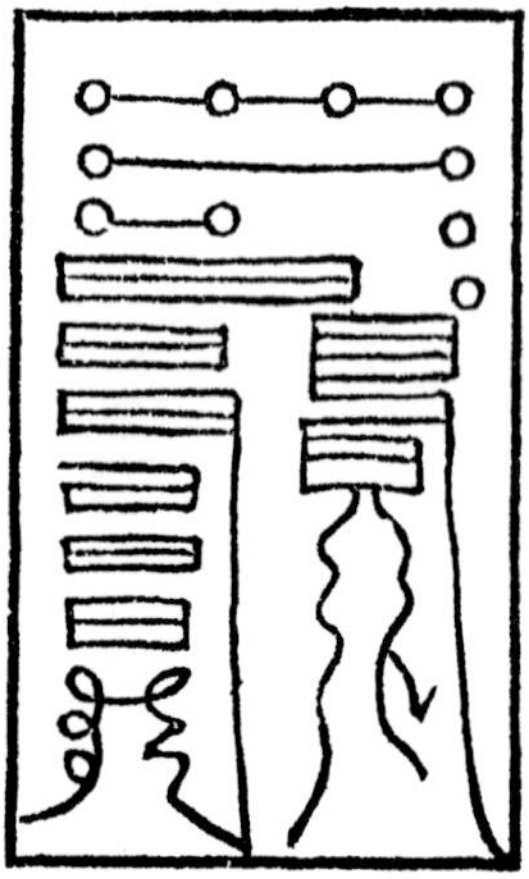

此符は家内に鬼神《きじん》祟《たゝ》りをなし疾病《しつぺい》又は種々の災害《さいがい》ありて家運《かうん》衰《おとろ》ふを挽回《ばんくわい》するの靈符にして忽《ゆるかせ》にすべからず

此符は中央の土神《どしん》の氣祟《きたゝり》をなし居所《きよしよ》度《たび》々《たび》移《うつ》り變《か》はり又は女房《にやうばう》再三不縁《ふえん》となるを除きて幸福《かうふく》を得るの靈符《れいふ》なり

此符は萬事《ばんじ》願望《ぐわんまう》成就《じやうじゆ》し何事《なにごと》を企《くはだ》て營《いとな》むも少《すこ》しの障《さは》りもなく日を逐《お》ふて家業盛《さか》んに思ふこと必ず成就《じやうじゆ》するの秘符《ひふ》なり

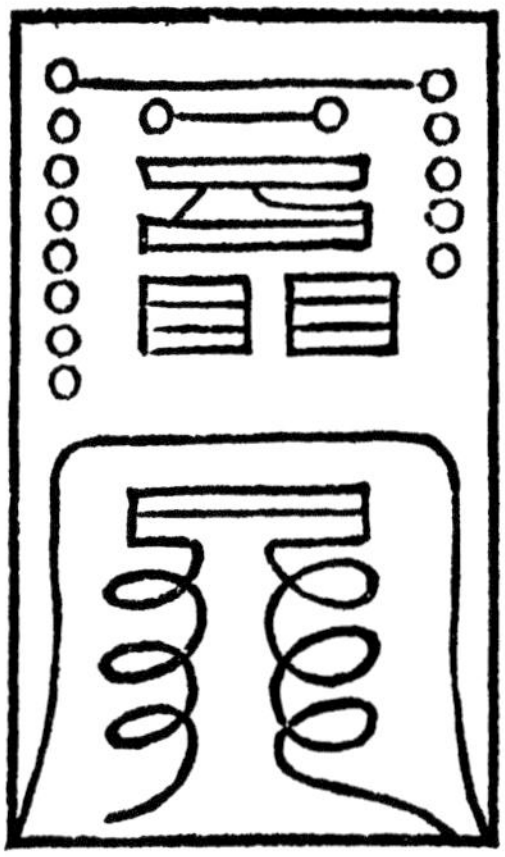

此符は屋敷内《やしきない》に埋《うづ》れる屍《しかばね》ありて祟《たゝ》りをなし妻子供《つまこども》又は従僕《じゆうぼく》に障《さは》りて不運《ふうん》なるを變《へん》じて吉に向《むか》はしむる靈符《れいふ》なり

此靈符は官位職祿《くわんゐしよくろく》を招《まね》ぎ望み事叶《かな》ふて立身世に出て大に人望《じんばう》を博《はく》し人の長《ちやう》となり大に名譽《めいよ》を得《え》るの靈符なり

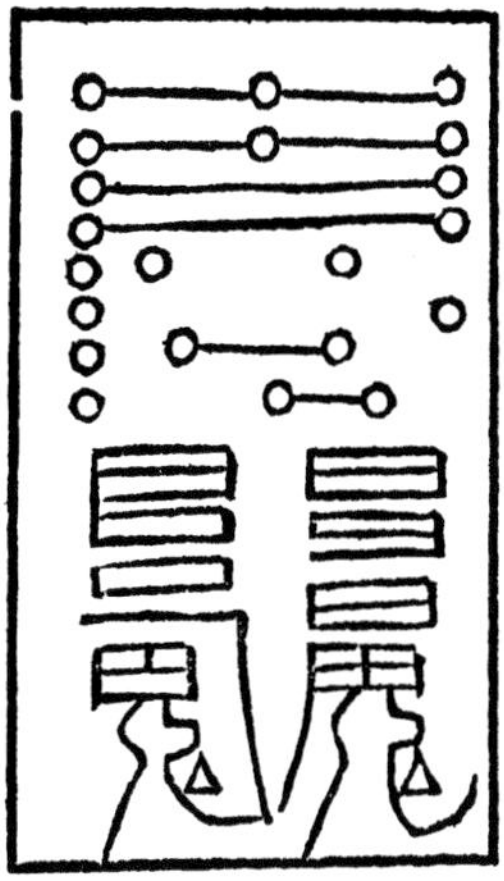

此符は死靈祟《しれうたゝ》りをなして出世《しゆつせ》の妨《さまた》げをなし思願《しぐわん》成《な》らさるに此靈符を修《しう》するときは惡鬼《あくき》を除き去りて幸《さいはひ》を得るなり

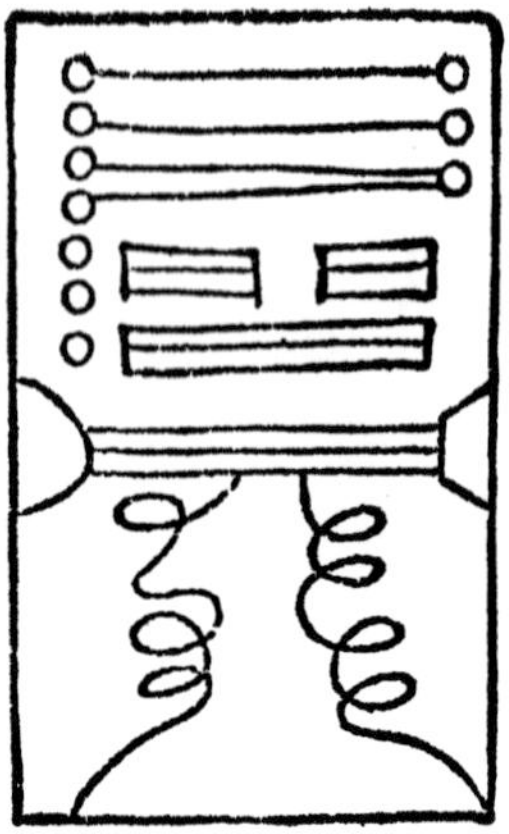

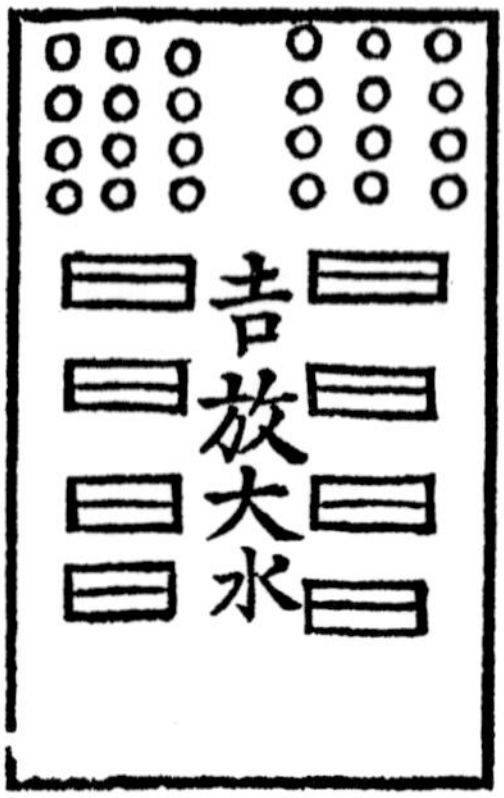

此符は墓地《ぼち》又は寺地《てらち》なりし上に家屋《かをく》を建築《けんちく》し埋れたる屍《しかばね》あるを知らず爲《た》めに祟《たゝ》りをなすを除《のぞ》くの靈符《れいふ》なり

此符は盜難《たうなん》又は損失《そんしつ》を防ぎ萬事心に稱《かな》ひ福祉《ふくし》來るの符にして此《こ》の符《ふ》を修《しう》すれは大に吉祥《きつしやう》あるの神符《しんぷ》なり

此符は病人《びやうにん》日に重《おも》り醫藥《いやく》効《かう》なく必死《ひつし》に至るの病人《びやうにん》も此法を修《しう》し尊星《そんせい》を祈願《きぐわん》するときは漸次《ぜんじ》平癒《へいゆ》するの神符《しんぷ》なり

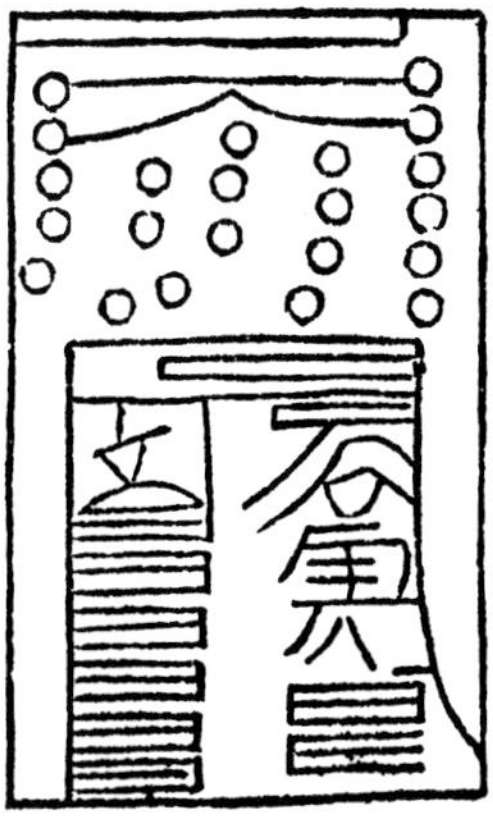

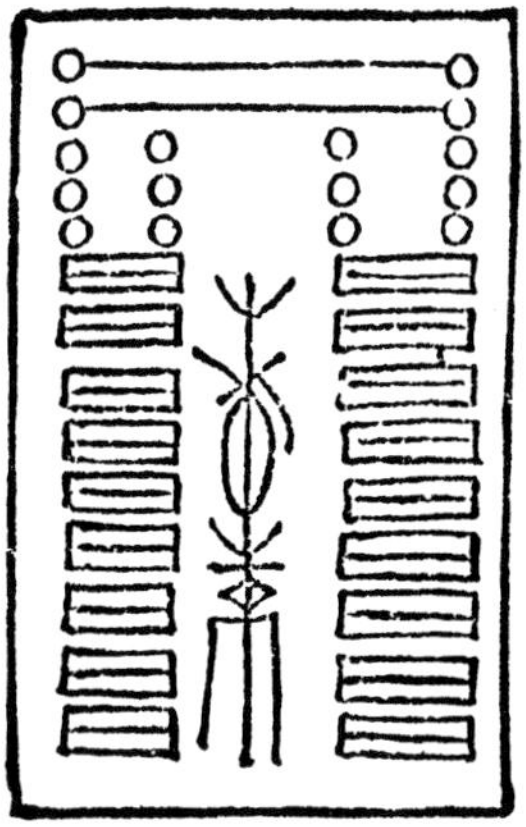

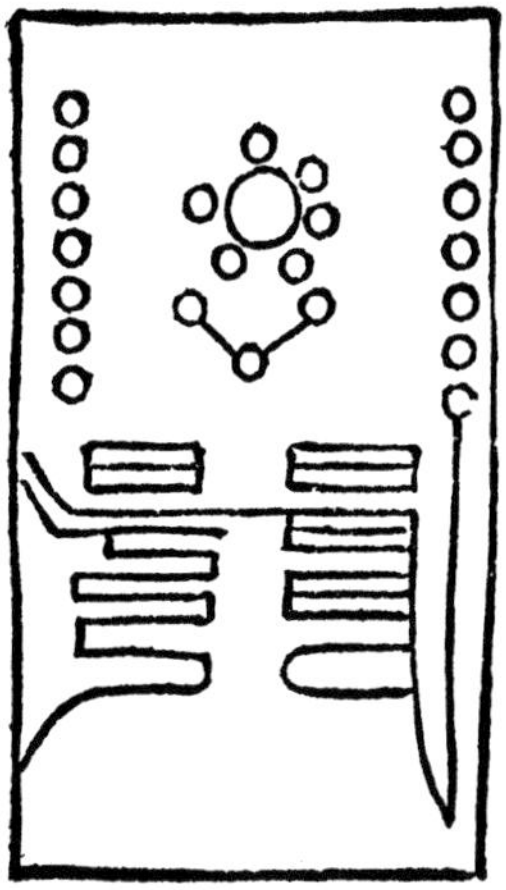

此符は旱天《ひでり》打續《うちつゞ》きて田地《でんち》水《みづ》なく五穀《ごこく》稔《みの》らず將さに枯《か》れんとするを防ぎ又家内に疫病《えきびやう》等起《おこ》るを除《のぞ》くの靈符《れいふ》なり

此符は雞《にはとり》、犬《いぬ》、狐《きつね》、狸《たぬき》其他種々《しゆぐ》の怪物《くわいぶつ》屋上《をくじやう》にありて怪事《くわいじ》をなし家内に災難《さいなん》あるを除き安泰《あんたい》なる靈符《れいふ》なり

此符は金銀財寶《きんぎんざいほう》を招《まね》ぎ家次第《いへしだい》に富《と》み榮《さか》へ子孫《しそん》繁昌家《はんじやういへ》隆盛《りゆうせい》に赴《おもむ》くの神符にして忽《ゆるかせ》にすべからざる秘符中《ひふちう》の秘《ひ》なり

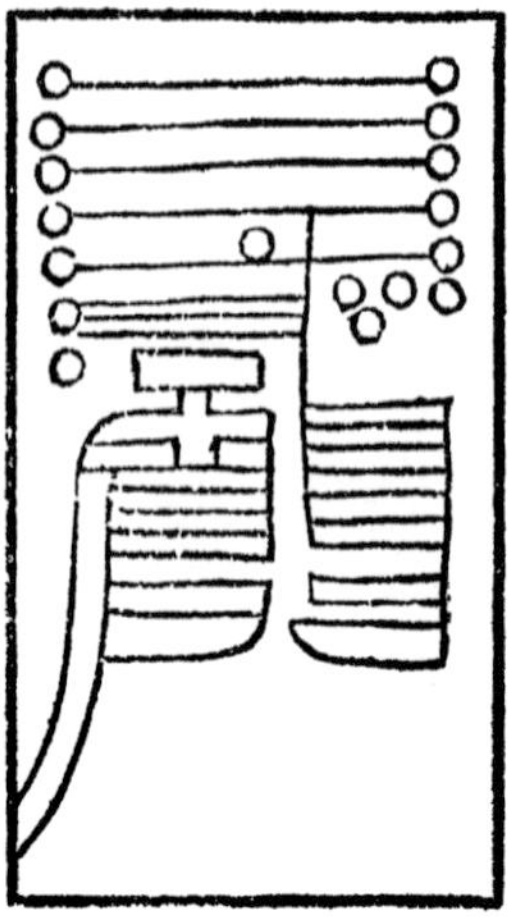
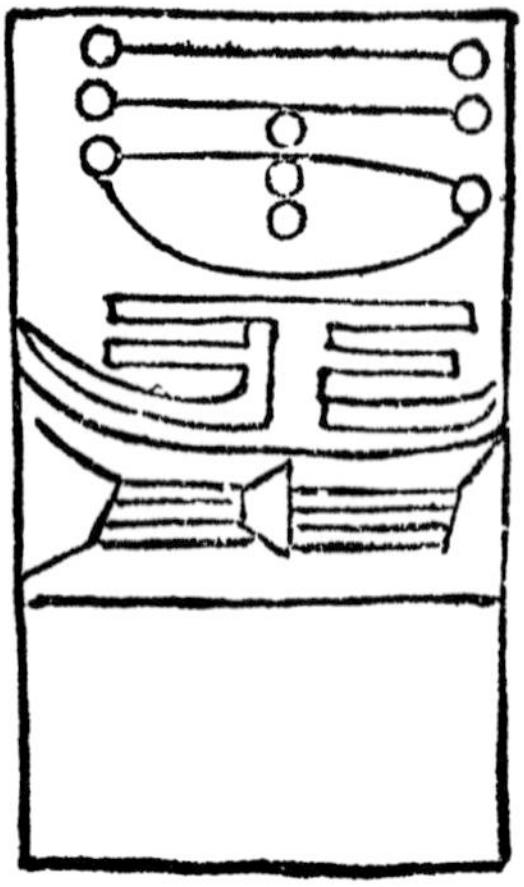
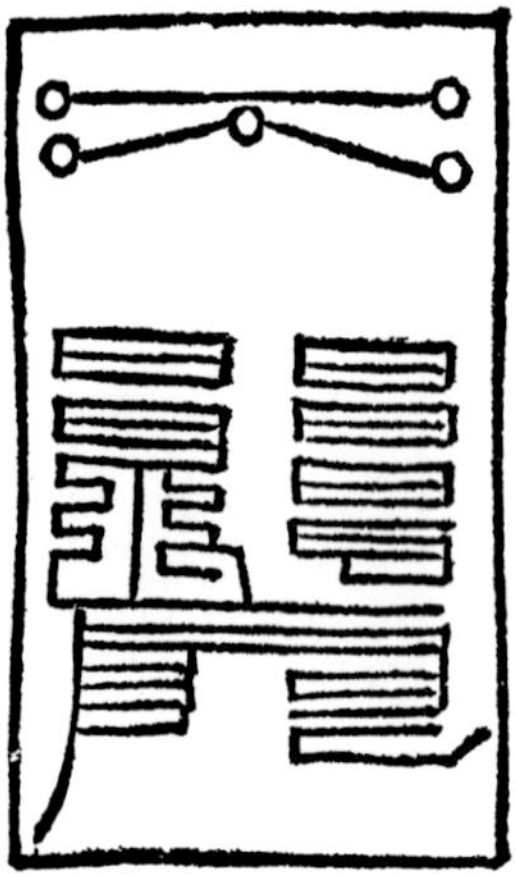

此符は死靈蛇《しれいへび》となり家《いへ》に入り種々《しゆ〴〵》の災をなし病者《びやうしや》家に絶《た》へず憂患續出《ゆうくわんぞくしゆつ》するを除きて平安《へいあん》に至《いた》らしむる靈符《れいふ》なり

此符は家屋の門戸《もんこ》を能《よ》く堅《かた》く守りて災《わざはひ》來《きた》らず又盜難《たうなん》を除き吉事至るの靈符《れいふ》にして神秘中《しんぴちう》の秘法《ひはふ》なり

此符は神の祟《たゝ》り又は山の神土石《どせき》の精《せい》の祟《たゝり》其他一切物《もの》の精祟《せいたゝ》りをなして災《わざはひ》あるを除《のぞ》き防《ふせ》ぐの靈符《れいふ》なり

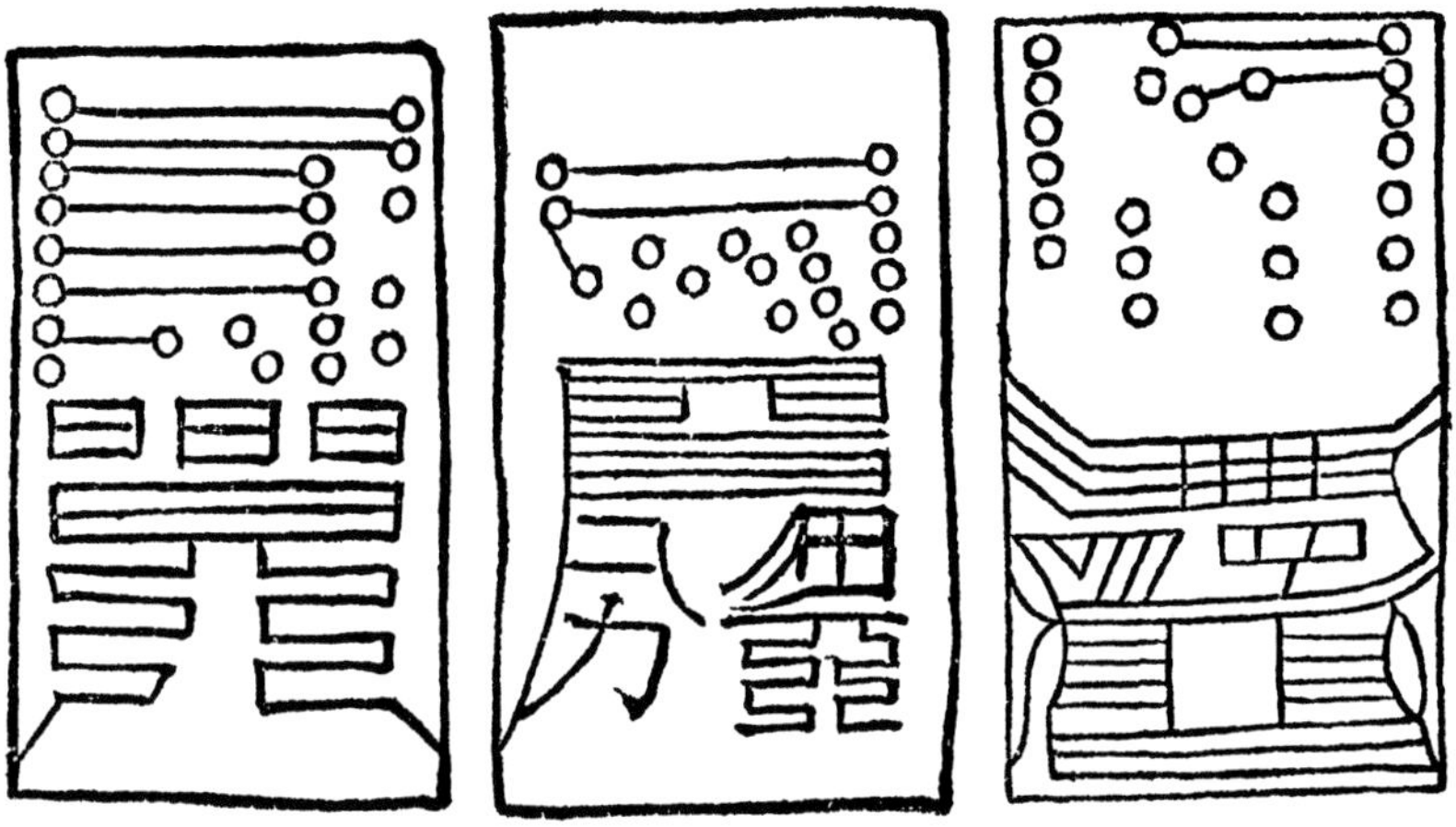

此符は人々《ひと〳〵》生年月日時に依《よ》りて四季節《しきせつ》の反逆尅殺《はんぎやくこくさつ》の精氣《せいき》にあひ一生災《わざはひ》たへぬを除《のぞ》き順系《じゆんけい》に戻《もど》らすの靈符《れいふ》なり

萬物の精狂《せいくる》ひ起りて譬《たと》へば秋櫻桃《あきさくらもゝ》の花《はな》咲《さ》き又衣類《いるゐ》にかび生じ又家鳴《いへな》り又は種々の怪事《くわいじ》あるを除くの靈符なり

此符は東の方の土神祟《たゝ》りをなし人の精《せい》氣《き》を耗散《もうさん》し次第《しだい》に衰弱《すゐじやく》するを除き元氣《げんき》を回復《くわいふく》するの靈符《れいふ》にして秘法《ひほふ》なり

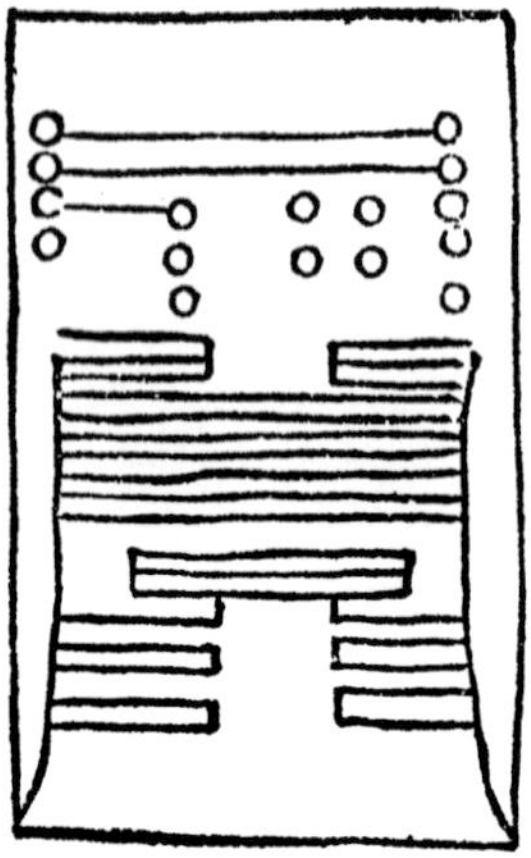

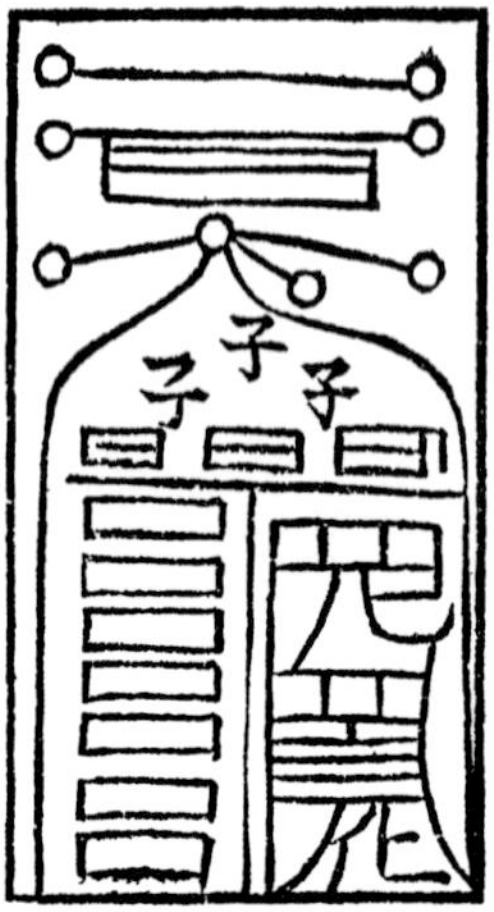

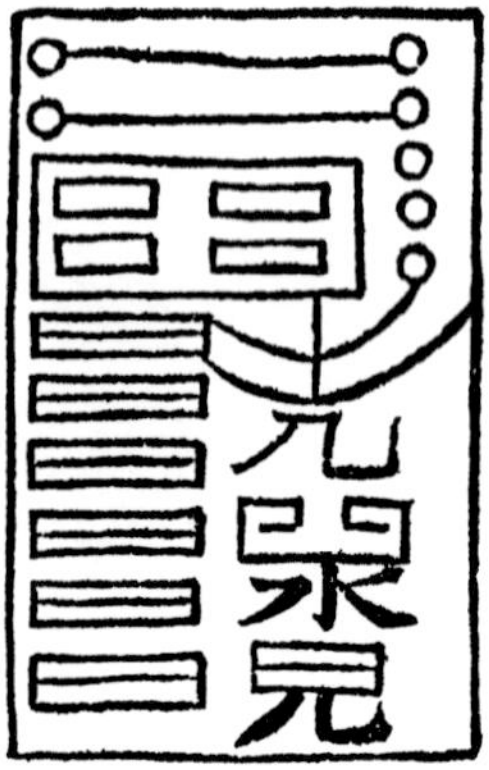

此符は官事《くわんじ》に刑罰《けいばつ》せられ牢獄《らうごく》に繋《つな》かれ絞罪《かうざい》又は牢死《らうし》したるものゝ怨魂《えんこん》祟《たゝ》りをなし家内に怪事《くわいじ》あるを除《のぞ》くの符なり

此符は古木《こぼく》の精鬼《せいき》出でゝ種々《しゆ〴〵》なる災害をなし又家人《かじん》に祟《たゝ》りをなして疾病《しつぺい》等絶《た》へざるを除《のぞ》くの靈符《れいふ》なり

此符は婬祠《いんし》の祟《たゝ》り又惡氣《あくき》の祟《たゝ》りをなし凡てに災害《さいがい》を起《おこ》すの邪神《じやしん》を降伏《かうふく》し一切の災を除《のぞ》き平ぐるの靈符《れいふ》中の神秘《しんぴ》なり

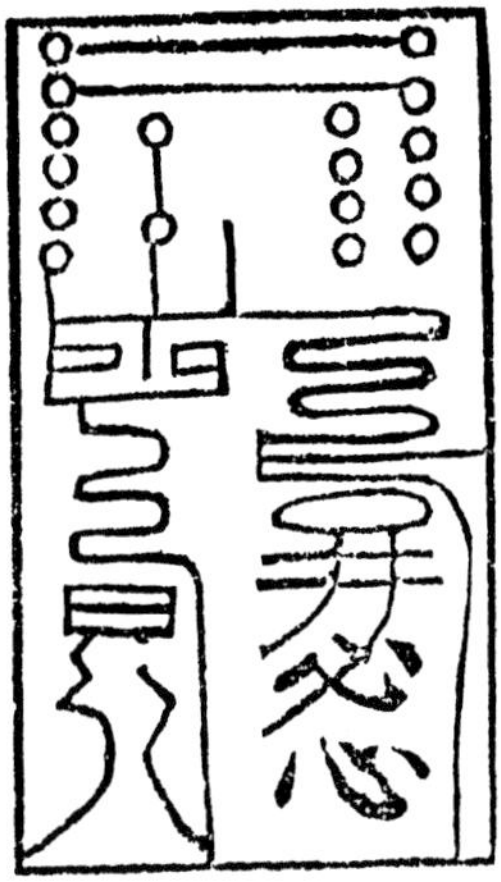

此符は日月星の三光に怪異《くわいゐ》現象《げんしやう》し國家《こくか》の擾亂《じやうらん》又は五穀の不熟《ふじゆく》四季《しき》の逆候《ぎやくこう》雷電《らいでん》の障《さは》りを除《のぞ》く靈符《れいふ》中の神秘《しんぴ》なり

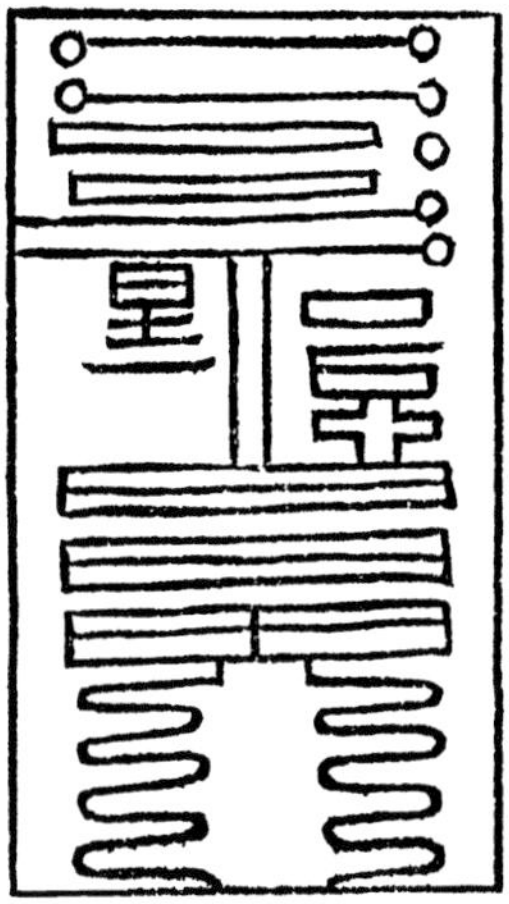

此符は大歳年《たいさいとし》に依《よ》りて瘟疫《をんえき》流行《りうかう》し罹病《りびやう》者《しや》多く不穩《ふおん》なるときは此符《このふ》を修《しう》して祈《き》念《ねん》せば疫神《えきしん》侵《おか》す事なき靈符《れいふ》なり

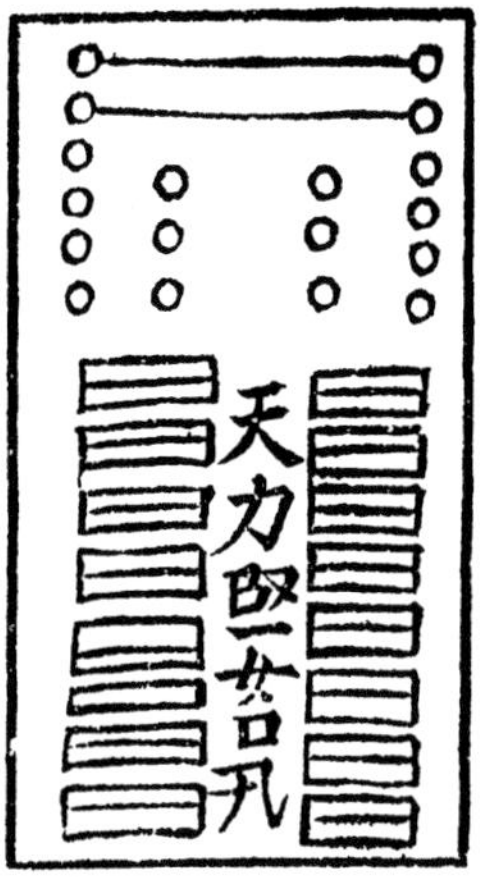

此符《このふ》は天氣《てんき》變《へん》じ地氣《ちき》逆《ぎやく》して國家に災害《さいがい》多く又馬育《うまいく》せずして田耕《でんかう》其他に障《さは》りあるを除く符にして秘中《ひちう》の靈符《れいふ》なり

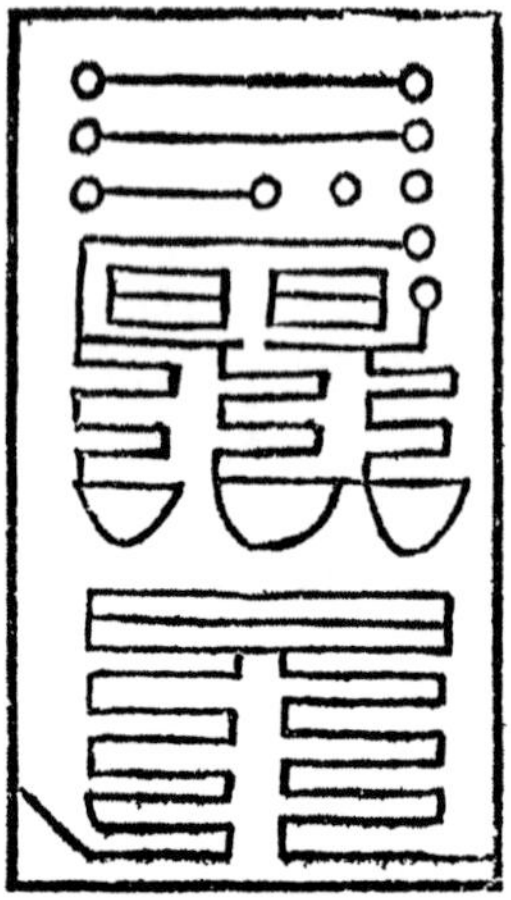

此符は法廷《はふてい》に召喚《せうくわん》せられ火急《くわきふ》の督促《とくそく》に逢《あ》ひ大に進退《しんたい》に苦《くる》しみ破財《はざい》の悲境《ひきやう》を脱《だつ》し徐々《じよ〳〵》整理《せいり》し得《う》るの靈符《れいふ》なり

此符は邪氣《じやき》を辟去《しりぞけさ》り惡鬼《あくき》を驅除《くぢよ》し正氣を來し家内安全《あんぜん》子孫《しそん》長久《ちやうきう》を得るの靈符《れいふ》にして七十二中の神妙《しんめう》なる符《ふ》なり

此符は俗《ぞく》に疫病除《やくびやうよけ》の守《まもり》と曰ふ符にして百難の瘟疫《をんえき》邪氣《じやき》を拂《はら》ひ其の身安泰《あんたい》なるを得るの靈符《れいふ》にして秘中《ひちう》の秘《ひ》なり

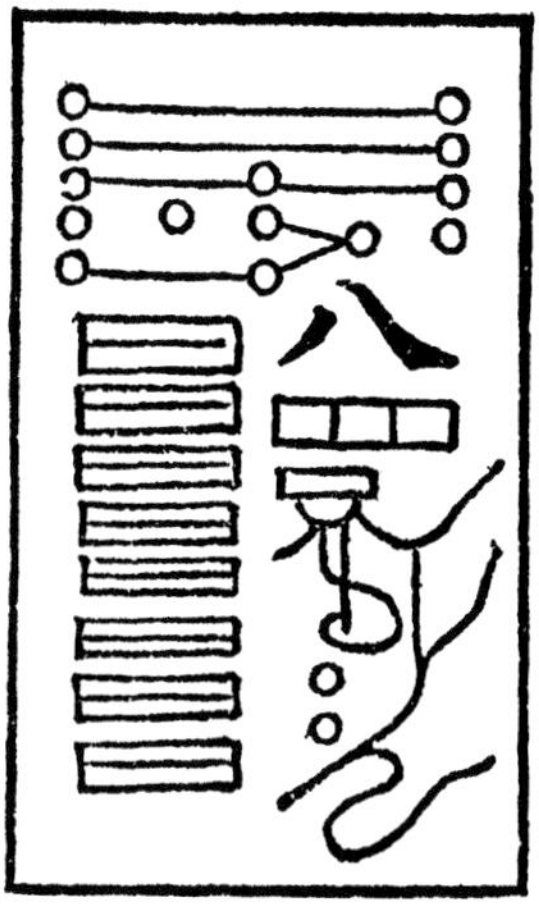

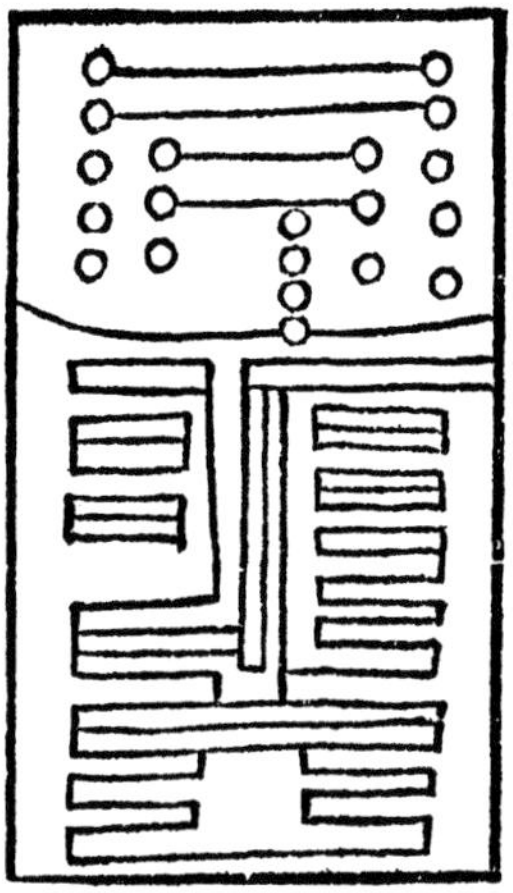

此符は寢《いね》て惡夢《あくむ》に驚《おどろ》き怪物《くわいぶつ》の爲《た》めに襲《おそ》はれ身体次第に衰弱《すゐじやく》し寢汗《ねあせ》出《い》でゝ大に苦《くる》しむを除くの靈符《れいふ》なりとす

此符は男子女子何れにも胞衣《えな》の納《おさ》め所あしく爲めに陰氣《いんき》となりて種々《しゆく》の祟《たゝ》りをなし災害《さいがい》起《おこ》るを除くの靈符《れいふ》なり

此符は牛馬六畜《りくちく》の死靈《しれう》ありて祟りをなして家僕《かぼく》女婢《ぢよひ》に障《さは》りありて家《いへ》に居《ゐ》附《つか》ざるを除く不思議《ふしぎ》の靈符《れいふ》なり

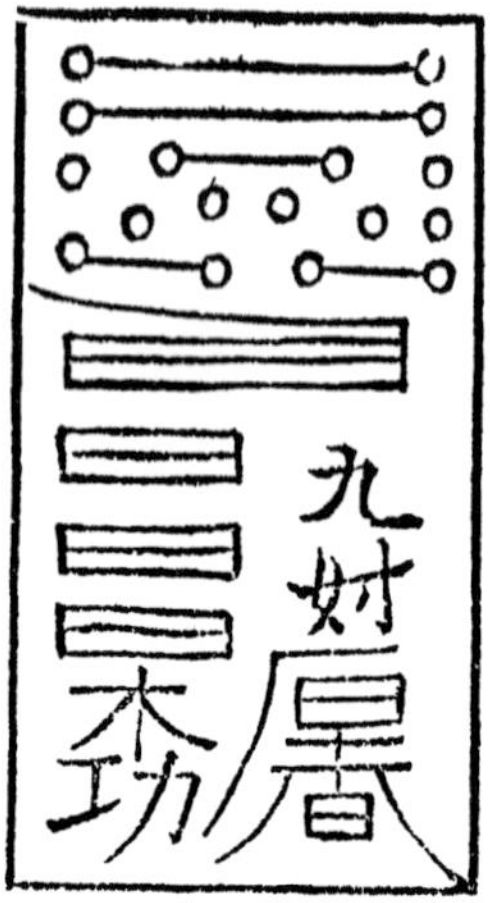

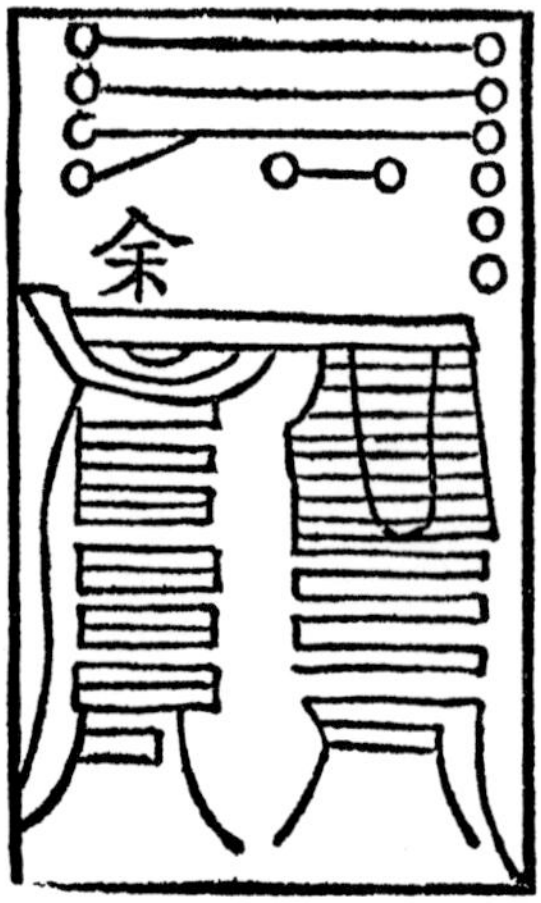

此符は人々驚事《おどろきこと》ありて種々怪事《くわいじ》に襲《おそ》はれて身心安《やす》からず災害《さいがい》續出《ぞくしゆつ》して大に苦《くるし》むを除くの秘《ひ》中《ちう》の靈符《れいふ》なり

此符は食傷《しよくしやう》して腹脹《はらは》り或は水腫《すゐしゆ》脹滿《ちやうまん》等の災をなす邪氣《じやき》を除き病《やまひ》を平癒《へいゆ》せしむるの靈符《れいふ》にして神妙《しんめう》なり

此符は古墳《こふん》塚墓《つかはか》の跡《あと》或は寺地《てらち》等屍《しかばね》ある上に家を建《たて》住居《ぢゆうきよ》して家内に疾絶《やまひた》へず衰《すゐ》運《うん》に至る惡鬼《あくき》を除く符《ふ》なり

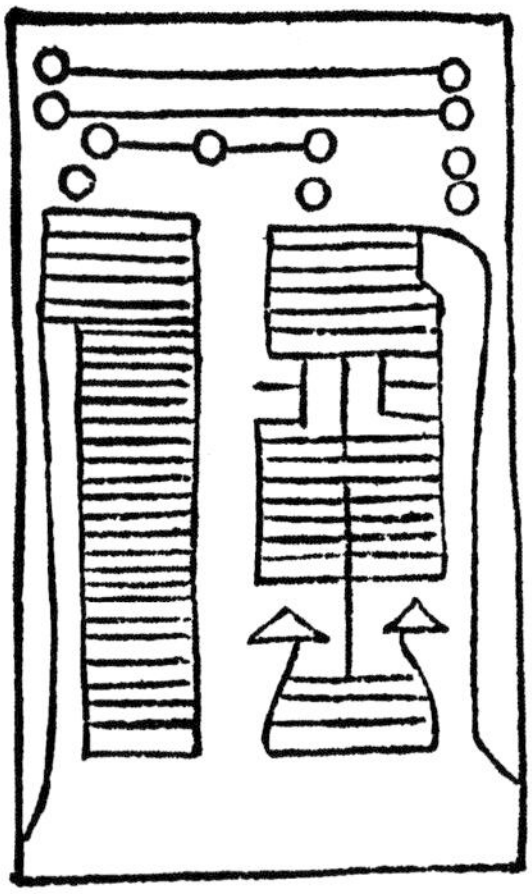

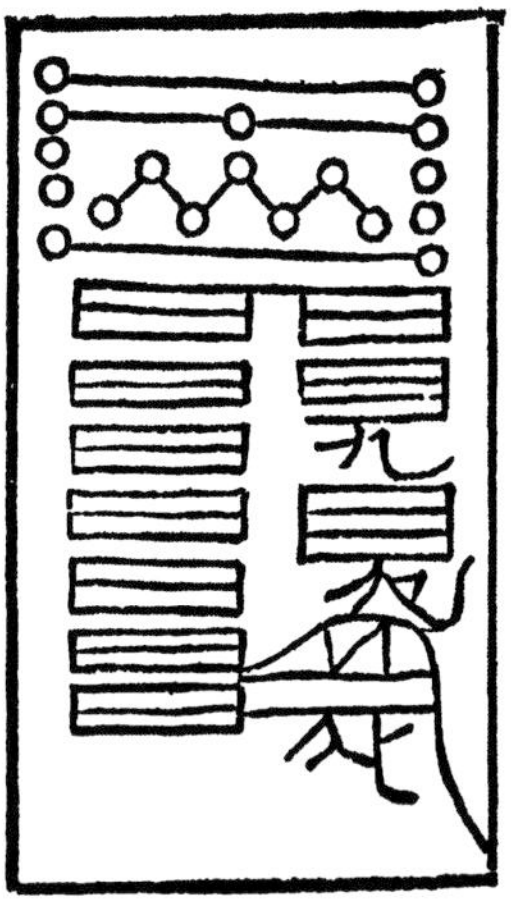

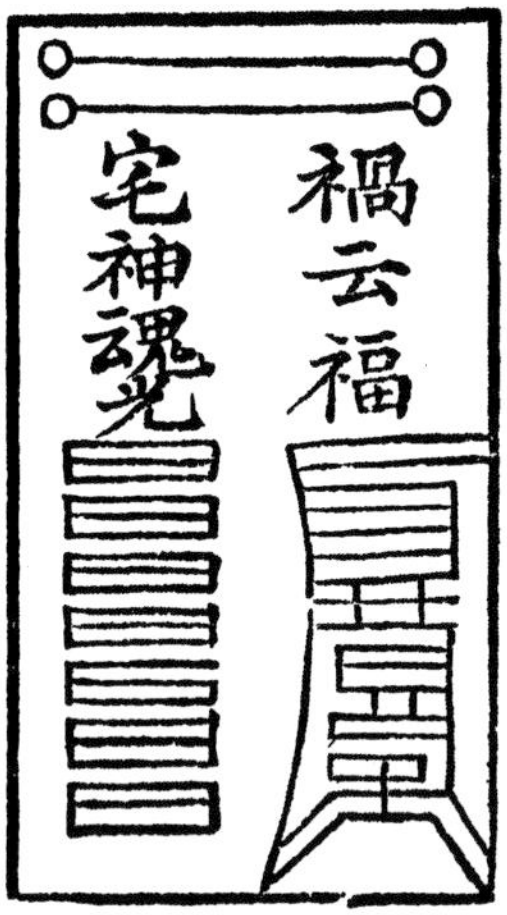

此符は惡鬼《あくき》又は凡《すべ》ての怪異《くわいゐ》ありて崇《たゝ》りをなし驚《おどろ》きあるを除《のぞ》き併《あは》せて種々の妖《えう》鬼《き》を除くの靈符《れいふ》なりとす

此符は盜難《とうなん》除《よ》けの符《ふ》にして賊難《ぞくなん》頻々《ひん〳〵》たる時に此符を修《しう》して祈念《きねん》するときは盜《とう》賊《ぞく》恐《おそ》れて入らざる靈妙符《れいめうふ》なり

此符は地中に埋《うづ》れたる屍《しかばね》の靈鬼《れいき》又は生《いき》靈《れう》死靈《しれう》等崇《たゝ》りをなし病災《びやうさい》又は種々の災を除く神傳《しんでん》秘密《ひみつ》の靈符《れいふ》なり

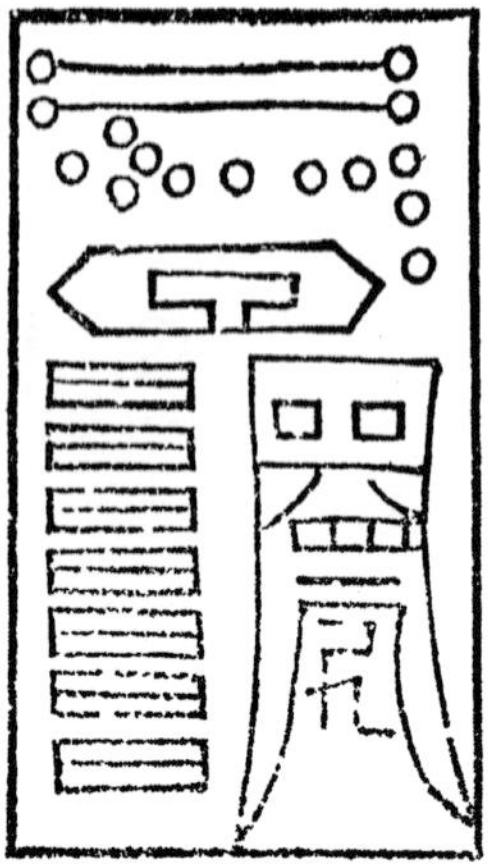

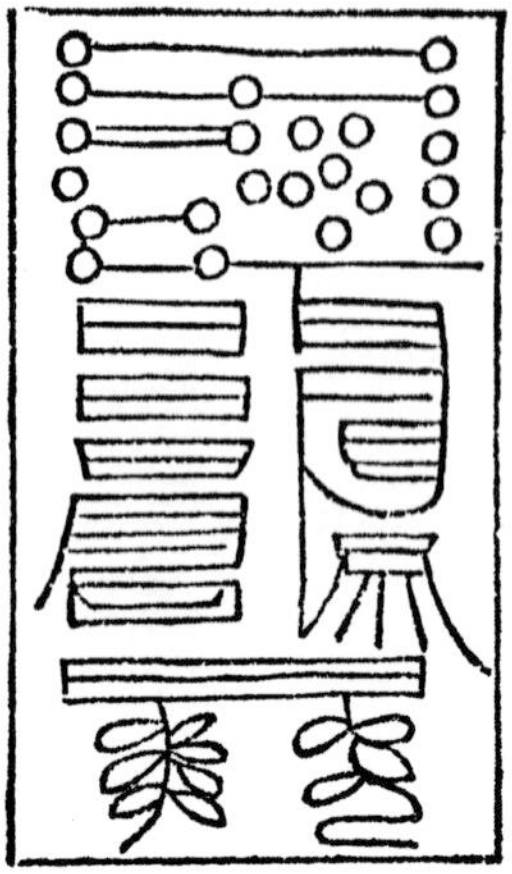

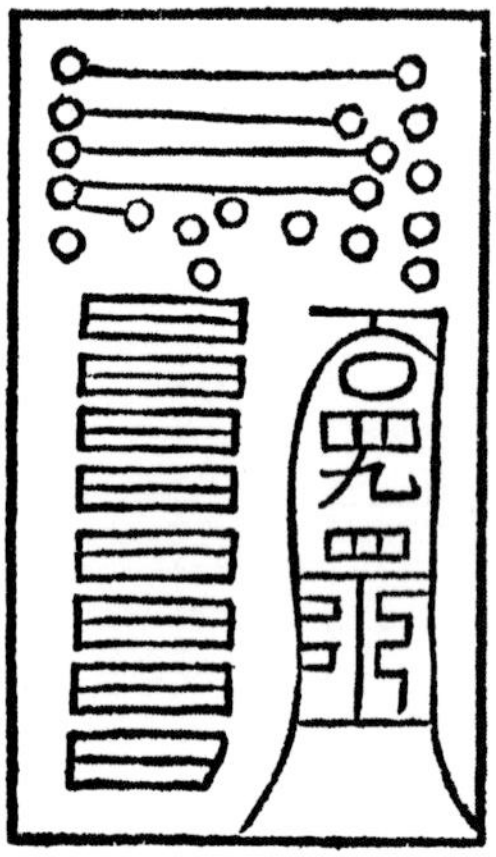

此符は五穀《ごこく》の不熟《ふじゆく》又は蠶《かいこ》の不作《ふさく》等支障《ししやう》あるを除き又病人《びやうにん》絶《た》へざる災難《さいなん》を除くの靈符《れいふ》にして秘法《ひほふ》の秘なり

此符は種々《しゆぐ》の怪事《くわいじ》ありて百怪百靈祟《ひやくくわいひやくれいたゝ》りをなし家内《かない》に口舌争論《くぜつそうろん》絶《た》へず一家不和《ふわ》なるを除《のぞ》く靈符《れいふ》なりとす

此符は蛇《へび》又は鼠《ねずみ》などの蠶兒《さんじ》を食《くら》ひ又は夫婦心《ふうふこゝろ》に異變《いへん》を來し口舌《くぜつ》ありて不和《ふわ》なるを除《のぞ》く神妙《しんめう》の靈符《れいふ》なり

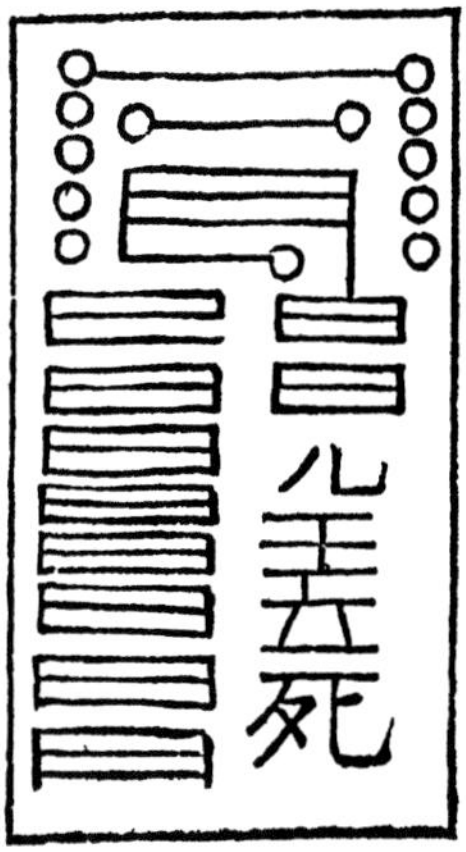

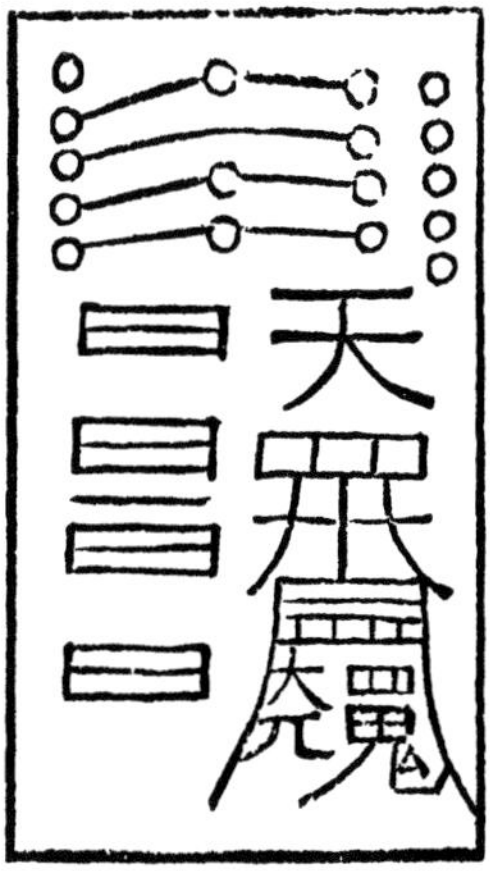

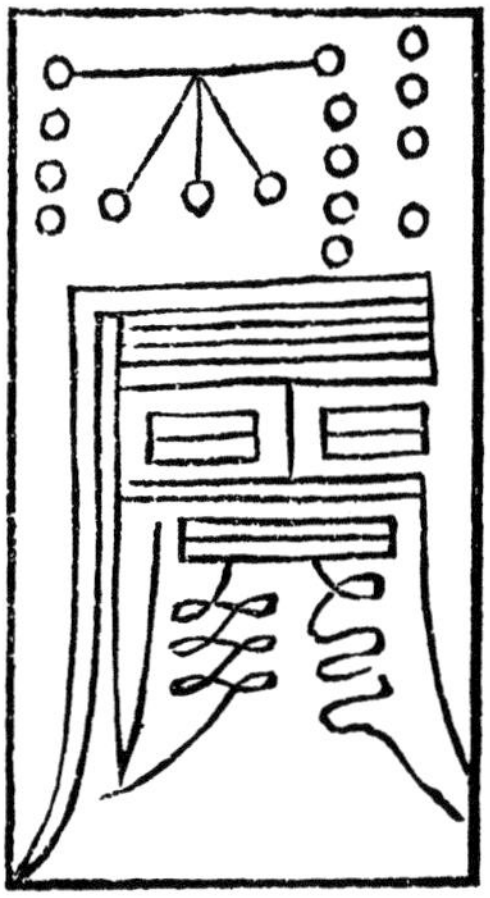

此符は神秘《しんぴ》中《ちう》の靈符《れいふ》にして田《に》畠《はた》の作物《さくもつ》能《よ》く熟し又蠶《かいこ》の上作《じやうさく》を望《のぞ》むに此符を修《しう》すれば能《よ》く思《おも》ひ叶《かな》ふ靈符《れいふ》なり

此符は百鬼《ひやくき》百靈《ひやくれい》種々《しゆく》の祟《たゝ》りをなし人を損害《そんがい》し又は非常《ひじやう》の災難《さいなん》あるを除《のぞ》き諸人《しよにん》を平穏《へいおん》ならしむるの符なり

此符は開運《かいうん》の靈符《れいふ》にして夫婦《ふうふ》和睦《わぼく》し子孫《しそん》富貴《ふうき》長命《ちやうめい》にして和樂《わらく》を來《きた》し神德《しんとく》神秘《しんぴ》の靈符《れいふ》なれば愼《つゝ》しむ可《べ》し

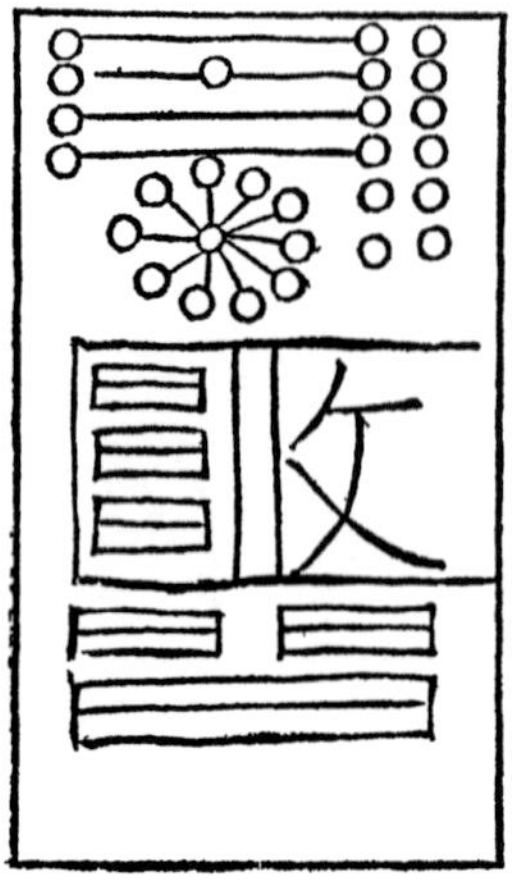

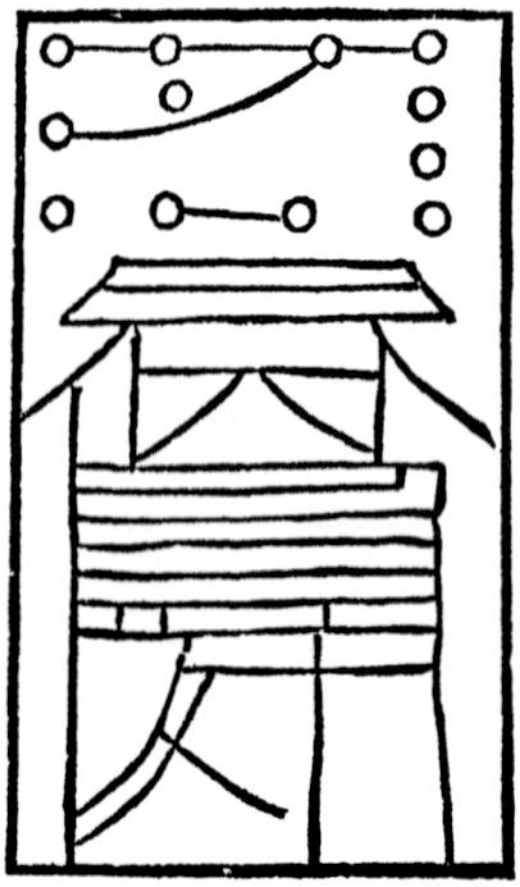

此符は疾病《やまひ》あり長引《ながび》くも日《ひ》ならずして全快ならしめ人世《じんせい》最大《さいだい》の幸福《かうふく》を得《え》せしめ疫鬼《えきき》を除《のぞ》く神妙《しんめう》の靈符《れいふ》なり

此符《このふ》は病難《びやうなん》又は盜難《とうなん》其他《そのた》種々《しゆ〳〵》の災難《さいなん》續《ぞく》出《しゆつ》し不測《ふそく》の財寶《ざいはう》を損耗《そんまう》するを除《のぞ》き轉禍《てんくわ》招福《しやうふく》を主《しゆ》とするの秘中の秘符《ひふ》なり

此符《このふ》は病《やまひ》を得《え》て重症《ぢうしやう》に陷《おちい》り壽命《じゆめう》を縮め又は財寶《ざいはう》を損《そん》する惡靈《あくれい》の精鬼《せいき》を除《のぞ》き身《しん》心《しん》共に安全《あんぜん》ならしむる靈符《れいふ》なり

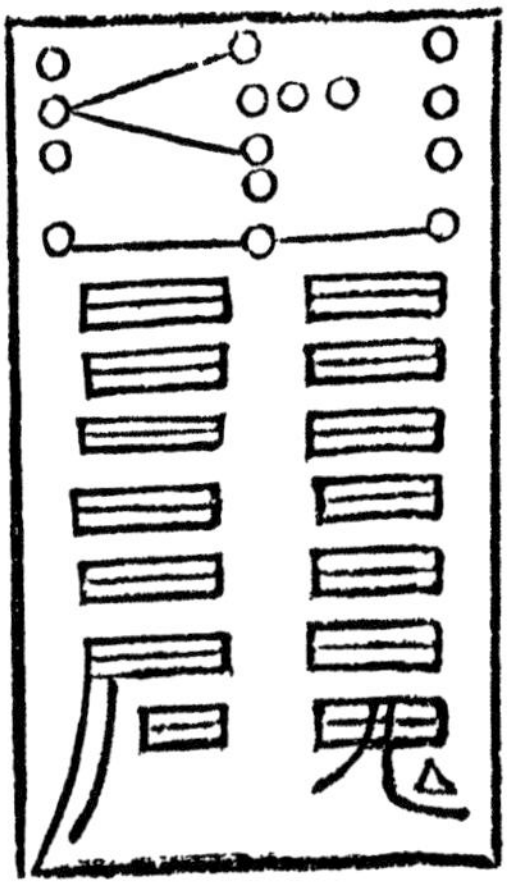

此符は家《か》業《げふ》産《さん》業《げふ》を損《そん》耗《もう》せしめ平《へい》穏《おん》ならず人を剋《こく》殺《さつ》する靈《れい》鬼《き》を調《てう》伏《ふく》し不《ふ》運《うん》を轉《てん》じて開《かい》運《うん》に至《いた》らしむる符なり

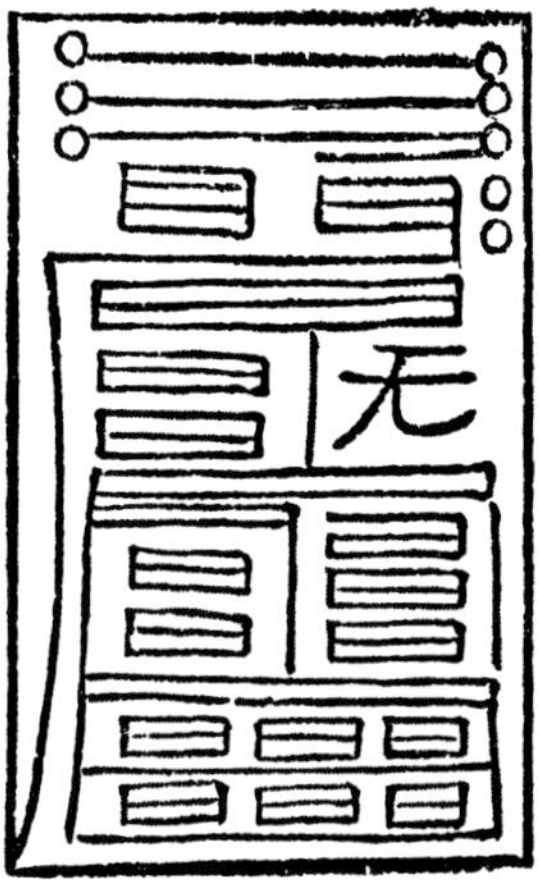

此符は不《ふ》祥《しやう》の事《こと》打《うち》續《つゞ》き牛馬六畜の斃《へい》死《し》し產《さん》育《いく》を妨《さまた》げ災《わざはひ》を起すの靈《れい》鬼《き》を調《てう》伏《ふく》し幸福の來る神《しん》秘《ぴ》中《ちう》の秘《ひ》符《ふ》なり

以上七十二の靈《れい》符《ふ》を鎭《ちん》宅《たく》尊《そん》星《せい》極《ごく》意《い》の靈《れい》符《ふ》と云ふ人《ひと》若《も》し時《とき》に應《おう》じ機《き》に臨《のぞ》みて前《ぜん》章《しやう》陳《の》べし處《ところ》の靈《れい》符《ふ》の書《かき》方《かた》製《せい》方《はう》の秘《ひ》傳《でん》に就《つい》て鑑《かんが》み各《かく》自《じ》信《しん》念《ねん》を固《かた》め此の法《はふ》を修《しう》するときは實《じつ》に其《その》効《かう》顯《けん》著《いちじる》しく神《しん》妙《めう》なる神《しん》德《とく》の靈《れい》現《げん》實に驚くべきものあり（但し効德の顯著なる丈け夫れたけ神罰も亦覿面なるを以て之を修するに宜しく齋戒沐浴して祈禱の通式に則りて過ちなき樣之を修せらるべし）

○鎭宅靈符神呪經

如《によ》是《ぜ》我《が》聞《もん》一《いち》時《じ》佛《ぶつ》住《ぢふ》舍《しや》衞《ゑい》國《こく》祇《ぎ》樹《じゆ》給《ぎう》孤《こ》獨《どく》園《ゑん》與《よ》千《せん》二《に》百《ひやく》五《ご》十《じふ》比《び》丘《く》皆《かい》阿《あ》羅《ら》漢《かん》諸《しよ》漏《ろ》已《い》盡《じん》身《しん》心《しん》澄《ちよう》靜《じやう》六《ろく》通《つう》無《む》礙《げ》其《ぎ》名《めう》曰《えつ》大《だい》智《ち》舍《しや》利《り》弗《ほつ》摩《ま》訶《か》目《もく》揵《けん》連《れん》摩《ま》訶《か》迦《か》業《ぎやう》摩《ま》訶《か》迦《か》旃《せん》延《えん》須《しゆ》菩《ぼ》提《だい》等《とう》復《ぶく》有《う》菩《ぼ》薩《さつ》摩《ま》訶《か》薩《さつ》八《はつ》千《せん》人《にん》倶《ぐ》文《もん》珠《じゆ》師《し》利《り》菩《ぼ》薩《さつ》導《だう》師《し》菩《ぼ》薩《さつ》虛《こ》空《くう》藏《ざう》菩《ぼ》薩《さつ》觀《くわん》世《ぜ》音《おん》菩《ぼ》薩《さつ》救《ぐ》脫《だつ》菩《ぼ》薩《さつ》如《によ》是《ぜ》等《とう》菩《ぼ》薩《さつ》摩《ま》訶《か》薩《さつ》威《ゐ》德《とく》自《じ》在《ざい》復《ぶく》有《う》比《び》丘《く》比《び》丘《く》尼《に》優《う》婆《ば》塞《そく》優《う》婆《ば》夷《ゐ》天《てん》龍《りう》夜《や》叉《しや》八《はち》部《ぶ》鬼《き》神《じん》共《ぐ》相《さう》圍《ゐ》遶《ねう》說《せつ》微《び》妙《めう》法《はふ》時《じ》有《う》離《り》車《しや》長《ちやう》者《じや》子《し》五《ご》十《じふ》人《にん》倶《ぐ》身《しん》坌《ぶん》塵《ぢん》土《ど》懷《くわい》憂《いう》愁《しう》慼《じやく》猶《ゆう》如《によ》有《う》人《にん》生《しやう》失《しつ》父《ふ》母《ぼ》所《しよ》愛《あい》妻《さい》子《し》來《らい》至《し》佛《ぶつ》所《しよ》頭《づ》面《めん》作《さ》禮《れい》却《きやく》住《ぢふ》一《いち》面《めん》爾《に》時《じ》世《せ》尊《そん》知《ち》而《に》故《こ》問《もん》諸《しよ》長《ちやう》者《じや》子《し》以《い》何《か》因《いん》緣《ゑん》而《に》有《う》惱《のう》色《しき》憂《いう》愁《しう》不《ふ》樂《らく》失《しつ》於《を》常《じやう》容《よう》時《じ》諸《しよ》長《ちやう》者《じや》子《し》、同《どう》聲《しやう》倶《ぐ》白《びやく》佛《ぶつ》言《ごん》世《せ》尊《そん》未《み》審《しん》人《にん》居《きよ》世《せ》間《けん》頗《は》有《う》家《か》宅《たく》吉《きつ》凶《きよう》以《い》不《ふ》佛《ぶつ》即《そく》答《たふ》言《ごん》如《によ》是《ぜ》諸《しよ》事《じ》皆《かい》由《ゆ》衆《しゆう》生《じやう》心《しん》行《ぎやう》夢《む》想《さう》所《しよ》不《ふ》得《とく》都《と》無《む》諸《しよ》離《り》車《しや》等《とう》白《びやく》佛《ぶつ》言《ごん》世《せ》尊《そん》弟《で》子《し》等《とう》蒙《む》宿《しゆく》緣《えん》一《いち》毫《ごう》之《し》福《ふく》得《とく》覩《と》如《によ》來《らい》慈《じ》化《げ》無《む》遺《ゆい》開《かい》甘《かん》露《ろ》門《もん》潤《じゆん》爾《に》法《はふ》雨《う》復《ぶく》有《う》何《か》罪《ざい》生《しやう》此《し》五《ご》濁《ぢよく》極《ごく》惡《あく》之《し》世《せ》懷《くわい》憂《いう》抱《はう》苦《く》怖《ふ》懼《く》萬《まん》端《たん》不《ふ》捨《しや》須《しゆ》臾《ゆ》所《しよ》以《い》言《ごん》者《しや》自《じ》惟《ゆゐ》弟《で》子《し》德《とく》淺《せん》福《ふく》薄《はく》所《しよ》居《きよ》舍《しや》宅《たく》災《さい》禍《くわ》頻《ひん》疊《ぢやう》惡《あく》魔《ま》日《にち》夜《や》競《きやう》共《ぐ》侵《しん》陵《りやう》座《ざ》臥《ぐわ》不《ふ》安《あん》如《によ》意《い》湯《とう》火《くわ》自《じ》傾《けい》已《い》來《らい》失《しつ》去《こ》善《ぜん》心《しん》無《む》所《しよ》恃《じ》怙《こ》唯《ゆゐ》願《ぐわん》世《せ》尊《そん》受《じゆ》弟《で》子《し》請《しやう》臨《りん》降《かう》所《しよ》居《こ》賜《し》爲《ゐ》安《あん》宅《たく》勅《ちよく》語《ご》守《しゆ》宅《たく》諸《しよ》神《しん》及《きよ》四《し》時《じ》禁《きん》忌《き》常《じやう》來《らい》營《えい》衛《ゑい》使《し》日《にち》夜《や》安《あん》吉《きつ》災《さい》禍《くわ》消《しやう》滅《めつ》佛《ぶつ》言《ごん》善《ぜん》哉《さい》善《ぜん》哉《さい》當《たう》如《によ》汝《ぢよ》說《せつ》吾《ご》自《じ》知《ち》爾《に》時《じ》世《せ》尊《そん》明《みやう》旦《たん》勅《ちよく》諸《しよ》弟《で》子《し》可《か》各《かく》整《しやう》衣《い》服《ふく》當《たう》入《にふ》聚《じゆ》落《らく》各《かく》持《じ》應《おう》器《き》往《わう》至《し》長《ちやう》者《じや》子《し》舍《しや》飯《はん》食《じき》既《き》畢《ひつ》敷《ふ》轉《てん》輪《りん》座《ざ》爲《ゐ》諸《しよ》長《ちやう》者《しや》說《せつ》微《み》妙《めう》法《はふ》令《れい》離《り》怖《ふ》畏《ゐ》身心《しん〱》悅《えつ》樂《らく》時《じ》諸《しよ》離《り》車《しや》各《かく》生《しやう》歡《くわん》喜《き》猶《ゆう》如《によ》比《び》丘《く》入《にふ》第《だい》三《さん》禪《ぜん》爾《に》時《じ》世《せ》尊《そん》即《そく》呼《こ》守《しゆ》宅《たく》諸《しよ》神《しん》來《らい》到《たう》佛《ぶつ》所《しよ》而《に》告《こく》之《し》言《ごん》自《じ》今《こん》已《い》後《ご》是《ぜ》諸《しよ》神《しん》鬼《き》不《ふ》得《とく》忘《まう》作《さ》恐《く》動《どう》令《れい》某《む》甲《かふ》等《とう》不《ふ》安《あん》恒《こう》懷《くわ》憂《いう》怖《ふ》吾《ご》當《たう》使《し》大《だい》力《りき》鬼《き》神《じん》碎《さい》滅《めつ》汝《によ》身《しん》令《れい》如《によ》微《み》塵《ぢん》爾《に》時《じ》世《せ》尊《そん》復《ぶく》告《こく》大《だい》衆《しゆう》諸《しよ》善《ぜん》男《なん》子《し》善《ぜん》女《によ》人《にん》等《とう》吾《ご》涅《ね》槃《はん》後《ご》五《ご》百《ひやく》歲《さい》中《ちう》衆《しゆう》生《じやう》垢《く》重《ちう》邪《じや》見《けん》轉《てん》識《しき》魔《ま》道《だう》競《きやう》興《こう》妖《えう》媚《び》妄《まう》作《さ》鬬《き》人《にん》門《もん》戸《こ》各《かく》伺《し》人《にん》便《べん》覓《へき》人《にん》長《ちやう》短《たん》爲《ゐ》作《さ》不《ふ》祥《しやう》種々《しゆ〲》留《る》難《なん》當《たう》爾《に》之《し》時《じ》是《ぜ》諸《しよ》弟《で》子《し》應《おう》當《たう》一《いち》心《しん》念《ねん》佛《ぶつ》念《ねん》法《はふ》念《ねん》比《び》丘《く》僧《そう》齋《さい》戒《かい》清《しやう》淨《じやう》奉《ぶ》持《ぢ》三《さん》歸《き》五《ご》戒《かい》十《じふ》善《ぜん》八《はつ》關《くわん》齋《さい》戒《かい》日《につ》夕《しゆく》六《ろく》時《じ》禮《れい》拜《はい》懺《さん》悔《げ》勤《きん》心《しん》精《しやう》進《じん》汝《によ》等《とう》四《し》魔《ま》各《かく》還《げん》所《しよ》屬《ぞく》不《ふ》得《とく》橫《わう》忤《こ》擾《じやう》亂《らん》我《が》弟《で》子《し》等《とう》復《ふく》說《せつ》呪《しゆ》曰《えち》

白《びやく》黑《こく》龍《りう》王《わう》　善《ぜん》子《し》龍《りう》王《わう》　漚《う》鉢《はつ》羅《ら》龍《りう》王《わう》　阿《あ》耨《のく》大《だい》龍《りう》王《わう》

結《けつ》界《かい》呪《じゆ》文《もん》　伽《きや》婆《は》知《ち》　伽《きや》婆《は》知《ぢ》　悉《し》波《は》阿《あ》

東《とう》方《はう》大《だい》神《じん》龍《りう》王《わう》　七《しち》里《り》結《けつ》界《かい》　金《こん》剛《がう》宅《たく》

南《なん》方《はう》大《だい》神《じん》龍《りう》王《わう》　七《しち》里《り》結《けつ》界《かい》　金《こん》剛《がう》宅《たく》

西方《さいはう》大神《だいじん》龍王《りうわう》　七里《しちり》結界《けつかい》　金剛宅《こんがうたく》

北方《ほくはう》大神《だいじん》龍王《りうわう》　七里《しちり》結界《けつかい》　金剛宅《こんがうたく》

如是《によぜ》三說《さんせつ》

東方《とうはう》婆鳩《はりよく》深山《しんせん》　娑羅伽《さらきや》　收汝《しうちよ》　百鬼《ひやくき》頸著枷《けいちやくけ》

南方《なんばう》婆鳩《はりよく》深山《しんせん》　娑羅伽《さらきや》　收汝《しうちよ》　百鬼《ひやくき》頸著枷《けいちやくけ》

西方《さいはう》婆鳩《はりよく》深山《しんせん》　娑羅伽《さらきや》　收汝《しうちよ》　百鬼《ひやくき》頸著枷《けいちやくけ》

北方《ほくはう》婆鳩《はりよく》深山《しんせん》　娑羅伽《さらきや》　收汝《しうちよ》　百鬼《ひやくき》頸著枷《けいちやくけ》

如是《によぜ》三說《さんせつ》

主《しゆ》疾病《しつびやう》者《しや》主《しゆ》頭痛《づつう》者《しや》主人《しゆにん》舍宅《しやたく》門戶《もんこ》者《しや》當《たう》歛《れん》諸毒《しよどく》不得《ふとく》擾《ぜう》我《が》諸弟子《しよでし》若《にやく》不順《ふじゆん》我《が》咒《じゆ》頭《つ》破《は》作《さ》七《しち》分《ぶん》爾時《にじ》世尊《せそん》而《に》說偈言《せつげごん》

造宅《ざうたく》立《りふ》堂宇《だうう》　安育《あんいく》諸群生《しよぐんじやう》　園林《えんりん》平《べう》池沼《ちせう》　門牆《もんしやう》及《きふ》與《よ》圊《せい》

請《しやう》清淨《しやうじやう》僧《そう》說《せつ》安宅《あんたく》齋《さい》燒《しやう》衆《しゆう》名香《めうかう》然燈《ねんとう》續明《ぞくめう》露出《ろしゆつ》中庭《ちうてい》讀《どく》是《せ》經典《きやうてん》某甲《むかふ》等《とう》安居《あんご》立宅《りうたく》已來《いらい》建立《こんりう》南庌《なんげ》北堂《ほくだう》東西《とうざい》之《し》廂《しやう》碓《すゐ》倉庫《さうこ》井竈《せいさう》門墻《もんしやう》園林《えんりん》池沼《ちせう》六畜《りくちく》之《し》欄《らん》或復《わくぶく》移《い》房《はう》動土《どうど》穿鑿《せんさく》非時《ひじ》或犯《わくはん》

觸《しよく》伏《ふく》龍《りう》騰《とう》蛇《じや》青《せい》龍《りやう》白《びやく》虎《こ》朱《しゆ》雀《じやく》玄《げん》武《む》六《りく》甲《かう》禁《きん》忌《き》十《じう》二《に》時《じ》神《しん》門《もん》庭《てい》戸《こ》伯《はく》井《せい》竈《そう》精《しやう》靈《れい》堂《どう》上《じやう》戸《こ》中《ちう》溷《こん》邊《へん》之《し》神《じん》我《が》今《こん》持《ぢ》諸《しよ》佛《ぶつ》神《しん》力《りき》菩《ぼ》薩《さつ》威《ゐ》光《くわう》般《はん》若《にや》波《は》羅《ら》蜜《みつ》力《りき》勅《ちよく》宅《たく》前《ぜん》宅《たく》後《ご》宅《たく》左《さ》宅《たく》右《う》中《ちう》守《しゆ》宅《たく》神《しん》神《しん》子《し》神《じん》母《ぼ》伏《ふく》龍《りやう》騰《とう》蛇《じや》六《りく》甲《かふ》禁《きん》忌《き》十《じう》二《に》時《じ》神《しん》飛《ひ》屍《し》邪《じや》忤《こ》魍《まう》魎《う》鬼《き》神《じん》因《いん》詑《たく》形《けい》聲《じやう》寄《き》名《めう》附《ふ》着《ちやく》自《じ》今《こん》已《い》後《ご》不《ふ》得《とく》妄《まう》嬈《ねう》我《が》弟《で》子《し》等《とう》神《しん》子《し》神《しん》母《ぼ》宅《たく》中《ちう》諸《しよ》神《しん》邪《じや》媚《び》蠱《こ》道《だう》各《かく》安《あん》所《しよ》在《ざい》不《ふ》得《とく》妄《まう》相《さう》侵《しん》陵《りやう》爲《ゐ》作《さ》衰《すゐ》惱《のう》令《れう》某《む》甲《かふ》等《とう》驚《きやう》動《どう》怖《ふ》畏《ゐ》當《たう》如《によ》我《が》敎《けう》若《にやく》不《ふ》順《じゆん》我《が》語《ご》令《れう》汝《によ》等《とう》頭《づ》破《は》作《さ》七《しつ》分《ぶん》如《によ》多《た》羅《ら》樹《じゆ》枝《し》爾《に》時《じ》世《せ》尊《そん》而《に》說《せつ》咒《じゆ》曰《えつ》

南《のう》無《ばう》佛《ぶつ》陀《だ》四《し》野《や》　南《のう》無《ばう》達《だる》摩《ま》四《し》野《や》　南《のう》無《ばう》僧《そう》伽《ぎや》四《し》野《や》

今《こん》爲《ゐ》弟《で》某《む》甲《かふ》承《しよう》佛《ぶつ》威《ゐ》力《りき》而《に》說《せつ》神《しん》咒《じゆ》

一《いつ》足《そく》衆《しゆう》生《じやう》莫《まく》惱《のう》我《が》　二《に》足《そく》衆《しゆう》生《じやう》莫《まく》惱《のう》我《が》

三《さん》足《そく》衆《しゆう》生《じやう》莫《まく》惱《のう》我《が》　四《し》足《そく》衆《しゆう》生《じやう》莫《まく》惱《のう》我《が》

我《が》有《う》一《いつ》切《さい》大《だい》慈《じ》大《だい》悲《ひ》愍《びん》念《ねん》一《いつ》切《さい》衆《しゆう》生《じやう》

志《し》心《しん》興《こう》舍《しや》室《しつ》　動《どう》靜《じやう》應《おう》聖《しよう》靈《れう》　稽《けい》首《しゆ》歸《き》命《めう》佛《ぶつ》　衆《しゆう》魔《ま》莫《まく》能《のう》傾《けい》

明《みやう》燈《とう》照《せう》无《む》極《ごく》　五《ご》眼《げん》因《いん》之《し》生《しやう》　法《はふ》王《わう》大《だい》咒《じゆ》力《りよく》　動《どう》破《は》魔《ま》億《おく》千《せん》

如《によ》來《らい》慈《じ》普《ふ》潤《じゆん》　威《ゐ》光《くわう》徹《てつ》无《む》邊《へん》　我《が》等《とう》咸《かん》歸《き》命《めい》　衆《しゆう》生《じやう》各《かく》自《じ》遷《せん》

佛《ぶつ》告《ごく》日月《にちぐわつ》五《ご》星《せい》二《に》十《じふ》八宿《はつしゆく》天《てん》神《しん》龍鬼《りつき》皆《かい》來《らい》受《じゆ》教《けう》明《みやう》聽《ちやう》佛《ぶつ》告《ごく》不《ふ》得《とく》前却某甲《ぜんきやくむかう》之《し》家《げ》惑《わく》作《さ》東廂《とうしやう》南《なん》庌《げ》北《はく》堂《だう》勅日遊月《ちよくにちゆうぐわつ》殺《せつ》土《ど》府《ふ》將軍青龍白虎《しやうぐんせいりやうびやくこ》朱雀《しゆじやく》玄《げん》武《む》歳月《さいぐわつ》刧《ごう》殺《さつ》土《ど》府《ふ》將軍青龍白虎《しやうぐんせいりやうびやくこ》朱《しゆ》雀《じやく》玄《げん》武《む》歳月《さいぐわつ》刧《ごう》殺《せつ》六《りく》甲《かう》禁《きん》忌《き》土《ど》府《ふ》伏龍莫《ふくりやうまく》妄《まう》東《とう》西《ざい》若《にやく》有《う》動靜燒香《どうじやくしやうかう》啓《けい》聞《もん》某《む》甲《かう》宅《たく》舍《しや》是《ぜ》佛《ぶつ》金剛《こんがう》之《し》地《ち》面《めん》二《に》百步《ひやくほ》佛《ぶつ》有《う》約《やく》言《ごん》諸《しよ》疾《しつ》鬼《き》神《しん》不《ふ》得《とく》妄《まう》忤《ご》者《しや》頭《づ》破《は》作《さ》七《しつ》分《ぶん》身《しん》不《ふ》得《とく》全《せん》不《ふ》得《とく》水漿《するしやう》去《こ》離《り》本《ほん》官宅《くわんたく》舍《しや》巳《い》成富《じやうふう》貴《き》吉《きつ》遷《せん》由《ゆ》作《さ》大《だい》得《とく》所願光榮行來《しよぐわんくわうえいぎやうらい》在《ざい》軍《ぐん》仕《し》官宜《くわんぎ》官《くわん》門《もん》戸《こ》昌盛百《しやうせいびやく》子《し》千《せん》孫《そん》父《ふ》慈《じ》子《し》孝《かう》男《なん》女《によ》忠《ちう》貞《てい》兄《けい》良弟順崇《りやうていじゆんすう》義《ぎ》仁《じん》賢《けん》所願如《しよぐわんによ》意《い》十《じつ》方證明行如《はうしやうめいぎやうによ》菩《ぼ》薩《さつ》得《とく》道《だう》如《によ》佛《ぶつ》佛《ぶつ》告《ごく》阿《あ》難若《なんにやく》欲《よく》安《あん》宅《たく》露《ろ》出中《しゆつちう》庭《てい》然《ねん》四《し》十《じふ》燈《とう》掃灑燒香《さうしやうしやうかう》一《いつ》心《しん》懺《ざん》悔《げ》禮《うい》十《じつ》方《ぱう》諸《しよ》佛《ぶつ》阿《あ》難《なん》又白《いうびやく》佛《ぶつ》言《ごん》當《たう》何《か》名《めう》斯《し》經佛語《きやうぶつご》阿《あ》難《なん》此《し》經名《きやうめう》如《によ》來《らい》大《だい》悲《ひ》不《ふ》可《か》思《し》議《ぎ》神力亦《しんりよくやく》名《めう》愍《みん》念《ねん》衆生安宅《しゆうじやうあんたく》破《は》魔《ま》神《じん》咒《じゆ》佛《ぶつ》說經竟大衆歡喜《せつきやうきやうだいしゆうくわんき》作《さ》禮《らい》奉《ぶ》行《ぎやう》

實驗調法 神術靈妙秘藏書 坤 終

神術霊妙秘伝書

明治三十九年 二 月二十五日 初版発行（神誠館）
平成 十 二 年 五 月三十一日 復刻版第一刷発行
令和 五 年十二月二十五日 復刻版第四刷発行

著 者 柄澤照覚

発行所 八幡書店
東京都品川区平塚二—一—十六
KKビル五階
電話 〇三（三七八五）〇八八一
振替 〇〇一八〇—一—四七二七六三

ISBN978-4-89350-286-5 C0014 ¥4300E

柄澤照覚著作

教印六百法、両部系加持修法を網羅！

神仏秘法大全

定価5,280円（本体4,800円+税10%） A5判 並製

明治42年に柄澤照覚が神仏に関する諸作法、加持祈祷、諸修法、禁厭、霊符、占いなどを蒐集した書。両部神道系および真言密教系が多く、他山の石として参考になる。神道四方堅張守護、神道三重加持、雲切大事、生霊死霊除金縛法、大黒天一時千座法、三密観法、神仏開眼大事、護摩祈祷法、弘法大師秘密御祓、衰運挽回法etc。さらに、五行神、三十二神など神道の基本知識、密教関係の印600法、年月吉凶に関する諸説等、内容的に盛り沢山で、きわめて重宝。

各種仙術の実践法を系統的に紹介

神仙術秘蔵記／神仙術霊要録

定価4,180円（本体3,800円+税10%） A5判 並製

『神仙術秘蔵記』は仙術を、禅系統の仙術、養気延命術、煉丹長生術、霊宝久視術、房中術のおおむね五系統にわけ、各実践法について具体的に紹介。『神仙術霊要録』は、巻頭に不壊金剛化度神咒、悪人降伏の秘法、明王結界供養印咒等、46項目にわたって仏仙両部式修法のポイントを簡潔に押さえている。

神通術の奥伝を公開！

神通術六想観秘伝／神通術奥伝

定価3,080円（本体2,800円+税10%） A5判 並製

『神通術六想観秘伝』は、鎮魂帰神法をベースに、禊ぎ、調気法、清浄観、神威観から五行観にいたる階梯、数息観、治慾観、日月観、水火観など観想法、治病、未来予知への応用まで言及。『神通術奥伝』は柄澤が京都稲荷山で謎の老翁と出会い、そのときに授けられた秘伝書にもとづき、各種道術仙術について述べたもので、柄澤の霊的因縁が明かされる。また、両部神道の極意とされる「稲荷勧請の秘伝」など興味深い。

両部神道系の霊能開発法を公開！

神通力修行の秘伝／加持祈祷神伝

定価3,080円（本体2,800円+税10%） A5判 並製

『神通力修行の秘伝』は独特の霊能開発法。両部神道の極意とされるダキニ天秘法・白狐勧請法の全貌を詳述。『加持祈祷神伝』も基本は両部神道系。星祭法、衰運挽回法、神符作法、諸病封加持祈祷法、御嶽山祈祷法、庚申祭法式、走人足留法etc。両部・修験系神道は、明治以降は制度的禁圧のため、具体的な修法、呪法については資料が少なく、本書は貴重。

強健、治病、長寿の療養法を公開！

神理療養強健術

定価3,520円（本体3,200円+税10%） A5判 並製

神理、すなわち自然の大法にもとづく療養を実践すれば、天然の寿命をまっとう出来るという信念から、神代の衛生法、禅定と調息、瞑想と接神、静的接神術、接神療養術、強健長寿術について詳述、さらに仙家霊薬製法、仙人の長寿法、仙術諸病全治法、治病加持祈祷秘伝、治病禁厭秘伝、神道悪霊退散法、信仰療法、神道難病全治法、神伝石蒔秘法、天真坤元霊符等の秘伝を網羅。

稲荷神と霊狐の謎・夢の吉凶を解く

稲荷大神霊験記／夢判断実験書

定価3,080円（本体2,800円+税10%） A5判 並製

『稲荷大神霊験記』稲荷神および霊狐の神徳・霊験・来歴について真正面から信仰的に詳細に解説した本は、ありそうで実はこれ以外にない。稲荷に関してはこれ1冊ですべてわかる。付録の「白狐勧請秘法と神道修行」も貴重な実践マニュアル。『夢判断実験書』は、夢の内容を約300項目のモチーフに分類し、その吉凶判断を示した奇書。